臺灣PISA 2009結果報告

TAIWAN PISA 2009 National Report

臺灣PISA國家研究中心 主編

目次

圖次

表次

作者簡介

教授（依姓氏筆畫排列）

林千玉（第十章）
國立臺南大學特殊教育學系副教授

林哲彥（第五章）
國立臺南大學材料科學系教授

林娟如（第六章、第九章）
國立臺南大學教育學系副教授

林素微（第四章、第八章）
國立臺南大學教育學系測驗統計碩博士班助理教授

徐秋月（第五章、第八章）
國立臺南大學教育學系助理教授

洪碧霞（第一章、第二章、第十章）
國立臺南大學教育學系測驗統計碩博士班教授

陳昌明（第三章）
國立成功大學中國文學系教授

黃秀霜（第三章、第七章、第十章）
國立臺南大學教育學系教授

鄒慧英（第三章、第七章）
國立臺南大學教育學系測驗統計碩博士班教授

研究人員（依姓氏筆畫排列）

王秀云（第十章）
臺灣 PISA 國家研究中心研究助理

江培銘（第六章、第七章、第九章）
國立臺南大學教育學系測驗統計碩博士班博士生

吳正新（第一章、第二章、第六章、第八章）
臺灣 PISA 國家研究中心博士後研究員

張銘秋（第五章）
國立臺南大學教育學系測驗統計碩博士班博士生

張貴琳（第三章、第七章）
國立臺南大學測驗統計所博士

劉妍希（第一章、第二章、第八章）
臺灣 PISA 國家研究中心研究助理

蕭嘉偉（第四章）
國立臺南大學教育學系測驗統計碩博士班博士生

主編序

OECD（Organisation for Economic Cooperation and Development）主導的國際學生能力評量計畫（Programme for International Student Assessment, PISA），每三年一次針對 15 歲學生進行閱讀、數學和科學素養調查，評量的內涵側重學生運用知識技能面對真實挑戰的能力，而不僅只是學校課程的精熟程度。由於PISA所評量關鍵能力的定義呼應全球課程目標的改革趨勢，吸引許多國家陸續的參與。PISA 2009 以閱讀素養為主，數學和科學素養為輔，共有六十五個國家或地區納入正式分析比較，應試學生超過 47 萬人。PISA 2009 同時蒐集與學習成效有關的學生和學校資料，包括學生問卷中的學生個人背景、學習習慣，以及對閱讀的態度、投入與動機；學校問卷則蒐集學校的人口統計特徵和學習環境品質的資料。

事實上，OECD 透過 PISA 明顯對歐盟甚至世界各國的教育政策造成實質的影響，比如說芬蘭藉由學生PISA優異表現，持續在受到肯定的學習機會均等與教師自主的政策下精益求精。德國一開始表現不如理想，因此，藉由PISA震撼的壓力，策略性的進行各項教育改革，希望兼顧中央監控與地方自主的平衡。英國則依據PISA資料，進一步探討英格蘭與蘇格蘭學生應試比率的差異。這是一種比較性的監控，也是一種科學取向的政治運作，OECD 的教育政策建議，目前廣受政策和學術人員的重視。面對地球村紀元的來臨，各國政府對國家競爭力的控制逐漸弱化，所謂國家競爭力或教育績效的檢核愈來愈重視國際的標準。

PISA 2009 臺灣共有 158 所學校、5,831 位學生參與測驗。扣除休學、轉學、特殊學生，淨出席率達到 96.7%，學校和學生參與情況良好。臺灣的教育機會均等狀態略優於 OECD 平均，如果以最均等的芬蘭為標竿，當然還有明顯可改善空間。臺灣 15 歲學生整體素養表現尚佳，其中數學素養相對較為優異，閱讀素養則亟待強化。PISA對素養的定義重視功能性的知識與技能應用，關心的是個人能主動參與社會的能量。社會參與不只是完成任務，同時包含積極的提升決策品質。這個評量取向，相較於臺灣多數的教育評量設計，在閱讀理解和說理有據兩層面的比重上高出許多。整體而言，臺灣學生的閱讀和溝通能力宜進一步強化。素養的豐厚是終身學習的歷程，這個歷程不僅透過學校正式的學習，同時也透過與家人、同學、同事或更廣大社群的互動。我們不能期待 15 歲學生已經習得成人所需的全部知能，但他們在閱讀、數學及科學領域，應具備扎實的基礎，以利終身的學習和適應。

除了將素養取向的評量落實外，展望未來的教育趨勢，PISA將進一步推出數位化的素養評量。PISA 2012 除了紙筆評量將以數學為主，閱讀和科學素養為輔外，數位評量將同時包含問題解決、數學和閱讀素養。面對數位評量，除了需要基本的導航能力外，主動嘗試及依據回饋進行因應調整的能力，也將成為影響各項素養表現的要素。面對PISA 2012 數位評量的挑戰，臺灣教育研究和實務社群宜積極正視數位學習和評量紀元來臨的事實。網路導航、評鑑資訊、主動嘗試、互動中修訂解題方案等重要能力，已經正式成為評量的焦點。

蒐集國際比較的教育成效指標資訊，是為了認識並提升臺灣的教育品質，努力厚植國人的關鍵能力和終身學習意願。期盼《臺灣PISA 2009 結果報告》能拓展讀者對PISA評量設計與結果資訊的認識，協助教育決策者關注教育成效評鑑的全球視野和客觀統計，同時激勵學校教師深入解讀PISA結果所潛藏的教學調整意涵。

臺灣 PISA 2009 計畫主持人

洪碧霞

2011 年 10 月 28 日

CHAPTER 1

緒論：臺灣 PISA 2009

洪碧霞、吳正新、劉妍希

完成義務教育的學生面對未來學習或工作挑戰的準備程度如何？他們能否充分闡述自己的理念、有效與人溝通？能否找到終身志趣？經濟合作與發展組織（Organisation for Economic Cooperation and Development, OECD）發展的國際學生能力評量計畫（Programme for International Student Assessment, PISA），透過每三年一次針對 15 歲學生所進行的調查，希望能對這類問題提供具體的參考資訊。PISA 調查的目的在檢驗學生重要學習領域的表現，同時也包括學生的學習動機，學生對自己能力與學習策略的信念等資訊的蒐集。評量的內涵在於學生運用知識技能以面對真實挑戰的能力，而不僅只是學校課程的精熟程度。PISA 所評量關鍵能力的定義，著重在學習素養，而這個取向同時呼應全球課程目標的改革趨勢。最近二十年來，許多國家都更為強調學生能活用學校所習得知能，而不只是複製所習得的知識。本章針對 PISA 2009 的內涵與特色進行概述，並介紹結果報告的架構。

一 PISA 簡介

PISA 的目的在評量 15 歲學生面對社會挑戰的準備狀態，也就是希望了解學生學習與問題解決的「素養」。評量的焦點在於學生應用知能面對真實挑戰的表現，而不僅只是對學校課程的精熟程度，PISA 透過每三年一次針對 15 歲學生的評量研究，證實所評量知能的重要意涵。比如說澳洲、加拿大及丹麥的縱貫研究顯示，PISA 2000 的受測學生閱讀表現與未來教育的完成和工作職場的成功都呈現明顯的關聯性（請參閱第二章）。

PISA 主要特徵（OECD, 2010j）如下：

1. 政策取向：將學生習得的成果與學生的特性，以及校內、外學習相關因素進行連結，希望能了解造成表現差異的可能因素，辨識高效能學校與教育系統的特性。
2. 革新的「素養」概念：關心的是學生應用重要知能的能力。即強調學生在各種不同情境提出、解決及解釋問題時，能有效進行分析、推理與溝通的能力。
3. 終身學習的關聯性：PISA不僅評量學生的認知表現，同時請學生陳述自己的學習動機、對自己及其學習策略的信念。
4. 規律性：讓每個國家可以監控重要學習目標的進展。
5. 地理區域的廣度與合作：PISA 2009 評量包括 OECD 三十四個會員國和四十一個夥伴國家（或經濟體）。

PISA 評量的範圍、性質及背景資訊的蒐集是由參與國家的專家群所決定，同時參酌各國政府的共識和政策需求。為了使評量內涵能達到不同文化及語言的廣度與平衡，PISA投入大量的人、物力。從測驗的設計、翻譯、抽樣與資料蒐集，都採用嚴格的品質檢核機制。因此，PISA 結果呈現頗佳的信、效度。透過PISA，我們可以認識經濟先進或是發展中國家的學習成果。雖然PISA是由OECD所創辦，但它已成為世界許多地區主要的評量工具。除了 OECD 會員國外，這項調查也在許多地區實施（或計畫實施中）。比如說東亞和南亞，包含上海、香港、印度的喜馬偕爾邦、印度的泰米爾納德邦、印尼、澳門、馬來西亞、新加坡、臺灣、泰國和越南。而中歐、巴爾幹半島、東歐和中亞也有多國參與，如阿爾巴尼亞、亞塞拜然、保加利亞、克羅埃西亞、喬治亞、哈薩克、吉爾吉斯、拉脫維亞、列支敦斯登、立陶宛、希臘、馬爾他、摩爾多瓦、蒙特內哥羅、羅馬尼亞、俄羅斯聯邦和塞爾維亞。中東的約旦、卡達、阿拉伯聯合大公國，中美洲、拉丁美洲的阿根廷、巴西、哥倫比亞、哥斯大黎加、荷蘭的安地列斯群島、秘魯、千里達及托巴哥、烏拉圭、委內瑞拉，以及非洲的模里西斯、突尼西亞也都參與這項測驗。

世界各國教育決策人員都相當重視PISA的評量結果，希望藉由與其他參與國家的比較，進一步了解國內學生的知能水平。許多參與國家自行出版PISA報告、公眾議題常見PISA資料的引述，加上全球媒體的高度關注，充分顯示PISA的影響力（Bybee & McCrae, 2009; Korsnakova, McCrae, & Bybee, 2009; Lafontaine & Monseur, 2007; OECD, 2009a, 2009b, 2010i; Thomson, 2009）。有些國家也開始發展並實施PISA相關的評量，作為他們國家評量的一部分或外加項目。

PISA透過學生在閱讀、數學與科學的表現，讓世界各國了解教育的可能性。由於決策者能同時分析自己國家與其他國家的進步幅度，因此，PISA同時可作為國家教育改革進度規畫的參考。由於參與國日漸增加，決策人員也可藉由其他教育系統所呈現的具體績效，設定政策目標、啟動研究或合作學習來研商教育改革的方法與路徑。雖然PISA無法辨識投入、過程與教育成果之間的因果關係，但可以藉由教育系統間重要特徵的異同分析與參照比較的資訊，提供教育人員、決策者及社會大眾參考。

二 PISA 2009 內涵與特色

PISA 2009的主軸是閱讀，閱讀素養調查的內涵也包含閱讀相關的資訊蒐集，其中個人的部分包含讀者的興趣、自發性、社會互動及閱讀學習的時間和經驗，閱讀教育的背景脈絡則包含支持閱讀動機與閱讀能力發展的教育實務。PISA閱讀評量（請參閱第71至113頁的樣本試題）兼顧閱讀的廣度和深度，分為三個層面。首先是情境，也就是涉及閱讀行為的各種情境脈絡與目的，包含個人、教育、職業和公共事務等；其次是文本（text），也就是閱讀素材的類型，包含連續與非連續文本（如圖表或廣告）；最後是認知面向，也就是讀者針對文本所進行的認知運作，包含擷取與檢索、統整與解釋、省思與評鑑等三個類別。

PISA 2009數學素養的評量（請參閱第136至149頁的樣本試題）包括常用的運算、數學思考與分析能力，主要測量學生應用機率、空間及圖形、數量推理等數學概念進行解題與溝通的能力，同時也涵蓋其他比較深入的內容，如代數及幾何等。現代國民都會碰到許多有關數量、空間、機率或者其他數學概念的相關課題，例如：媒體（報紙、雜誌、電視、網際網路）、氣象、經濟、醫藥和運動常充滿統計圖表資訊；而人們也都要面對公車或火車時刻表解讀、金錢交易處理、賣場中的最佳購物盤算等作業。PISA數學素養即評量 15 歲學生運用數學知識與理解來完成這些課題的能力。PISA 2009 的科學評量（請參閱第 167 至 185 頁的樣本試題）強調學生在三個層面的能力：辨識科學議題（identify scientific issues）、解釋科學現象（explain phenomena scientifically）及運用科學證據（use scientific evidence），這三個層面充分反映現代社會對職場人力的要求。

PISA 2009 調查以閱讀素養為主軸，同時更新數學和科學素養的調查結果。測驗共分十三個題本，由七個閱讀群組、三個數學群組、三個科學群組進行編排。每個群組包含幾個單元，每一單元有共同的文本與幾個對應的試題。每個閱讀評量群組包含四至五個單元，數學群組則有八至九個單元，科學群組固定包含六個單元。試題類型為選擇、多重是非、簡答及開放式問答等（後兩者由專業人員進行閱卷）。每個群組作答時間 30 分鐘，每份題本包含四個群組，所以每位學生閱讀、數學和科學素養紙筆評量時間為兩小時。

PISA 2009 共有六十五個國家或地區納入正式分析比較（如表 1.1），此次調查超過 47 萬名學生參與兩個小時的紙筆式評量。PISA 2009 的調查，也首次評量 15 歲學生對數位文本閱讀、理解和應用的能力，試題多為與生活關聯的文本或圖表資訊的題組形式呈現，有二十個國家額外參加數位文本閱讀素養評量。此外，PISA 的評量也同時蒐集與學習成效有關的學生和學校資料，包括利用學生問卷蒐集學生個人背景、學習習慣，以及對閱讀的態度、投入與動機，學校問卷則蒐集學校的人口統計特徵和學習環境品質。

❖ 表 1.1　PISA 2009 參與國家或地區

OECD 成員	夥伴國家／地區
澳洲，奧地利，比利時，加拿大，智利，捷克，丹麥，芬蘭，法國，德國，希臘，匈牙利，冰島，愛爾蘭，義大利，以色列，日本，韓國，盧森堡，墨西哥，荷蘭，紐西蘭，挪威，波蘭，葡萄牙，斯洛伐克，西班牙，瑞典，瑞士，土耳其，英國，美國	臺灣，上海，香港，澳門，新加坡，泰國，印尼，阿爾巴尼亞，亞塞拜然，保加利亞，克羅埃西亞，哈薩克，吉爾吉斯，拉脫維亞，列支敦斯登，立陶宛，羅馬尼亞，俄羅斯聯邦，塞爾維亞，約旦，卡達，阿根廷，巴西，哥倫比亞，巴拿馬，秘魯，突尼西亞，烏拉圭，愛沙尼亞，杜拜，千里達及托巴哥，斯洛維尼亞，蒙特內哥羅

資料來源：OECD（2010b）

素養的概念，是指學生能在真實情境應用所習得知能，以及當他們形成、解釋、解決不同情況問題時，能有效分析、推理和溝通的能力。PISA 2009 的閱讀素養是一個連續變項的評量，並不是有或無的檢核。然而就實際應用而言，需要在素養的連續變項上訂出一個決斷點，作為素養不足的補救參考決定，因此，PISA 在素養的連續變項上訂出順序性的表現等級，以作為各國教育政策切入的可行依據。

PISA 2009 結果報告提供 15 歲學生在閱讀、數學、科學素養的剖面資訊，同時將素養表現與學生和學校特徵進行連結，學生閱讀、數學和科學素養及與素養有關指標的改變趨勢資料也納入討論。未來的評量將更重視學生對數位文本的閱讀理解能力，並以數位形式評量解決問題能力，以充分反映現代社會資訊和電腦科技所扮演的重要角色。

PISA 同時也檢視學生的學習策略、多領域問題解決的能力和對不同主題的興趣。這種較全觀的評量設計始於 PISA 2000，詢問學生的動機、學習態度、對電腦的熟悉度，以及在自律學習主題下自我學習的管理與監控策略。PISA 2006 繼續保留學生動機與態度的評量，特別是學生對於科學的態度與興趣。而 PISA 2009 閱讀素養重新成為評量主軸，因此，關注學生閱讀活動的投入程度，以及學生對自己閱讀和學習策略的了解，這些在後續的章節中有詳細說明。PISA 2009 重要特色說明如下。

1. 學生閱讀能力的新穎剖面

檢視 PISA 2000 架構，PISA 2009 修訂並拓展閱讀的評量方法，使更符合 2000 至 2009 年間閱讀方式的轉變。PISA 2000 評量學生如何擷取資訊，而 PISA 2009 擴展為評量學生如何使用資訊。PISA 2000 評量學生如何闡釋閱讀內涵，而 PISA 2009 進一步為評量學生如何整合資訊。最後，PISA 2009 與 PISA 2000 同樣持續的評量學生如何省思並評鑑閱讀內涵。

2. 數位文本閱讀的評量

PISA 2006 試探科學領域的電腦化評量，PISA 2009 跟進，分析學生數位文本的閱讀表現，有二十個國家選擇參與這項評量，而臺灣此次尚未參與。在數位文本閱讀評量中，學生回答各種使用數位文本獲取資訊的模擬問題，像是使用搜尋引擎、選擇關鍵字及正確的頁面來獲取回答問題所需的資訊。由此可見，積極因應網路及資訊科技發展所造成閱讀習慣與風格的改變，PISA 在評量取向上也嘗試同步更新。

3. 對學生素養提供更廣、更仔細的評量

在先前 PISA 的評量中，許多國家得分低於 OECD 平均值，其中又有高比例學生得分低於報告中所描述的最低水準。PISA 2009 發展一組更能充分描述較低表現學生特徵的基本閱讀技巧新試題，將原本僅分成五個水準（水準 1 至 5）再細分成水準 1b、水準 1a、水準 2 至水準 6，以了解低表現學生的概況，同樣的 PISA 評量同時也企圖對優秀學生表現提供更詳細的描述。

4. 強調教育進展

PISA 已經實施超過十年，現在能夠探討的不只是各國學生表現的比較，也可讓各國了解較佳及較差學生的學習成果或差距的變化。每三年一次，PISA 評量學生閱讀、數學和科學知能，九年後各領域皆有一次為主兩次為輔的資

料。基本評量設計保持不變，讓PISA結果可進行教育成效改變的比較。長期而言，方便各國從教育標準的角度進行政策改變與學生進展的連結，從國際標竿省思其教育成果變化的意涵。PISA 2009 首度重新仔細評量閱讀素養，提供各國具體評鑑 2000 年至今九年時間所發生改變的機會，而 PISA 2000 中部分閱讀試題持續沿用，有助於跨時間改變的測量。

5. 納入新的學生背景資料

PISA 2000 提供學生對閱讀活動投入的程度、對不同學習策略的知識及運用等資訊，因此PISA 2000 的結果廣受決策人員的重視。PISA 2009 的調查中，修訂問卷內容，包含請學生陳述他們學習的技巧，特別是有關如何了解與學習概念或文本、採用什麼方法進行摘要、對閱讀時所採用策略的覺察等。同時鑑於學生閱讀素養與閱讀投入程度的密切關係，也請學生陳述老師是否或如何激勵他們投入閱讀，另外有些新增的問題，如詢問學生是否到圖書館借書、閱讀或上網等，對於學生閱讀的相關背景資料有更深、更廣的探究。

三　臺灣 PISA 2009 報告結構

PISA 2009 是學生閱讀素養統整的國際評量，不只評量閱讀的知能，也評量學生的態度與閱讀學習的策略，同時更新學生的數學和科學素養表現概況。本報告為臺灣 PISA 2009 的結果，第一章針對 PISA 2009 進行全觀介紹，第二章概述臺灣PISA 2009 的執行設計與流程。接著第三至五章中分別介紹學生在閱讀、數學及科學領域素養的界定、評量及結果報告。以主軸的閱讀素養為例，報告中先介紹臺灣學生統整的閱讀表現，再進一步審視閱讀的分量表、不同形式文本和性別差異的結果。由於不同教育系統的成效比較，需同時考慮國家的社經狀況及其教育投資，報告中以臺灣為主，參照重要相關國家、地區（芬蘭、韓國、上海、香港、澳門、新加坡和日本）進行結果解讀。每一項素養的討論同時含括 2006 和 2009 年臺灣學生表現變化的對照。第六章對受測學生素養表現與國中基測成績的相關組型和性別差異進行對照分析。

接著，在第七至九章中我們進一步探討與素養表現相關的變項，第七章討論閱讀學習的習慣和方法，包含學生的參與、策略和練習。探討學生在閱讀活動的參與、對閱讀和學習的態度。內容包含 15 歲學生的動機、參與程度和學習策略。第八章討論學校成功的要素，如資源、政策及措施，包含學生、學校與系統層級的特性，以及教育品質和教育均等的議題。比如學校與學校制度如何提升整體學生表現，並同時緩和社會經濟背景對學生表現所帶來的衝擊，目的在提倡更公平、更完善的學習機會。第九章呈現學生的表現差異，特別是與學生整體表現息息相關的校際差異討論，同時檢視影響學生與學校表現的要素，如社會經濟背景、移民身分，以及教育政策在這些要素上所扮演的調節角色。第十章統整呈現整個報告的結論與建議。

有關技術議題的討論，將在《PISA 2009 技術報告》（OECD, in press）詳述。技術報告內容包含問卷指標、抽樣議題、品質保證程序、測驗流程及編碼一致性等資訊。屆時相關資訊可在OECD的PISA網站（http://www.pisa.oecd.org）查詢。

四 臺灣 PISA 前瞻

除了落實素養取向的評量外，展望未來的教育趨勢，PISA將進一步推出數位化的素養評量。PISA 2012 的紙筆評量將以數學素養為主軸，其他兩領域為輔之外，數位化評量內涵將包含問題解決、數學和閱讀素養。面對數位化評量，除了需要基本的導航能力外，主動嘗試，以及依據回饋進行因應調整的能力，也是影響各項素養表現的要素。本研究團隊從 2006 年開始接手PISA專案，參與各項PISA研習和協商會議，深切體驗世界各國教育與評量革新的強勢力道和明快節奏。有關 PISA 評量的理念、設計和新近消息請參閱臺灣PISA網站（http://pisa.nutn.edu.tw），其中紙筆評量和電子閱讀評量樣本試題尤其值得教育研究與實務社群的夥伴親身模擬應試（http://pisa.nutn.edu.tw→最新消息→PISA 模擬試題練習）。

自 2000 年實施以來，各國教育改革多同時參酌 PISA 結果，可見素養取向的評量，大致獲得世界各國教育決策者的認同。對臺灣而言，參與PISA一方面認識OECD有關社會需求重要能力的定義，另一方面有助於了解 15 歲學生學習素養的整體表現概況，包括學生持續學習的樂趣與態度。由於PISA創新而真實的評量設計、標準化的抽樣和計分程序，以及嚴謹的執行品質監控，大致能說服關心教育統計的產學各界。整體而言，PISA跨國和跨時間評量結果的比較，受到相當普遍的重視。因此，持續參與PISA可進一步獲得臺灣教育成效的趨勢統計。PISA 2012 調查將以數學為主軸，而 PISA 2015 再次聚焦科學，之後 PISA 將邁向另一個週期，從閱讀開始。

期盼《臺灣 PISA 2009 結果報告》能有效拓展國人對 PISA 評量設計與結果資訊的認識，協助教育決策者注意教育成效評鑑的客觀統計，同時激勵學校教師關心PISA結果所呈現的教學改進意涵。面對客觀評量結果，我們希望能有效凝聚各種反省和建議，積極提升教育品質，努力厚植國民的關鍵能力和終身學習意願。

CHAPTER

2 臺灣 PISA 2009 執行說明

洪碧霞、吳正新、劉妍希

臺灣 PISA 2009 國家研究中心配合國際 PISA 總部的進度和規範，在 2008 年完成預試工作，並自 2009 年 3 月 23 日起，針對 158 所受測學校進行為期一個月的正式施測。本章簡要說明臺灣測驗實施的設計和程序。

一 PISA 2009 學生母群

為了確保跨國資料的可比較性，PISA明確定義學生目標母群。因為各國學前教育與學前照顧的性質不同，進入正式學習年齡及教育系統的結構也都有所差異。為了達到有效的跨國教育系統比較，PISA施測的對象以年齡進行界定，即 15 歲 3 個月至 16 歲 2 個月的學生，無論學生接受的是哪種學校類型的教育：全職或兼職、學術或技職、公立或私立或外國學校，但受測學生至少須完成六年的正規教育〔有關PISA的學生母群定義，請參見：《PISA 2009 技術報告》（OECD, in press）〕。

PISA 結果報告提供 15 歲在學學生知識技能的表現概況，這些學生在校內、外學習經驗可能不同，目前就學年級也隨各國的入學或升學政策多所差異，有些國家，PISA 受測學生目標母群來自不同的教育分軌或分流系統。PISA以嚴格的技術標準定義學生目標母群，即排除不適切學校或學生後，剩下符合 PISA 施測年齡標準的學生群體（請參見 PISA 網站 http://www.pisa.oecd.org）。排除案例可以是受測學校或受測學生，可能原因包含學校偏遠、學校規模過小、人數過少，以及學校的組織或校務因素。而排除的學生，可能是因為智能障礙，或非使用本地語言的學生。整體來說，國家的排除率必須低於 5%，校內排除學生的比率最多 2%。在參與PISA 2009 的六十五個國家中，有二十九個國家的學校層級排除率低於 1%，整體平均低於 5%。除了盧森堡（7.2%）和丹麥（8.6%）外，所有國家排除率皆低於 7%。

二 臺灣 PISA 2009 受測樣本與施測程序

PISA 計畫的調查對象為 15 歲學生，臺灣 PISA 國家研究中心（以下簡稱研究中心）所定義的 15 歲學生，為生日介於 1993 年 1 月 1 日至 1993 年 12 月 31 日的學生。依據臺灣教育學制，15 歲學生最常出現的年級為國中三年級與高中職或五專一年級。雖然 15 歲學生分布於國中、高中、高職、五專四個學制，然而如綜合高中、完全中學、高職中的普通類科，一所學校中可能含有兩種學制以上，必須加以分類處理，在抽樣分層時才能符合母群於各學制的比例。2009 年正式施測以學校類型（school type）作為主要的分層變項，全國的 15 歲學生所就讀的學校類型共分為七項：(1)一般國中；(2)一般高中；(3)一般高職；(4)高中職混合學校；(5)國高中混合學校；(6)國中、高中與高職混合學校；(7)五專。再加上公、私立與城、鄉的分層，抽樣設計分層有二十八層，依照母群在各層的比例，以規模大小比例的概率（probabilities proportional to their size, PPS）進行抽樣。

研究中心備齊學校名單、學生人數與分層變項資料後，將學校清單交給國外 PISA 總部。PISA Westat（抽樣專責單位）審查確認後，再配合各分區學校的學校規模、學生人數，分層抽取代表受測的學校。2009 年正式施測抽中的學校共 163 所，其中兩所為外國僑民學校，兩所沒有 15 歲學生、一所僅有一位 15 歲學生，根據 PISA 的抽樣規範，這些學校得免施測，正式施測樣本學校為 158 所。

確認各校回傳學生資料無誤後，將資料匯入 KeyQuest 軟體進行抽樣，匯入的資料為下列六個變項：(1)學生姓名；(2)出生年月；(3)性別；(4)年級；(5)就讀類科；(6)特教需求。KeyQuest以系統性抽樣的方式抽取 40 名學生，通常學校提供的資料是按班級順序排列，抽取的40名學生則均勻分散於不同的班級。KeyQuest 各校抽出的 40 名受測學生，以統一格式輸出成為學生追蹤表（Student Tracking Form, STF）。研究中心於各校受測前四個星期將STF寄給各校協調主任。各校協調主任收到學生追蹤表，需核對名單是否有不符合PISA受測資格的學生（如：轉校、休學、年齡不符、特殊教育需求為無法正常施測者等），再按照名單通知教師、學生與學生家長，並進行後續施測場地與施測日期的安排。

受測樣本的分布如表2.1和表2.2，其中北區（基隆市、臺北市、臺北縣、桃園縣、新竹市、新竹縣、宜蘭縣）有六十九所學校、2,586 名學生，中區（苗栗縣、臺中市、臺中縣、南投縣、彰化縣、雲林縣）有四十一所學校、1,514名學生，南區（嘉義市、嘉義縣、臺南市、臺南縣、高雄市、高雄縣、屏東縣）有四十六所學校、1,669名學生，東區（花蓮縣）有兩所學校、62名學生，不同學校類型受測樣本人數分配與母群的比率大致接近。臺灣 PISA 2009 實際出席考試學生為5,831名，出席率達到93.3%，若扣除休學、轉學、特殊學生，淨出席率達到96.7%，評量參與情況良好。

❖ **表 2.1　PISA 2009 臺灣各年級學生抽樣人數及百分比**

年級	學生數	百分比（%）
8	7	0.1
9	1,870	32.1
10	3,953	67.7
11	1	0.1
總計	5,831	100.0

❖ 表 2.2　PISA 2009 施測與母群學生人數及百分比對照

學校類型		施測學生數（人）	施測學生百分比（%）		母群學生數（人）	母群學生數百分比（%）	
國中		1,538	26.4		87,927	26.8	
高中、高職	高中	731	12.5	68.6	35,005	10.7	69.5
	高職	533	9.1		31,812	9.7	
	高中職混合	1,391	23.9		84,371	25.7	
	國中、高中	562	9.6		34,951	10.7	
	國中、高中、高職	787	13.5		41,645	12.7	
五專		289	5.0		12,293	3.7	
總數		5,831	100.0		328,004	100.0	

三　臺灣 PISA 2009 測驗流程

抽出參加PISA測驗學校後，即委任學校教務主任擔任協調工作，進行相關試務統籌。學校協調主任整合所有在校 15 歲學生的名單，將該清單寄送至中心，中心再隨機抽取清單內 40 名學生。學校協調主任依據學生追蹤表（STF）聯繫受測學生，並取得學生家長同意書。施測人員由中心依國際規範進行研習培訓，施測人員負責聯繫學校協調主任安排施測相關事宜，學校協調主任協助安排學生參加測驗。施測安排有時可能會遇到困難，因為受測學生來自不同年級和不同班級。施測人員主要任務是確保題本發給正確的學生，並向學生介紹測驗須知，於測驗結束之後，施測人員收齊試題本，寄回中心進行評分。

PISA 2009 發展十三式題本，每一式題本包含 PISA 不同群組的試題。在相同的測驗時間內，學生回答不同題本問題。測驗開始之前，施測人員根據標準化的施測程序介紹測驗，受測學生依測驗說明進行練習。學生在測驗進行一半時有短暫休息，在測驗結束後也會進行休息，最後再進行問卷填答。測驗共包含兩個部分：兩小時評量學生的知識和技能，30 分鐘進行問卷填答。問卷調查的內容主要是蒐集學生的個人背景、學習習慣、閱讀學習的態度和動機等資料。

四 PISA 2009 計分說明

PISA的調查，以題組式單元為構成單位，共分十三個測驗題本。每個題本測驗時間為 120 分鐘，包含三個領域。單元的資訊來源包含文本和圖表，針對不同文本和圖表再發展若干試題。約有一半的試題為選擇題，即學生從四或五個選項裡面選擇一個答案（單選題），或從主張或陳述中選擇可能的反應（例如：是或否、同意或不同意、多重是非題）。其餘的問題要求學生提供他們自己的作答反應，包括只需簡短作答的簡答題和需提供不同角度論證的開放式問答題。

PISA開放試題的計分，由接受過研習的專家，遵循國際計分規範進行評閱，有些問題只分答對和答錯，計為 1 和 0 分。另有些問題答案較為複雜，就有包含部分分數的多點計分，計分方式分為 2、1 和 0。為檢核評分者的一致性，評分設計有一部分包含多位閱卷人員針對同一批學生的作答進行評定。學生在閱讀、數學和科學的表現分別是以 PISA 2000、PISA 2003 和 PISA 2006 的調查為基準（平均數設定為 500 分，標準差設定為 100），將計分進行線性轉換。各領域試題的詳細計分方式，請參見第三至五章裡樣本試題的問題計分說明。除此之外，每個國家學生的作答反應尚需交付國際評分專家小組進行計分，以檢驗各國計分結果的信度，計分過程的詳細資訊，請參閱《PISA 2009 技術報告》（OECD, in press）。

五 研究團隊

為有效執行 PISA 評量計畫，各國均設有國家中心（National Center, NC）作為執行 PISA 的專司單位。臺灣 PISA 2009 國家研究中心設置在國立臺南大學，計畫主持人（national project managers, NPM）為教育學系測驗統計碩博士班的教授洪碧霞。計畫主持人統籌評量計畫，負責PISA的核心事項，對內協商資源配置與規畫研究會議；對外遵循計畫各階段任務與對應窗口聯繫，適切反應問題與建議。洪碧霞在國立臺南大學任教多年，曾開辦國立臺南師範學院測驗發展中心，並擔任中心主任多年，之後籌設測驗統計研究所，擔任創所所長，近年方從臺南大學教育學院的首任院長一職卸任。主持人之學術研究專長為測驗與評量，特別是在電腦化測驗與數學評量領域，已累積多年的研究經驗與成果，主要研究取向為融合微觀的認知成分分析、動態評量（dynamic assessment）理念與鉅觀的電腦化適性測驗（computerized adaptive testing, CAT）量化記錄，嘗試在認知成分依據下進行教學介入設計，並在協助介入中觀察、評量、描述並模式化學生正向改變的動態剖面。

本計畫共邀請校內外如下四位教授擔任共同主持人：

1. 黃秀霜，現為國立臺南大學教育學系教授，並擔任本校校長一職，主要學術專長為認知心理學及閱讀心理學，研究重點主要是關於語文字彙與閱讀，並從認字出發探討學童的閱讀能力，及與閱讀成就表現相關之因素，諸如家庭環境變項、閱讀動機、教學方法等。此外，又將研究成果授權出版三種語文相關測驗，包括「中文年級認字量表」、「注音符號診斷測驗」及「英文認字測驗」。
2. 鄒慧英，現為國立臺南大學教育學系測驗統計碩博士班教授，曾擔任所長一職，主要學術專長為教育測驗與評量，特別是實作評量與檔案評量，國科會歷年的研究計畫多是以閱讀寫作檔案評量為研究重心，主要研究方向是針對閱讀（摘要）、寫作（不同文體）及檔案發展出適用之評分規範（整體式或分析式），近年來更致力於中學生閱讀素養的研究。
3. 林哲彥，現為國立臺南大學材料科學系教授，主要學術專長為有機化學、色層分析及科學教育，近五年來的研究重心置於科學教育的學生學習科學特性之研究，特別是科學知識的構則與正當化，在科學師資培育方面也持續投入。
4. 陳昌明，現為國立成功大學中國文學系教授，主要學術專長為中國美學、魏晉南北朝文學、中國文學理論、文學批評及現代文學，曾任國家臺灣文學館副館長一職，其在國科會計畫多以中國歷代文學或美學的「感官」

為研究主題，亦曾接受教育部委託建立「國文科數位教學博物館」，多年來參與國語文教科用書審查以及各級國家考試國文測驗的命題工作。

除前述之主持人與四位共同主持人外，為強化本計畫的研究實力，本計畫尚邀請十三位學者專家擔任協同研究人員。原則上各協同研究人員係從 PISA 調查的三種素養進行分工，負責的工作項目如表 2.3 所述，以閱讀素養

❖ 表 2.3　臺灣 PISA 2009 協同研究人員的工作項目簡介

姓名	服務單位	職稱	負責工作
左太政	國立高雄師範大學數學系（所）	教授	協助數學學習之文獻分析與整理，協助數學試題分析詮釋
林素微	國立臺南大學教育學系測驗統計碩博士班	助理教授	協助PISA學校協調主任說明會、施測人員說明會、閱卷人員訓練與閱卷工作執行、數學素養結果報告撰寫
林娟如	國立臺南大學教育學系	副教授	協助 PISA 2009 抽樣、閱卷人員訓練與閱卷工作執行、資料分析、教育機會均等議題結果報告撰寫
謝秀月	國立臺南大學材料科學系（所）	副教授	協助物理學學習文獻分析與整理、協助物理試題分析詮釋、科學領域閱卷人員訓練與閱卷工作執行
謝宗欣	國立臺南大學生態科學與技術學系	教授	協助生物學學習文獻分析與整理、協助生物學試題分析詮釋
蔣佳玲	國立臺南大學材料科學系（所）	助理教授	協助地球科學學習文獻分析與整理、協助研究發展地球科學試題分析詮釋
徐秋月	國立臺南大學教育學系	助理教授	協助學校、學生問卷翻譯、協助手冊修訂、協助閱卷人員訓練與閱卷工作執行、PISA 2009 學校系統與結果報告撰寫、科學素養結果報告撰寫
吳裕益	國立高雄師範大學特殊教育學系	教授	提供研究團隊統計分析議題的諮詢
邱上真	國立高雄師範大學特殊教育學系(所)	教授	提供研究團隊閱讀及認知心理學議題的諮詢
梁淑坤	國立中山大學教育研究所	教授	提供研究團隊數學教育議題的諮詢
洪　蘭	國立陽明大學神經科學研究所	教授	提供研究團隊閱讀心理學議題的諮詢
許學仁	國立東華大學中國語文學系（所）	教授	提供研究團隊國語文教學議題的諮詢、協助國語文試題翻譯及潤飾
蘇珊玉	國立高雄師範大學國文學系	教授	提供研究團隊國語文教學議題的諮詢、協助國語文試題翻譯及潤飾

為主的協同研究人員，配合協助諮詢科學和數學的協同研究人員，提供如與PISA總部協商抽樣流程、翻譯和研發試題和問卷規畫、三科素養評量閱卷計分和分析報告的分工，整合人力資源來強化本研究成果。

另外，國家中心設有博士後研究員一名，協助主持人統籌監控研究進度，並與其他專、兼任研究助理共同執行整個 PISA 評量計畫。臺灣 PISA 國家研究中心的團隊組成如圖 2.1 所示。

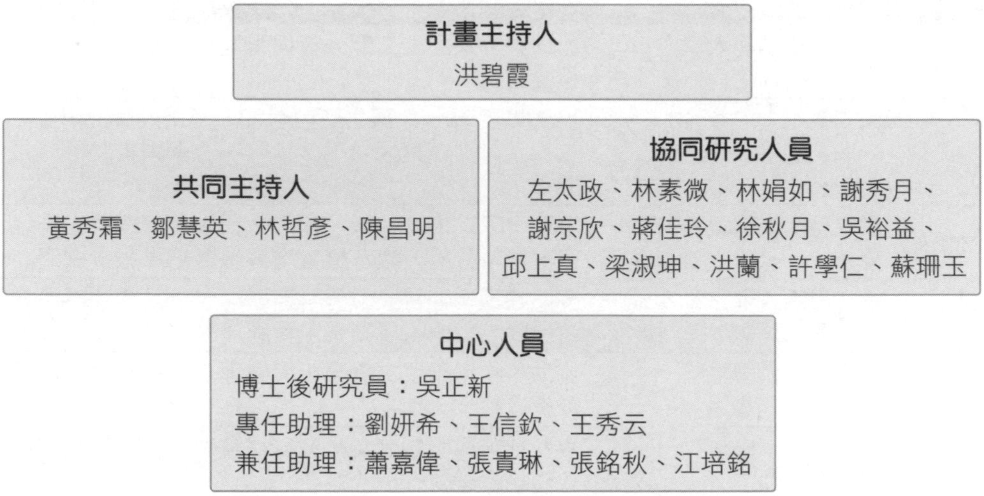

計畫主持人
洪碧霞

共同主持人
黃秀霜、鄒慧英、林哲彥、陳昌明

協同研究人員
左太政、林素微、林娟如、謝秀月、謝宗欣、蔣佳玲、徐秋月、吳裕益、邱上真、梁淑坤、洪蘭、許學仁、蘇珊玉

中心人員
博士後研究員：吳正新
專任助理：劉妍希、王信欽、王秀云
兼任助理：蕭嘉偉、張貴琳、張銘秋、江培銘

圖 2.1　臺灣 PISA 國家研究中心的團隊及組成

CHAPTER

3 學生閱讀表現分析

鄒慧英、黃秀霜、陳昌明、張貴琳

身為閱讀者，世界各國15歲學生具備哪些知識和能力？他們是否能從書面文本尋得所需資訊，解釋和使用這些資訊，並進行與個人經驗和理解有關的批判性省思？他們是否能為了不同目的和在各種情境閱讀不同種類的文本，無論是基於個人興趣和滿足，或為了更現實的理由？PISA 2009的閱讀素養評量即在回答這些問題。

PISA 2009的評量重點是閱讀，因此本章會詳細討論臺灣學生的閱讀素養表現。所謂素養與廣泛的生活經驗有關，故PISA評量旨在了解各國教育系統對其青少年生活準備度的養成情形。PISA 閱讀素養的概念包括閱讀情境範圍、各種書面文本呈現形式、讀者所運用的多樣性閱讀方法。本章首先解釋PISA如何測量與凸顯學生的閱讀素養表現，並呈現臺灣的評量結果，即臺灣學生具備哪些知能。其次，討論臺灣男女學生的閱讀素養表現結果，並檢視男女學生的相對優劣勢領域。

以全球經濟而言，教育成功的標竿不再只是國家標準，而是在國際上能提升最佳表現的教育系統。因此後續的報告內容，將以OECD國家的平均表現為參照，比較臺灣與若干亞洲國家和芬蘭在PISA 2009的閱讀素養表現。

第一節 PISA 評量學生閱讀表現的取向

一 PISA 閱讀素養的定義

傳統上，「素養」一詞指稱的是用以獲得和溝通訊息的一種工具，這與PISA所欲表達的「閱讀素養」概念相近：在許多情況下與為了各種目的，主動的、有目的和功能性的應用閱讀。閱讀素養包括一組廣泛的認知能力，從基本解碼，到字彙、文法、語言和文章結構與特色的知識，再到關於世界的知識。它同時也包含後設認知能力：處理文本時，能察覺並使用各式各樣適當策略的能力。

PISA 2009 將閱讀素養定義為：

理解、運用、省思及投入文本，以達成個人目標，發展個人知識和潛能，並有效參與社會。

定義中的「理解、運用、省思」連結了閱讀與認知的重要元素。所謂「理解」指稱的是讀者從文本建構意義，包括大範圍和小範圍、字面的和隱含的意義。它可以是基礎的作業，如理解語詞的意義；或可以複雜如理解長篇論說文或記敘文的相關主題。所謂「運用」意指此種閱讀是為了應用文本的訊息和想法到目前的作業或目標；或強化或改變信念。大部分閱讀屬於此類。在某些情境中，此種文本的運用僅需少量的理解，透過一些結構的基本認知來獲知字詞的意義（例如：許多功能性選單）。其他則需要使用句法和較複雜結構的理解，方能摘錄出訊息。然而，在所有情境中，讀者都是以固定的模式來處理文本。所謂「省思」文本，讀者會將讀到的內容與其想法和經驗連結，他們可能使用文本而對其生活的事物有新觀點，或他們會利用外在的參照架構對文本做出判斷。在接觸文本的過程中，讀者不斷地對文本做出這些判斷，他們必須評估文本是否適合手邊的作業，決定文本能否提供所需的資訊，他們必須判斷內容的真實性和可靠性，他們需能說明文本中見到的任何偏見。再者，某些文本既是一項技能的作品也是獲取訊息的工具，讀者一定得對文本的品質做出判斷。

定義中「投入」一詞意味著閱讀動機。多數人僅在有作業需求時才閱讀，其他人（有時）會為了樂趣和一般興趣而閱讀，有些人只在教師、雇主或政府機關指示下閱讀，當然也有人是自行選擇閱讀。換言之，人們投入閱讀的程度不同，閱讀在其生活中所扮演的角色也不同。閱讀投入係由一組情感與行為特徵構成，包括閱讀興趣、閱讀樂趣、閱讀控制、閱讀的社會參與，閱讀多樣性與閱讀頻率等。

書面文本由各種形式的文本構成，包括連續與非連續文本，及多樣化的文本類型，諸如記敘文、說明文和互動式文本。書面文本一詞亦可指稱由各種媒介——手寫、印刷和數位化所構成的文本。傳統的讀本多是採紙本印刷的材料，然而現今，讀者需要擷取與使用以螢幕呈現的文本，或者是在電腦、PDA、ATM或手機。數位文本開啟的閱讀構念，涵蓋額外的文本類型和內容，例如像是新穎形式／內容結合而成的互動式文本，諸如部落格的評論交流或電子郵件回應串連的交流；多元文本，或是同時呈現於單一螢幕或以超文本連結；可展開的文本，如使用者選擇可將摘要連結至更詳細的資訊。儘管人們可以找到類似的紙本文本範例，但在紙本形式是很少見的。PISA的閱讀定義同時涵蓋紙本與數位文本，但無論是何種媒介，閱讀的基本能力都在把圖像式的語文意義化。雖說如此，但臺灣PISA 2009 僅參與紙本式的閱讀素養評量，故本報告所指稱的閱讀素養僅限於紙本形式的文本。

PISA 閱讀素養定義中的後半段，「達成個人目標，發展個人知識和潛能，並有效參與社會」，旨在表達閱讀素養在所有情境下發揮的作用。為「達成個人目標」，個體必須設法解決個人的一些需求，從基本生存到個人滿足、到專業與生涯發展、到社會參與。這些需求或僅是找尋購物的方法，或進行官方繁複的滿足協商時，相關書面規則的釐清，在滿足這些需求時，閱讀會變得愈來愈必要。此外，滿足個人社交、娛樂與休閒、發展個人社群及工作的需求也是重要的。閱讀也是「發展個人潛能」的必要條件，這在學校情境與學校後教育相當顯而易見，但調查建議，許多成人在其生命中，會投入某種學習，多數為自我學習和非正式學習。通常這類學習需要使用某些文本，且當個人想改善其生活，無論工作時或工作外，也都需要對紙本和數位文本有所理解、使用和投入。「參與社會」使焦點放在主動積極的角色，即個人使用文本作為投入其社會環境、學習並對其社群生活做出主動貢獻的方法。對多數人而言，閱讀是參與勞動市場的必要條件。據此而言，PISA也意識到閱讀素養的社會層面，將它視為個體間互動的一部分。

二 PISA 2009 閱讀素養評量架構

PISA評量素養的架構指導評量的發展，以閱讀素養而言，PISA閱讀素養評量建基於三個主要特徵：文本（texts）、歷程（aspects）和情境（situations）。分析與描述閱讀領域，這些特徵是相當有用的方法，雖說文本和試題的分類不是絕對的，但閱讀元素無法各自獨立存在。圖 3.1 呈現閱讀架構中三項主要特徵的關係。

PISA 評量的測驗發展者有系統的運用這些要素，建構出組成測驗的試題。圖 3.1 架構的特徵中，某些元素亦作為建構量尺和分量尺，及後續報告的基礎，而其他元素則在確保能充分地涵蓋閱讀素養。

首先是文本這項特徵，其所涵蓋的閱讀素材可進一步分為數個次類別：媒介、環境、文本形式和文本類型。文本媒介——紙本和數位——是PISA重要的次類別，PISA結果報告時也以此為基礎提供二個不同的閱讀量尺。然臺灣因僅參與PISA 2009 的紙本評量，故所得結果報告和量尺分數僅限於紙本形式的文本。PISA依文本形式（format）提供二個類別的分測驗——連續（continuous）和非連續（non-continuous），前者常見的文本結構是句子和段落，後者為其他形式，諸如列表、圖解、圖形和表格。其他兩種文本分類旨在確保能充分涵蓋閱讀素養的定義。環境類別只應用於數位文本，不在本報告討論

文本 學生必須閱讀何種文本？	**媒介** 文本呈現的形式為何？	■ 紙本 ■ 數位
	環境 讀者是否能改變數位文本？	■ 作者為主（讀者為接收者） ■ 訊息本位（讀者可做改變）
	文本形式 如何呈現文本？	■ 連續文本（句子） ■ 非連續文本（列表，如此圖） ■ 混合文本（合併） ■ 多重文本（一個以上的來源）
	文本類型 文本的修辭結構為何？	■ 描述性（回答「什麼」） ■ 記敘性（回答「何時」） ■ 說明性（回答「如何」） ■ 議論性（回答「為什麼」） ■ 指引性（提供教學） ■ 互易性（交換訊息）
歷程 讀者閱讀文本的目的和方法為何？	■ **擷取與檢索**文本資訊 ■ **統整與解釋**閱讀內容 ■ **省思與評鑑**檢視文本與關聯個人經驗	
情境 就作者的觀點，文本的意欲用途為何？	■ **個人**：滿足個人興趣 ■ **公共**：與廣泛社會有關 ■ **教育**：用於教學 ■ **職業**：與工作世界有關	

➲ 圖 3.1　PISA 2009 閱讀素養架構的主要特徵

之列。最後，文本類型的分類乃是許多國家和一些國際閱讀架構文本類別的基礎，分為記敘文、說明文、論說文等等。PISA使用這些文本類型，旨在確保閱讀素養評量會包含不同修辭目的的閱讀文本。

第二個主要特徵——歷程——定義的是影響讀者如何投入文本的認知方式。精熟的讀者為了擷取與檢索文本的訊息，他們能從字詞、句子和較大的段落進行解釋，並統整文本內和跨多個文本的訊息。精熟的閱讀者為了能更了解和延伸其個人經驗，進而評鑑文本的關聯性、有用性和品質，他們省思文本。這些方式雖都是精熟閱讀所不可或缺的，然跨學校、系統和國家的閱讀課程和教學所強調的重點不同。PISA 2009 使用擷取與檢索、統整與解釋、省思與評鑑三個歷程作為閱讀結果報告的基礎，以調查各參與國和感興趣的次群體在每個歷程的素養水準。

建立PISA閱讀架構的第三個特徵為情境，即產生文本的廣泛脈絡。相較於前二個特徵——文本與歷程，這個特徵的重要性相對較弱，故未以此為基礎形成報告的量尺。然而，閱讀架構情境的細節確保涵蓋閱讀素養的定義，因此，適合的情境與伴隨的字彙和語言結構亦納入評量試題。

以下就 PISA 閱讀評量架構的三個特徵詳細說明。

（一）文本特徵

PISA 2009 閱讀架構最廣義的文本分類係依媒介做區分：紙本和數位。紙本媒介文本通常以紙張形式呈現，像單張的表單、摺頁冊、雜誌和書籍。印刷文本的實體形式鼓勵（並非強迫）讀者依特定的順序閱讀文章內容。本質上，紙本存在的形式是固定而靜態的。此外，在真實生活和評量情境中，讀者可立即看見文本數量的多寡。PISA的數位媒介文本具有導航工具和特徵，此種文本存在的形式是不固定的、動態的。由於臺灣並未參加PISA 2009 ERA（Digital Reading Assessment），對數位文本有興趣的讀者可參閱 PISA 網站（http://www.pisa.oecd.org）所提供的數位超文本連結範例。同理，文本環境區分為作者為主與訊息本位二種，此種區分亦限於數位文本，故本報告不予討論。

PISA 2000 已有文本形式分測驗表現的報告，各國學生在連續文本和非連續文本的表現有顯著差異，男女學生在非連續文本的表現比在連續文本的表現更為接近。這個結果和政策啟示促使PISA 2009 除歷程分測驗外，也將文本形式分測驗的結果包括在報告中。

連續文本通常是由句子所組成，組織成段落，甚至可能變成較大的結構，諸如節、章和書。非連續文本通常以合併列表組織成矩陣形式。連續和非連續文本同時出現在紙本和數位媒介。混合和多重文本在這兩種媒介也非常普遍，尤其是數位媒介。連續文本將各部分組織成段落，並將散落的各部分以標題和格式化特徵（字型大小、粗斜體形式）組織成具階層性的文本，以協助讀者辨認文章的結構。論述性的提示也能提供文章組織的訊息，包括序列化提示（例如：首先、其次、第三）和因果連接語（例如：因此、基於這個理由、既然），呈現文本各部分的關係。紙本媒介的連續文本範例包括報紙的報導、短文、小說、短篇故事、評論和信件。

非連續文本的組織不同於連續文本，故需要不同的閱讀方式。句子是連續文本的最小單位，非連續文本則由一組列表構成。有些是單一的簡表，但大部分由數個簡單的合併列表組成。非連續文本範例包括列表、表格、圖形、圖解、時程表、目錄、索引和表單。這些文本同時出現在紙本與數位媒介。

連續文本和非連續文本要求讀者運用不同的文章結構和特徵知識，及微量差異的策略。然而，在日常生活試題中，當需要跨數個文本統整資訊時，讀者需要同時利用這兩種文本形式的知識和策略。PISA 2009 閱讀架構指出，讀者辨認混合和多重文本為兩種不同的形式是閱讀的重要部分。

PISA將混合文本定義為單一而連貫的物件，包括連續和非連續文本的要素。結構良好的混合文本，其元素（例如：包括圖形或表格的文字解釋）是相互支持，在區域與整體層次都是連貫而一致的。作者使用各種表徵溝通訊息，在紙本媒介混合文本中，最常見的形式是雜誌、參考書和報告。

多重文本定義為多個獨立文章的集合體，在某個特定的情境同時呈現，或為某個評量目的而鬆散地結合在一起。文本間的關係可能不鮮明；可能是互補或相互抵觸的。舉例來說，提供旅遊建議的不同公司網站未必提供相同的指引給遊客。多重文本可能全部使用同一種形式（例如：連續文本），或同時包含連續和非連續文本。例如：PISA數位閱讀評量的超連結使用，該媒介幾乎所有單元都以多重文本材料為主，試題要求讀者閱讀數個文本（可能是不同網站，或同一個網站的不同網頁），每個文本以多樣化形式呈現，包括文章段落、項目清單、圖解和其他圖形。

本章第三節的 PISA 閱讀樣本試題，包括這三種文本形式範例，如圖 3.2 所示。

文本形式	樣本試題
連　續	■ **那就是戲**：問題 3、4 和 7 ■ **遠距辦公**：問題 7 ■ **刷牙**：問題 1、2、3 和 4 ■ **捐血公告**：問題 8 和 9 ■ **守財奴和他的金子**：問題 1、5 和 7
非連續	■ **行動電話安全性**：問題 2、6、9 和 11 ■ **熱氣球**：問題 3、4、6 和 8
多　重	■ **遠距辦公**：問題 1

圖 3.2　不同文本形式的樣本試題

PISA 根據文本的不同形式區分文章類型，以確保 PISA 評量的建置能精確含括閱讀素養的定義。惟文本形式不影響試題難度。描述性文本著重在空間中物件的特徵，通常回答「什麼」的問題。印象性的描述是從關係、品質和空間方向的主觀印象觀點呈現訊息。技術性描述從空間中客觀觀察的觀點呈現訊息。描述性文本的範例包括旅行見聞或日誌中對一個特定地點的描述，以及目錄、地圖，或技術手冊中對某個特性、功能或歷程的描述。

記敘性文本著重在時間中物件的特徵，通常回答「何時」的問題。記敘文從主觀選擇和強調的觀點呈現改變。報導呈現能由他人客觀驗證的行動和事件。新聞故事使讀者對事實或事件形成他們自己獨立的觀點。記敘性文本的範例包括小說、短篇故事、傳記、漫畫和報紙的事件報導。

說明性文本呈現複合概念或心理構念的訊息，通常回答「如何」的問題。說明性短文從主觀觀點提供概念的解釋、心理構念或概念。定義解釋在心理概念上相互關聯的專有名詞或名稱。解釋則是一種分析式說明，用以解釋心理概念如何與語詞或專有名詞相連結。摘要是一種綜合性說明，以更簡短的形式解釋和溝通文本。筆記是會議或報告結果的記錄。文本註釋是一種分析和綜合的說明，用以解釋在特定文本（小說或非小說）或文本群組中落實的抽象概念。說明性文本的範例包括學術論文、展示記憶模式的圖解、人口趨勢圖、概念圖、線上百科全書的一個項目。

議論性文本呈現概念或命題的關係，通常回答「為什麼」的問題。說明性或意見性的文本涉及意見和觀點。事件、目標和想法的評論，與個人思考、價值和信念系統有關。事件、目標和想法的科學論證與思考、知識系統有關，使命題能被驗證為有效或無效。議論性文本的範例包括給編組的書信、廣告海報、網路論壇的貼文及網站上的書評或影評。

指引提供「做什麼」的指示。指引呈現完成試題的特定行為方向。規則、規範和法令根據客觀性權威指明某些行為的要件，例如：實際的效度或公共權威。範例包括食譜、呈現給予急救程序的一系列圖解，和操作數位軟體的指引。

互易性文本最明顯的特徵是與讀者互動的訊息交換。書信和邀請函探究與維繫關係。調查、問卷和訪談意圖蒐集資訊。互易性文本範例包括分享家庭訊息的個人書信、交換休假規畫的電子郵件及安排會議的簡訊。

（二）文本歷程

文本歷程是PISA 2009評量架構的第二個重要組織要素。它是讀者用來處理文本的心理策略、方式或目的。PISA 2009將其區分為三個類別：擷取與檢索、統整與解釋、省思與評鑑，以及第四個類別：複合，合併前三項歷程。前三個歷程為PISA評量分測驗的基礎。

在紙本與數位媒介中，擷取與檢索分測驗的試題涉及尋找、選擇和蒐集資訊。在某些情境中，讀者會尋找特定的文章資訊，例如：火車何時離開？何時撰寫這篇文章？等，通常尋找所需的資訊很簡單，特別是當文本有直接陳述這些資訊時。然而，擷取與檢索訊息的試題未必容易。比方，有時需要一個以上的資訊，有時也需要文本結構和特徵的知識。紙本媒介的試題可能要求讀者使用導航特徵，例如：在尋找相關資訊前先尋找適切的標題。在數位媒介中，擷取與檢索訊息的問題涉及跨網站的不同頁面、使用表單、列表或跳位鍵，以尋找資訊。

統整與解釋分測驗的試題涉及文本內部的統整。此試題要求讀者了解文本各部分的關係，包括問題與解決方法、因果關係、分類與舉例、等價、比較與對照、部分與整體的關係。為了完成此類試題，讀者必須找出適切的關係。此類試題的文本內容可能明確標示「X 的原因為 Y」或要求讀者推論。文本不同段落的各部分彼此有關，解釋意指從未明事物建構意義的過程。當中可能涉及從證據的演繹與分析、在詞句的意涵中確認不明確或需要推論的關係。當進行解釋時，讀者正是在確認整篇文章或文本各部分的基本假設或意涵。

省思與評鑑試題涉及利用文本外在知識、想法和價值。當省思文本時，讀者將知識或經驗與文本做關聯。當進行文本的評鑑時，讀者不只利用個人的知識與經驗，也利用內容為本或客觀知識的規範進行判斷。省思與評鑑文本內容要求讀者連結文本資訊與外在知識。讀者必須了解文本的目的。他們必須檢驗與個人先備知識或其他文本資訊不同的心理表徵。省思與評鑑歷程要求讀者從文本抽離，以進行客觀思考，並評鑑文本的品質和適切性。文本結構的知識、不同文本類型的典型風格在這些試題扮演重要的角色。數位媒介的評量試題也需用到省思與評鑑歷程，惟評鑑的重點略有不同。因為數位文本的來源通常不明，易於做廣泛性發布，故尤重可靠性的判斷。線上資訊來源變化性高，從權威性到不確定或未知的可信度，所以評鑑線上資訊的精確性、可信度、時限尤其重要。

這三個廣泛的歷程並非是完全分開和獨立，而是交互關聯和依賴。從認知處理觀點來看，它們具有半階層性：沒有先經過訊息的擷取與檢索，不可能達到統整與解釋；沒有先經過訊息的擷取與某種程度的解釋，不可能對訊息做出省思與評鑑。然而PISA試題設計強調其中一個歷程。整體來說，每個PISA閱讀素養試題的歷程類別要視試題的目的而定。例如，檢索網頁中單一明確陳述的資訊（例如：搜尋全球網際網路的使用者）被歸類為擷取與檢索歷程的試題，即使它可能涉及評鑑數個搜尋結果網頁相關性的複雜步驟或比較和對照描述，以決定哪一個資訊來源可能最具權威性。

一些PISA數位閱讀試題被歸類為複合歷程。這些試題有相對的自由閱讀優勢，沒有紙本媒介的頁面、章節順序組織安排。讀者完成試題的步驟不具固定性。處理這些超資訊空間的試題具某些不確定性，故無法歸類為其中一個歷程。此類型試題最明顯的特徵是在三個歷程的互動，因此被歸類為複合歷程，用以代表動態的認知處理歷程。

圖 3.3 呈現不同閱讀歷程的代表性樣本試題。本章後面將呈現完整的樣本試題。

（三）文本情境

PISA使用情境來定義文本和相關試題。情境意指文本建構的情境脈絡和使用目的。雖然內容不作為結果報告之用，但多樣性文本情境抽樣的目的在使 PISA 閱讀素養調查內容的多樣性最大化。PISA 定義四種文本情境——為私人目的而讀、為公開目的而讀、為工作而讀及為教育而讀——根據觀眾和目的而來，不只是閱讀的處所。舉例來說，課堂使用的文本不一定是為教育而讀的情境，可能是基於讀者個人的愛好和理解需求，它們通常被歸類在為

歷程	樣本試題
擷取與檢索	■ 刷牙：問題 2 和 3 ■ 熱氣球：問題 3 ■ 守財奴和他的金子：問題 7
統整與解釋	■ 行動電話安全性：問題 2 和 9 ■ 那就是戲：問題 3、4 和 7 ■ 遠距辦公：問題 1 ■ 刷牙：問題 1 ■ 熱氣球：問題 8 ■ 捐血公告：問題 8 ■ 守財奴和他的金子：問題 1 和 5
省思與評鑑	■ 行動電話安全性：問題 6 和 11 ■ 遠距辦公：問題 7 ■ 刷牙：問題 4 ■ 熱氣球：問題 4 和 6 ■ 捐血公告：問題 9

圖 3.3 不同閱讀歷程的樣本試題

私人目的而讀。反之，學校和家庭使用的教科書，文本情境的歷程和目的略有不同，這類的文本被歸類在為教育而讀。

為私人目的而讀是為了滿足個人關懷和心智的興趣，它同時包括維持或發展個人與他人連結的閱讀。內容通常包括個人書信、小說及因好奇而閱讀的資訊文本，以作為休閒或娛樂活動的一部分。數位媒介包括個人電子郵件、即時通、日誌形式的部落格。

為公開目的而讀是為了參與更廣的社會活動，包括官方文件及公開事件訊息的用途。總而言之，這些試題或多或少與他人有不知名的接觸；因此，也包括論壇形式的部落格、新聞網站、書面和線上布告欄。

為教育而讀的內容通常是為了教學目的而特別設計。書籍和互動式軟體是此類閱讀的典型範例。為教育而讀通常涉及獲得訊息以作為一個較大學習試題的一部分，其材料通常不是由讀者選擇，而是由教師分派。典型試題經常是那些被視為「為學習而閱讀」的試題。

為工作而讀是為了工作時立即完成試題。此類文本幫助讀者在報紙的廣告版或網路找工作，或遵循工作指示。此種類型的典型試題通常是指「為做而讀」，而非「為學習而閱讀」。

本章後面的樣本試題包括這四種情境的文本範例，如圖 3.4 所示。圖 3.4 僅列舉單元名稱，而無試題，因為同一單元內的所有試題，大多數會歸類於相同情境。

情境	文本示例
個人	■ 那就是戲 ■ 守財奴和他的金子
公共	■ 行動電話安全性 ■ 捐血公告
教育	■ 刷牙 ■ 熱氣球
職業	■ 遠距辦公

➲ 圖 3.4　不同情境的文本形式示例

三 PISA 閱讀問題分析

像PISA這樣每三年實施一次的評量，必須從連續調查中保留充分數量的試題以建立可靠的趨勢。調查後公布的其他試題可用以說明測量表現的方法。本章最後會呈現一些公布的PISA 2009 閱讀樣本試題，以說明評量架構特徵與下節的素養水準。

圖 3.5 呈現這些樣本試題的試題圖與其在前述素養量尺的位置。第一欄呈現該試題所在的素養水準，第二欄指出該水準的最低量尺分數，亦即從其難度可視為落在該水準內，最後一欄顯示單元名稱與試題代號。請注意，相同單元內的試題可代表不同難度，例如：「那就是戲」包括水準 2、4、6 的試題。因此，單一單元可包含選取許多 PISA 的閱讀難度。

四 不同閱讀素養水準的表現描繪

PISA 2009 閱讀試題的發展，係透過OECD由參與國家教育研究機構簽約組成的一個國際委員會，在參與國組成的閱讀專家小組指導下共同協商完成。各參與國家貢獻刺激材料與問題，經過三年檢視、試用和重複修訂，始促成2009 的評量實施。其發展過程包括提供各參與國家數回合的意見評論、小規模試用及所有參與國 15 歲學生的正式實地測試。閱讀專家小組建議最後選擇的試題，其中包含二十一個參與國家繳交的材料。試題的選擇係依據實地測試表現評估所得的技術品質，及由參與國判斷他們對 15 歲學生的文化適切性及興趣水準。另一個重要的選擇標準為整體材料的選擇須符合前段所述之評量架構，俾便能維持各種不同類別文本、歷程與情境的平衡。最後，確保整套試題涵蓋不同的難度範圍，以使能力最差到能力最好的 15 歲學生之閱讀素養有良好的測量與描述。

水準	最低分數	樣本試題
6	698	那就是戲：問題 3（730）
5	626	
4	553	行動電話安全性：問題 11（604） 熱氣球：問題 3.2（595） 行動電話安全性：問題 2（561） 那就是戲：問題 7（556）
3	480	守財奴和他的金子：問題 5（548） 遠距辦公：問題 1（537） 行動電話安全性：問題 6（526） 遠距辦公：問題 7（514） 熱氣球：問題 4（510） 行動電話安全性：問題 9（488）
2	407	那就是戲：問題 4（474） 熱氣球：問題 3.1（449） 捐血公告：問題 8（438） 熱氣球：問題 6（411）
1a	335	刷牙：問題 4（399） 守財奴和他的金子：問題 1（373） 熱氣球：問題 8（370） 捐血公告：問題 9（368） 刷牙：問題 2（358） 刷牙：問題 1（353）
1b	262	守財奴和他的金子：問題 7（310） 刷牙：問題 3（285）

➲ 圖 3.5　PISA 2009 不同閱讀素養水準的樣本試題圖

PISA 2009 使用超過 130 個閱讀試題，每位學生只能看到其中一部分的試題，因為不同學生會給予不同組試題。PISA 2009 採用的閱讀試題係由半小時施測時間的試題群組所組成，伴隨數學與科學試題，合組成包含四個群組的各式題本。每位參與學生給予兩小時的評量。由於閱讀是PISA 2009評量的重點，各式題本至少包括一個閱讀材料群組。所有群組採螺旋循環方式，故每個群組會出現在題本的四個不同位置，每對群組至少出現在每個國家所用十三個題本中的一個題本。

PISA估計試題的相對難度時，係考量受試者答對每個試題的比例；估計學生的相對精熟度時，則是考量受試者答對某個測驗的試題比例。此單一連續量尺呈現試題難度與學生精熟度的關係。藉由建構一個呈現各試題難度的量尺，可以找出該試題所代表的閱讀素養水準。根據每位學生在相同量尺的精熟度，可描述他們所具備的閱讀素養水準。

學生在閱讀量尺的素養與評量所用的特定試題組合有關，如同抽取學生樣本參與PISA 2009用以代表參與國家所有15歲學生一般，PISA評量的每個試題皆設計用以適當代表閱讀素養的定義。學生精熟度的估計值反映的是預期他們會成功完成的試題類型，這表示學生可能成功完成相當於或低於他們量尺位置難度水準的試題（但他們未必總是做到）。反之，他們不太可能成功完成高於他們量尺位置難度水準的試題（但他們可能有時做到）。圖3.6說明這個機率模式如何運作。

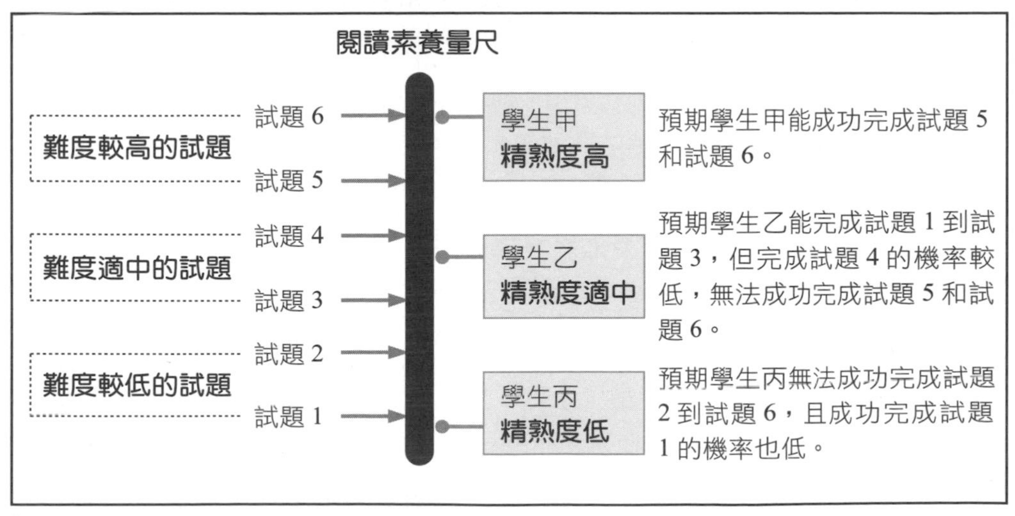

圖 3.6　試題難度與學生精熟度的關係

學生的精熟度位在某個試題之上愈高的位置，他或她愈有可能成功完成該試題（與其他難度相似的試題）；學生的精熟度位在某個試題之下愈低的位置，該學生能成功完成該試題與其他難度相似試題的可能性愈低。

PISA 2000 將所有國家整體閱讀素養表現量尺的平均數設定為 500，標準差為 100。為了實質解釋學生的表現，根據統計原則將量尺分為不同水準，再針對每個水準的試題進行描述，說明成功完成這些試題所需的知識與技能。就 PISA 2009 而言，試題難度範圍分為七個閱讀水準的描述：水準 1b 最低，然後是水準 1a、水準 2、水準 3 等，到最高的水準 6。

精熟度在 1b 範圍內的學生可能成功完成水準 1b 的試題，但不太可能完成較高水準的試題。水準 6 反映的試題代表閱讀技能和知識最高的挑戰，位在這個分數範圍的學生可能成功完成這個水準的閱讀試題，以及其他的PISA 閱讀試題。

PISA根據學生在測驗試題上的表現產生一個量尺分數，並將此分數對應到定義好的素養水準。學生分數所在的水準即是，從相同水準隨機選取試題，預期他或她所能答對的最高水準。因此，例如，就一個由水準 3 試題組成的評量來說，分數位於水準 3 的學生，預期至少能成功完成 50%的試題。因為一個水準涵蓋不同的難度與精熟度，跨這個範圍的成功率也有所不同。位於該水準底部的學生可能成功完成剛好過 50%該水準的試題，位於該水準頂端的學生可能成功完成超過 70%的相同試題。

圖 3.7 提供閱讀量尺各素養水準所需閱讀技能、知識與理解的本質細節。

PISA 摘要學生的閱讀素養表現，提供 15 歲學生累積之閱讀技能、知識和理解的全觀圖像。整體閱讀素養表現結果呈現如下，涵蓋各國閱讀素養表現的平均水準與閱讀精熟度的分配。後續部分將分別陳述不同閱讀歷程和文本形式的詳細結果。

以往的PISA閱讀素養評量，水準 5 以上為最高的素養水準，PISA 2009 增加一個新的水準 6，用以描述更高的閱讀素養水準。先前最低的測量素養水準——水準 1，重新命名為水準 1a，並用一個新的水準——水準 1b，描述原本「未達水準 1」的學生，但他們精熟比先前 PISA 評量試題較為容易的新試

水準 最低分數	試題特徵
6 698	此水準的試題通常需要讀者能詳實且精確地做出多種推論、比較和對比。他們要能全面且詳細地理解一個或多個文本，並能整合多個文本的訊息。試題可能需要讀者在複雜的訊息下，處理不熟悉的想法，並就解釋產生抽象的類別。省思與評鑑試題可能需要讀者就不熟悉的主題提出假設，或批判性地評鑑一個複雜文本，考量多個標準或觀點，並應用來自文本以外的精細理解。此水準擷取與檢索試題最重要的一個條件是分析的精確性，及小心留意文本中不顯眼的細節。
5 626	此水準擷取訊息的試題需要讀者尋找與組織深植於文本的若干訊息，推論文本中哪一個訊息是有關的。省思試題需要依據特定知識做出批判性評鑑或假設。解釋和省思試題需要對不熟悉的文本內容或形式有全面和詳細的了解。就所有的閱讀歷程來說，此水準的試題通常涉及處理與預期相反的概念。
4 553	此水準擷取訊息的試題需要讀者尋找與組織嵌於文本的若干訊息。有些試題需要從整個文本考量，解釋一節文本中語文意義的細微差異。其他的解釋性試題需要理解與應用陌生情境下的分類。省思試題需要讀者使用正式或一般知識對文本提出假設或批判性評鑑。讀者對陌生內容、形式冗長或複雜文本，需能顯現出準確的理解。
3 480	此水準試題需要讀者尋找與辨認符合多個條件的數個訊息間的關係。此水準解釋性試題需要讀者整合文本的數個部分，以確認大意、了解關係，或詮釋字詞的意義。讀者在比較、對照或分類時需考量多個特徵，通常所需訊息並不明顯，或有許多複雜的訊息；或有其他文本阻礙，例如與預期相反的想法或負面用語。此水準的省思試題需要連結、比較和解釋，或需要讀者評鑑文本的一項特徵。部分省思試題則需讀者就熟悉的、日常知識展現出對文本的精緻理解。其他試題不需要詳細的文本理解，但需要讀者利用不常見的知識。

➲ 圖 3.7　不同閱讀素養水準的摘要描述

水準 最低分數	試題特徵
2 407	此水準的一些試題需要讀者尋找一個或多個可能需要推論及符合多個條件的訊息。其他則需辨認文章的大意、理解關係，或在訊息不明顯且讀者必須做出低階推論時，就有限的部分文本詮釋意義。此水準的試題可能包括依據文本的單一特徵進行比較或對照。此水準典型的省思試題需要讀者依據個人的經驗與態度，做一個比較或若干個文本與外部知識間的連結。
1a 335	此水準的試題需要讀者尋找一個或多個明確陳述的獨立資訊；辨認某個熟悉主題的主旨或作者目的，或簡單連結文本訊息與常見的日常知識。通常所需的文本訊息是明顯的，且很少有複雜的訊息。明確地引導讀者考量與試題和文本有關的因素。
1b 262	此水準的試題需要讀者從簡短、句法簡單的文本中，尋找一個位於明顯位置的明確訊息，該文本具有熟悉的情境和文本類型，例如一個故事或一個簡單列表。該文本通常能對讀者提供支持，諸如重複的訊息、圖表或熟悉的符號。具有最少量的複雜訊息。對於需要解釋的試題，讀者可能需就相鄰的訊息做簡單連結。

圖 3.7　不同閱讀素養水準的摘要描述（續）

題。此種改變能使各國更了解最高與最低素養水準學生所能完成的試題類型。除了這些新增的水準，PISA 2009 閱讀素養水準 2、3、4、5 維持與以往調查相同的意涵。

（一）閱讀素養水準 6——得分高於 698 分

閱讀素養水準達到 6 的學生具有優秀的閱讀技能，他們能對文本進行微觀分析，此歷程要求學生展現其對明確陳述資訊與未陳述意涵的細部理解；同時能以一般化觀點省思與評鑑所讀到的內容。由於位於這個素養水準的學生幾乎能成功完成所有的閱讀評量試題，證明他們能處理許多不同類型的閱讀材料，這意味著他們是多元化的讀者，能從以非典型形式呈現的不熟悉內容領域組合訊息，並能專注於典型結構與文本特徵較為熟悉的內容。根據PISA的界定，此類最高度發展讀者的另一項特徵是，當面臨與預期相反的新資訊時，他們能克服原先的概念，指出文本鮮明和細微處，同時能利用文本外的素養理解進行批判性的應用。新資訊吸收與評鑑的整合能力，在講究創新與證據為本的知識經濟時代廣受重視。因此，最高閱讀素養水準的學生人數比例顯得特別重要。

（二）閱讀素養水準5——得分介於626至698分（含）

閱讀素養表現位在素養水準5的學生能處理形式或內容陌生的文本。他們能找尋文章訊息、展現細部的理解、推論與試題有關的訊息。他們亦能就此類文本提出批判性評鑑，並建立假設、運用特定的知識、調適與預期相反的概念。水準5學生所能完成的試題類型顯示他們是潛在的明日「世界級」知識工作者，達到此水準的學生人數比例與國家未來的經濟競爭力有關。

因為素養水準6的學生也能完成水準5的試題。下面敘述使用「素養水準5」，意指最高表現水準位在水準5或水準6的學生。相同的用詞用來指稱在較低水準的累積比例。本報告中，表現水準5和水準6的學生通常稱為「傑出表現者」或「優讀者」（top performers）。

（三）閱讀素養水準4——得分介於553至626分（含）

閱讀素養表現位在水準4的學生能完成困難的閱讀試題，例如：尋找隱含的訊息、從細緻的語言建構文本的意義、批判性評鑑文本。此水準涉及資訊擷取的試題要求學生尋找與組織數個隱含的訊息，有些試題要求從整個文本考量，解釋一個文本段落中語言的細緻意義；其他解釋性試題則需要在陌生情境中理解與應用類別。此水準的省思試題要求學生使用正式與一般知識做出假設，或對文本進行批判性評鑑。讀者必須展現出對冗長而複雜文本的精確理解，而該文本的內容或形式或許是陌生的。

（四）閱讀素養水準 3——得分介於 480 至 553 分（含）

水準 3 的學生能完成複雜度適中的閱讀試題，例如找尋多項訊息、連結文本不同的部分、與日常生活知識做關聯。此水準的試題要求學生能找尋符合多個條件的數個訊息，有時是確認其間的關係。解釋性的試題要求學生整合文章的多個部分以確認主旨、理解關係，或建構詞句意義。他們須能考量多個特徵以進行比較、對照或分類，通常所需的訊息不是那麼明顯或有許多複雜的訊息，或文本中有其他的挑戰，諸如與預期相左的想法或負面的用語。省思的試題可能需要連結、比較和解釋，或可能需要學生評鑑文本的一個特性。有些省思試題要求讀者關聯至熟悉的日常知識，展現對文本的精緻理解。其他試題不要求細部的文章理解，但要求讀者運用文本外不常見的知識。

（五）閱讀素養水準 2——得分介於 407 至 480 分（含）

閱讀素養表現位於水準 2 的學生能找尋符合多個條件的訊息，就單一特性進行比較和對照，即使訊息不夠鮮明，仍可了解文本中定義明確的部分，並能連結文本與個人經驗。此水準的一些試題要求學生找尋一項或多項訊息，這些訊息可能須藉由推知，也可能需要符合若干條件，其他試題則是確認文本的主旨，理解關係，或當訊息不夠鮮明，讀者須做出低階推論時，就文本有限的部分建構意義。此水準的試題可能涉及依據文本的單一特性進行比較或對照，典型的省思試題要求學生根據個人經驗和態度進行比較，或就文本與外部知識做數個連結。

水準 2 可視為精熟度的基礎水準，此水準的學生證明其所具備的閱讀素養能力，使他們能有效率且具生產性地參與生活。例如：加拿大針對參與 PISA 2000 的學生進行追蹤調查，發現 PISA 2000 閱讀素養低於水準 2 的學生，到 19 歲甚至 21 歲時，有相當高比例未接受大專教育或在勞力市場屬低產能者。例如：在 PISA 2000 閱讀素養水準低於水準 2 有超過 60%的學生到 21 歲仍未接受大專教育；反之，達到水準 2 有半數以上（55%）學生的最高教育程度為學院或大學。

（六）閱讀素養水準 1a——得分介於 335 至 407 分（含）

閱讀素養表現位於水準 1a的學生能找尋文本中清楚陳述、相當明顯的訊息，確認熟悉主題的主旨，並能確認此種文本訊息與其日常經驗的連結。此水準的試題要求學生能找尋一項或多項獨立清楚陳述的訊息，對熟悉的主題能確認其題旨或作者的文本目的，簡單連結文本訊息與日常知識。通常所需的文本訊息是明顯的，極少有複雜的訊息。學生會被明確告知考量試題與文本中相關的因素。

（七）閱讀素養水準 1b——得分介於 262 至 335 分（含）與未達水準 1b

閱讀素養表現位於水準 1b的學生可找尋熟悉風格與內容的簡短文本中清楚陳述的訊息，他們能做低階的推論，諸如在沒有明述的情況下，確認二個句子的因果連結。此水準的試題要求學生能找尋風格與文本類型熟悉的簡短文本中，於顯著位置清楚陳述的單一訊息，諸如一篇記述文或簡單的清單。此種文本通常提供支持給讀者，諸如重複的訊息、圖片或熟悉的符號。極少有複雜的訊息，要求解釋的試題，學生只需就緊鄰的訊息做簡單的連結即可。

OECD國家有極小部分比例的學生（1.1%）其閱讀素養分數低於 262，表現未達水準 1b。這並不表示學生必然完全不識字，而是沒有足夠的資訊據以描述這些學生的閱讀能力，PISA 2009 只有兩個試題的難度符合學生未達水準 1b——試題太少不足以推論學生在此水準的表現。本報告將表現未達水準 2 的學生通常稱為「劣讀者」（lowest performers）。

第二節 學生的閱讀表現

一 學生的整體閱讀表現與性別差異

由於 PISA 係由 OECD 所主導的一項國際評量，在 PISA 2009 的國際報告中，各項結果多以OECD國家平均作為參照指標，因此本研究報告亦以OECD國家平均表現作為標竿，並參照芬蘭與亞洲國家作為表現說明的對照。

觀察 PISA 2009 閱讀素養表現，OECD 國家平均閱讀素養表現的平均數為 493、標準差為 93。韓國和芬蘭是 OECD 表現最好的國家，平均數分別是 539 和 536，夥伴經濟體上海平均數為 556，表現極為突出，領先幅度顯著優於前述兩個國家，但排名第二的韓國表現與排名第三和第四的芬蘭和香港則沒有顯著差異。另一群 OECD 國家和夥伴經濟體表現高於 OECD 平均約四分之一個標準差：香港（平均數為 533）、新加坡（526）、加拿大（524）、紐西蘭（521）、日本（520）和澳洲（515）。值得注意的是，這些表現傑出的國家和經濟體，除芬蘭外，或來自亞洲國家（包括新加坡），或是 OECD 英語系國家。另外七個 OECD 國家和一個夥伴經濟體，其平均數顯著高於 OECD 平均：荷蘭（508）、比利時（506）、挪威（503）、愛沙尼亞（501）、瑞士（501）、波蘭（500）、冰島（500）、列支敦斯登（499）。臺灣和其他九個 OECD 國家：美國、瑞典、德國、愛爾蘭、法國、丹麥、英國、匈牙利、葡萄牙的表現水準與 OECD 平均無顯著不同。圖 3.8 為 PISA 2009 所有參與國家的學生閱讀素養平均分數以及各國與 OECD 平均比較的詳細對照表。

平均數	國家	與前述國家平均數差異未達統計顯著的國家
556	上海	-
539	韓國	芬蘭，香港
536	芬蘭	韓國，香港
533	香港	韓國，芬蘭
526	新加坡	加拿大，紐西蘭，日本
524	加拿大	新加坡，紐西蘭，日本
521	紐西蘭	新加坡，加拿大，日本，澳洲
520	日本	新加坡，加拿大，紐西蘭，澳洲，荷蘭
515	澳洲	紐西蘭，日本，荷蘭
508	荷蘭	日本，澳洲，比利時，挪威，愛沙尼亞，瑞士，波蘭，冰島，美國，列支敦斯登，瑞典，德國
506	比利時	荷蘭，挪威，愛沙尼亞，瑞士，波蘭，美國，列支敦斯登
503	挪威	荷蘭，比利時，愛沙尼亞，瑞士，波蘭，冰島，美國，列支敦斯登，瑞典，德國，愛爾蘭，法國
501	愛沙尼亞	荷蘭，比利時，挪威，瑞士，波蘭，冰島，美國，列支敦斯登，瑞典，德國，愛爾蘭，法國，臺灣，丹麥，英國，匈牙利
501	瑞士	荷蘭，比利時，挪威，愛沙尼亞，波蘭，冰島，美國，列支敦斯登，瑞典，德國，愛爾蘭，法國，臺灣，丹麥，英國，匈牙利
500	波蘭	荷蘭，比利時，挪威，愛沙尼亞，瑞士，冰島，美國，列支敦斯登，瑞典，德國，愛爾蘭，法國，臺灣，丹麥，英國，匈牙利
500	冰島	荷蘭，挪威，愛沙尼亞，瑞士，波蘭，美國，列支敦斯登，瑞典，德國，愛爾蘭，法國，臺灣，匈牙利
500	美國	荷蘭，比利時，挪威，愛沙尼亞，瑞士，波蘭，冰島，列支敦斯登，瑞典，德國，愛爾蘭，法國，臺灣，丹麥，英國，匈牙利
499	列支敦斯登*	荷蘭，比利時，挪威，愛沙尼亞，瑞士，波蘭，冰島，美國，瑞典，德國，愛爾蘭，法國，臺灣，丹麥，英國，匈牙利

圖 3.8 各國學生閱讀素養平均分數對照

平均數	國家	與前述國家平均數差異未達統計顯著的國家
497	瑞典	荷蘭，挪威，愛沙尼亞，瑞士，波蘭，冰島，美國，列支敦斯登，德國，愛爾蘭，法國，臺灣，丹麥，英國，匈牙利，葡萄牙
497	德國	荷蘭，挪威，愛沙尼亞，瑞士，波蘭，冰島，美國，列支敦斯登，瑞典，愛爾蘭，法國，臺灣，丹麥，英國，匈牙利
496	愛爾蘭	挪威，愛沙尼亞，瑞士，波蘭，冰島，美國，列支敦斯登，瑞典，德國，法國，臺灣，丹麥，英國，匈牙利，葡萄牙
496	法國	挪威，愛沙尼亞，瑞士，波蘭，冰島，美國，列支敦斯登，瑞典，德國，愛爾蘭，臺灣，丹麥，英國，匈牙利，葡萄牙
495	臺灣	愛沙尼亞，瑞士，波蘭，冰島，美國，列支敦斯登，瑞典，德國，愛爾蘭，法國，丹麥，英國，匈牙利，葡萄牙
495	丹麥	愛沙尼亞，瑞士，波蘭，美國，列支敦斯登，瑞典，德國，愛爾蘭，法國，臺灣，英國，匈牙利，葡萄牙
494	英國	愛沙尼亞，瑞士，波蘭，美國，列支敦斯登，瑞典，德國，愛爾蘭，法國，臺灣，丹麥，匈牙利，葡萄牙
494	匈牙利	愛沙尼亞，瑞士，波蘭，冰島，美國，列支敦斯登，瑞典，德國，愛爾蘭，法國，臺灣，丹麥，英國，葡萄牙
489	葡萄牙	瑞典，愛爾蘭，法國，臺灣，丹麥，英國，匈牙利，澳門，義大利，拉脫維亞，斯洛維尼亞，希臘
487	澳門	葡萄牙，義大利，拉脫維亞，希臘
486	義大利	葡萄牙，澳門，拉脫維亞，斯洛維尼亞，希臘，西班牙
484	拉脫維亞	葡萄牙，澳門，義大利，斯洛維尼亞，希臘，西班牙，捷克，斯洛伐克
483	斯洛維尼亞	葡萄牙，義大利，拉脫維亞，希臘，西班牙，捷克
483	希臘	葡萄牙，澳門，義大利，拉脫維亞，斯洛維尼亞，西班牙，捷克，斯洛伐克，克羅埃西亞，以色列
481	西班牙	義大利，拉脫維亞，斯洛維尼亞，希臘，捷克，斯洛伐克，克羅埃西亞，以色列

圖 3.8　各國學生閱讀素養平均分數對照（續）

平均數	國家	與前述國家平均數差異未達統計顯著的國家
478	捷克	拉脫維亞，斯洛維尼亞，希臘，西班牙，斯洛伐克，克羅埃西亞，以色列，盧森堡，奧地利
477	斯洛伐克	拉脫維亞，希臘，西班牙，捷克，克羅埃西亞，以色列，盧森堡，奧地利
476	克羅埃西亞	希臘，西班牙，捷克，斯洛伐克，以色列，盧森堡，奧地利，立陶宛
474	以色列	希臘，西班牙，捷克，斯洛伐克，克羅埃西亞，盧森堡，奧地利，立陶宛，土耳其
472	盧森堡	捷克，斯洛伐克，克羅埃西亞，以色列，奧地利，立陶宛
470	奧地利	捷克，斯洛伐克，克羅埃西亞，以色列，盧森堡，立陶宛，土耳其
468	立陶宛	克羅埃西亞，以色列，盧森堡，奧地利，土耳其
464	土耳其	以色列，奧地利，立陶宛，杜拜，俄羅斯聯邦
459	杜拜	土耳其，俄羅斯聯邦
459	俄羅斯聯邦	土耳其，杜拜
449	智利	塞爾維亞
442	塞爾維亞	智利，保加利亞
429	保加利亞	塞爾維亞，烏拉圭，墨西哥，羅馬尼亞，泰國，千里達及托巴哥
426	烏拉圭	保加利亞，墨西哥，羅馬尼亞，泰國
425	墨西哥	保加利亞，烏拉圭，羅馬尼亞，泰國
424	羅馬尼亞	保加利亞，烏拉圭，墨西哥，泰國，千里達及托巴哥
421	泰國	保加利亞，烏拉圭，墨西哥，羅馬尼亞，千里達及托巴哥，哥倫比亞
416	千里達及托巴哥	保加利亞，羅馬尼亞，泰國，哥倫比亞，巴西
413	哥倫比亞	泰國，千里達及托巴哥，巴西，蒙特內哥羅，約旦
412	巴西	千里達及托巴哥，哥倫比亞，蒙特內哥羅，約旦

圖 3.8 各國學生閱讀素養平均分數對照（續）

平均數	國家	與前述國家平均數差異未達統計顯著的國家
408	蒙特內哥羅	哥倫比亞，巴西，約旦，突尼西亞，印尼，阿根廷
405	約旦	哥倫比亞，巴西，蒙特內哥羅，突尼西亞，印尼，阿根廷
404	突尼西亞	蒙特內哥羅，約旦，印尼，阿根廷
402	印尼	蒙特內哥羅，約旦，突尼西亞，阿根廷
398	阿根廷	蒙特內哥羅，約旦，突尼西亞，印尼，哈薩克
390	哈薩克	阿根廷，阿爾巴尼亞
385	阿爾巴尼亞	哈薩克，巴拿馬
372	卡達	巴拿馬，秘魯
371	巴拿馬	阿爾巴尼亞，卡達，秘魯，亞塞拜然
370	秘魯	卡達，巴拿馬，亞塞拜然
362	亞塞拜然	巴拿馬，秘魯
314	吉爾吉斯	-

顯著高於 OECD 平均數
與 OECD 平均數差異未達顯著
顯著低於 OECD 平均數

註：*因列支敦斯登標準誤（2.8）比美國（3.7）小，所以與 OECD 平均比較時，前者達統計顯著，後者未達顯著。

圖 3.8　各國學生閱讀素養平均分數對照（續）

資料來源：OECD, PISA 2009 Database, Figure I.2.15 StatLink http://dx.doi.org/10.1787/888932343133

圖 3.9 為 PISA 2009 各國學生在不同閱讀素養水準的表現，有關各國學生在不同水準的分配比例及標準誤，請參見《PISA 國際報告》（*PISA 2009 Results: What Students Know and Can Do. Student Performance in Reading, Mathematics and Science.* Vol. I）（OECD, 2010j, Table I.2.1）。

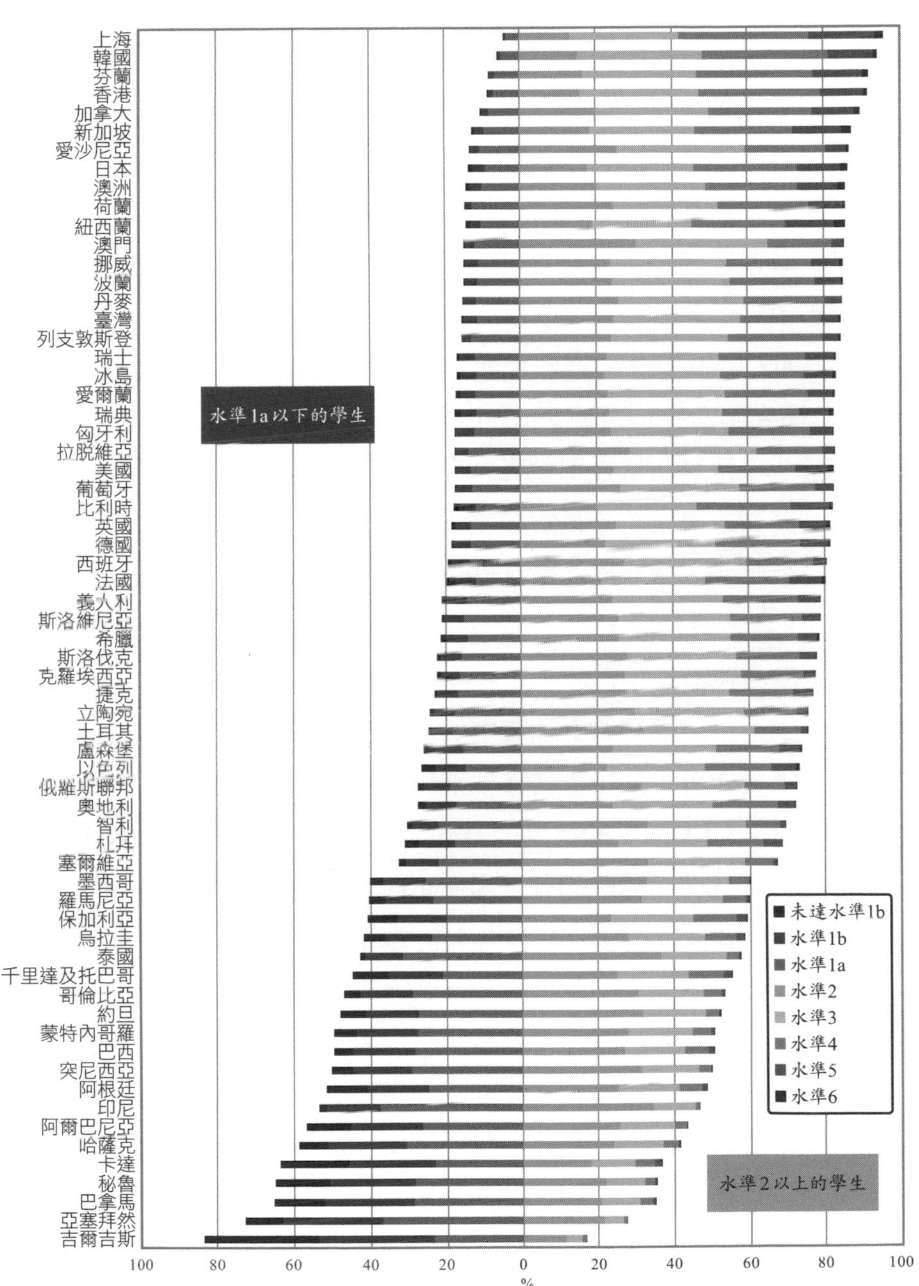

➲ 圖 3.9　各國不同閱讀素養水準的學生人數百分比對照

資料來源：OECD, PISA 2009 Database, Figure I.2.14, StatLink http://dx.doi.org/10.1787/888932343133

臺灣與前十名國家閱讀素養與男女學生差異的描述統計呈現於表 3.1。臺灣的平均數為 495、標準差為 86，與 OECD 平均並無太大差異。值得一提的是，臺灣、上海、香港與澳門在PISA 2009 調查同為使用中文版施測，除上海為簡體中文版外，其餘三地均使用繁體中文版施測。結果顯示上海與香港表現明顯優於臺灣與澳門，變異程度方面，四地以澳門表現的標準差最小，臺灣的標準差最大。

PISA 2009 閱讀素養調查結果顯示，各參與國皆為女學生表現優於男學生，OECD 國家男女平均差距 39 分，超過半個素養水準，約略相當於一個學年的進步量。臺灣學生的性別差距為 37 分，與OECD國家相當，換言之，臺灣男學生的閱讀素養大約落後女學生一學年左右。表 3.1 中各國大致呈現類似的性別差距組型，芬蘭雖然歷次PISA閱讀素養表現頗為出色，然其性別差距卻是表 3.1 各國最鉅者，高達 55 分。對照表 3.1 各國的性別差距，臺灣 15 歲男女學生的閱讀素養差距似乎並未特別嚴重，然與臺灣PISA 2006 的表現相比，此種性別差距似乎有擴大的趨勢，從 2006 年的 21 分擴大為 2009 年的 37 分。就不同年級來看，九年級的樣本平均數為 485 分，標準差 88 分，性別差異為 45 分；十年級方面，PISA 2009 樣本為 501 分；十年級男女學生平均分別為 485 與 517，性別差異為 32 分，兩個年級均呈現女學生優於男學生的一致趨勢，但十年級閱讀素養的性別差異較九年級的差異幅度略微縮小。

詳細觀察臺灣 15 歲男女學生在這二次的調查表現，發現男學生的閱讀素養呈現負成長，女學生的閱讀素養則是呈現正成長，這對臺灣的閱讀教育發展無異是一項警訊，因為臺灣二次PISA閱讀素養的平均表現沒有不同，然背後的實情卻是男女負、正成長抵銷的結果，因此就縮小男女學生的閱讀素養差距而言，如何有效提升男學生的閱讀素養更顯重要。然就臺灣 15 歲學生的整體閱讀素養而言，單靠提升男學生的閱讀素養仍不足以使臺灣的閱讀素養與各參照國媲美，因為臺灣女學生的閱讀素養甚至較上海、韓國、香港男學生的閱讀表現為低。圖 3.10 為臺灣與 OECD 國家平均在各個閱讀素養水準的學生人數百分比對照，其中 OECD 整體將所有 OECD 國家視為一個整體，故每個國家的權重對應其 15 歲在校學生人數的比例；OECD 平均則是計算各國估計值的算術平均數而來，亦即各國的權重相同。

❖ 表 3.1 臺灣與前十名國家在閱讀素養表現的排名、平均數、標準差（SD）與性別差異對照

國家	排名	平均數（SD）	男學生平均數（SD）	女學生平均數（SD）	差異（男－女）
臺灣	23	495 (86)	477 (89)	514 (79)	**-37**
九年級	-	485 (88)	462 (91)	507 (78)	**-45**
十年級	-	501 (85)	485 (87)	517 (79)	**-32**
臺灣 2006	-	496 (84)	486 (86)	507 (81)	**-21**
上海	1	556 (80)	536 (82)	576 (73)	**-40**
韓國	2	539 (79)	523 (82)	558 (71)	**-35**
芬蘭	3	536 (86)	508 (86)	563 (77)	**-55**
香港	4	533 (84)	518 (85)	550 (79)	**-33**
新加坡	5	526 (97)	511 (99)	542 (93)	**-31**
加拿大	6	524 (90)	507 (92)	542 (85)	**-34**
紐西蘭	7	521 (103)	499 (106)	544 (93)	**-46**
日本	8	520 (100)	501 (104)	540 (92)	**-39**
澳洲	9	515 (99)	496 (102)	533 (92)	**-37**
荷蘭	10	508 (89)	496 (89)	521 (86)	**-24**
澳門	28	487 (76)	470 (76)	504 (72)	**-34**
OECD 整體	-	492 (98)	475 (99)	508 (93)	**-33**
OECD 平均	-	493 (93)	474 (95)	513 (87)	**-39**

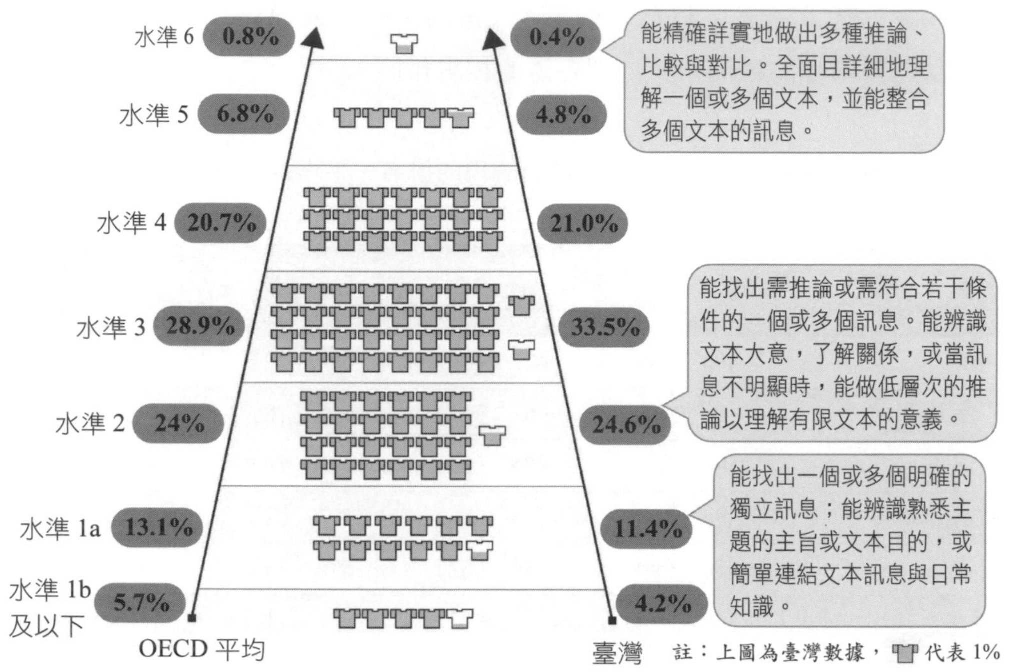

➲ 圖 3.10　臺灣學生與 OECD 平均在不同閱讀素養水準的學生人數百分比對照

除 OECD 平均表現外，本報告尚擇取部分國家進行參照討論，包含歷年表現傑出的芬蘭和若干亞洲國家，其中上海與新加坡為首次參與PISA調查，韓國、日本、香港與澳門則是自 2000 年即參與PISA調查。表 3.2 為臺灣與各參照國家在PISA 2009 閱讀素養各水準學生人數的百分比對照，臺灣的整體閱讀素養表現雖與 OECD 平均相當，然達到水準 5 以上的學生比例僅 5.2%，尚不及OECD平均的 7.6%，當然更遠遠落後於上海的 19.4%和香港的 12.4%。事實上，在表 3.2 的各參照國中，除澳門外，每個參照國達到水準 5 以上的學生比例皆超過 12%。換言之，各參照國每 100 名 15 歲的學生中，有 12 至 19 名屬於優讀者，但臺灣僅 5 名優讀者。不僅如此，臺灣達到水準 4 的學生比例亦遠落後於上海、韓國、芬蘭、香港、新加坡、日本等參照國。與 OECD 國家相同，水準 3 是臺灣學生最多人達到的素養水準，達到此水準的學生可以面對日常生活活動的閱讀需求。值得注意的是，水準 2 是閱讀精熟度的基礎

❖ 表 3.2 臺灣與參照國家學生在不同閱讀素養水準人數百分比對照

國家	素養水準							
	未達 1b（未達 262.04）	1b（262.04~334.75）	1a（334.75~407.47）	2（407.47~480.18）	3（480.18~552.89）	4（552.89~625.61）	5（625.61~698.32）	6（超過 698.32）
臺灣	0.7	3.5	11.4	24.6	33.5	21.0	4.8	0.4
上海	0.1	0.6	3.4	13.3	28.5	34.7	17.0	2.4
韓國	0.2	0.9	4.7	15.4	33.0	32.9	11.9	1.0
芬蘭	0.2	1.5	6.4	16.7	30.1	30.6	12.9	1.6
香港	0.2	1.5	6.6	16.1	31.4	31.8	11.2	1.2
新加坡	0.4	2.7	9.3	18.5	27.6	25.7	13.1	2.6
日本	1.3	3.4	8.9	18.0	28.0	27.0	11.5	1.9
澳門	0.3	2.6	12.0	30.6	34.8	16.9	2.8	0.1
OECD 整體	1.1	4.8	13.8	24.4	27.9	19.9	7.0	1.0
OECD 平均	1.1	4.6	13.1	24.0	28.9	20.7	6.8	0.8

水準，具備此水準的閱讀素養，能有效率且具生產性地參與生活，但臺灣未達水準 2 的學生比例高達 15.6%，與其他閱讀表現良好的國家相比（例如：上海 4.1%、韓國 5.8%、芬蘭 8.1%、香港 8.3%），臺灣學生優讀者的比例明顯偏低、劣讀者的比例卻又偏高，這二類學生的比例後續值得特別關注。

性別差異亦可從男女學生達成的平均素養水準觀之。由表 3.3 和表 3.4 觀之，OECD 國家男女學生最常見的最高素養水準是水準 3，但男學生在水準 2 和水準 3 的人數幾乎相同，而女學生第二常見的素養水準是水準 4。與OECD 國家相同，水準 3 也是臺灣 15 歲男、女學生精熟度比例最多的水準，男學生 31.0%、女學生 36.2%，男學生次高比例的精熟度為水準 2，女學生為水準 4，雖然女學生在素養水準 2 的比例與男學生相去不遠（22.2% vs. 27.0%），但男學生達到水準 4 以上的學生比例僅 20.5%，女學生卻高達 32.0%，明顯高出男學生許多；男學生劣讀者的比例為 20.7%，女學生劣讀者僅 9.5%。就劣讀者的男女比例而言，芬蘭與上海未達水準 2 的女學生比例僅是男學生的四分之一，顯然這二個閱讀素養表現比臺灣優秀的國家／地區，其劣讀者的性別差異較臺灣更為嚴重。經由各素養水準男、女學生比例的比較分析，更可清楚看出臺灣 15 歲學生在閱讀素養的性別差異。

❖ 表 3.3　臺灣與參照國家男學生在不同閱讀素養水準人數百分比對照

國家	男學生素養水準							
	未達 1b（未達 262.04）	1b（262.04~334.75）	1a（334.75~407.47）	2（407.47~480.18）	3（480.18~552.89）	4（552.89~625.61）	5（625.61~698.32）	6（超過 698.32）
臺灣	0.3	5.5	14.9	27.0	31.0	17.2	3.1	0.2
上海	0.2	0.9	5.5	17.8	31.5	30.9	11.7	1.4
韓國	0.4	1.4	7.0	19.3	34.3	28.4	8.7	0.7
芬蘭	0.3	2.5	10.1	22.7	32.3	23.9	7.5	0.6
香港	0.4	2.1	8.8	18.7	33.2	27.9	8.1	0.8
新加坡	0.7	4.2	11.3	20.3	27.6	23.8	10.6	1.6
日本	2.0	5.0	11.9	20.3	26.7	24.1	8.9	1.2
澳門	0.4	3.9	16.2	33.8	31.7	12.3	1.6	0.1
OECD 整體	1.7	6.6	16.7	25.9	26.0	17.1	5.4	0.6
OECD 平均	1.8	6.6	16.6	26.0	27.0	16.8	4.8	0.5

❖ 表 3.4　臺灣與參照國家女學生在不同閱讀素養水準人數百分比對照

國家	女學生素養水準							
	未達 1b（未達 262.04）	1b（262.04~334.75）	1a（334.75~407.47）	2（407.47~480.18）	3（480.18~552.89）	4（552.89~625.61）	5（625.61~698.32）	6（超過 698.32）
臺灣	0.1	1.5	7.9	22.2	36.2	24.9	6.5	0.6
上海	0.0	0.2	1.3	8.8	25.5	38.4	22.3	3.4
韓國	0.1	0.3	2.1	11.1	31.6	38.0	15.4	1.5
芬蘭	0.1	0.5	2.6	10.7	27.8	37.3	18.3	2.7
香港	0.0	0.8	4.1	13.1	29.4	36.2	14.7	1.7
新加坡	0.1	1.3	7.3	16.7	27.6	27.7	15.6	3.7
日本	0.6	1.6	5.7	15.5	29.4	30.2	14.2	2.7
澳門	0.1	1.3	7.6	27.2	38.0	21.6	4.0	0.1
OECD 整體	0.6	3.0	10.8	22.9	29.9	22.9	8.6	1.4
OECD 平均	0.5	2.6	9.5	21.9	30.9	24.7	8.8	1.2

二 學生在不同閱讀歷程分測驗的表現與性別差異

PISA 2009 約有四分之一的試題屬於擷取與檢索分測驗，約有一半的試題屬於統整與解釋分測驗，另外四分之一試題屬於省思與評鑑分測驗。擷取與檢索的試題涉及尋找、選擇和蒐集資訊。當所需資訊是直接和平鋪直敘於文本之中時，尋找所需資訊就相當簡單，然擷取與檢索試題未必總是容易的試題。圖 3.11 描述擷取與檢索分測驗各素養水準的閱讀技能本質、所需知識和理解，及 PISA 2009 OECD 國家平均在各水準的學生人數比例，右欄列舉擷取與檢索分測驗的樣本試題。

水準（%）[1] 最低分數	試題特徵	公布的 樣本試題
6（1.4） 698	面對陌生的情境，能以一個正確且精準的順序，從混合文本的不同部分，整合多個獨立的訊息。	
5（9.5） 626	找出與整合深度隱藏的多個資訊，其中有些可能是位於文本主體外。能處理強烈分歧而相互競爭的訊息。	
4（30.4） 553	在陌生情境或形式的文本中，找出若干個隱藏的訊息，每個訊息須符合多重標準。可能要整合語文和圖表的資訊，處理大量和／或明顯相互競爭的訊息。	**熱氣球**：問題 3.2（595）
3（57.9） 480	找出若干訊息，每個訊息須符合多重標準。整合文本內的訊息，處理相互競爭的訊息。	
2（80.4） 407	找出一個或多個訊息，每個訊息可能需要符合多個標準。處理某些相互競爭的訊息。	**熱氣球**：問題 3.1（449）
1a（93.0） 335	藉由字面意義或同義的媒合，找出一個或多個符合單一標準、清楚敘述的訊息。標的訊息也許在文本中不是那麼明顯，但幾乎或完全沒有相互競爭的訊息。	**刷牙**：問題 2（358）
1b（98.0） 262	藉由字面意義或同義的媒合，在簡單文本的明顯位置，找出一個清楚敘述的訊息，完全沒有相互競爭的訊息。可能要對相鄰訊息做簡單的連結。	**守財奴和他的金子**：問題 7（310） **刷牙**：問題 3（285）

註：1. OECD 國家平均能完成該水準以上試題的學生人數比例。

圖 3.11 擷取與檢索分測驗不同閱讀素養水準的摘要描述

表 3.5 為臺灣與各參照國在 PISA 2009 閱讀素養評量擷取與檢索分測驗的平均數、標準差與性別差異，表 3.6 為在擷取與檢索分測驗各素養水準的學生人數百分比。與 OECD 平均閱讀素養表現相比較，臺灣學生在此分測驗的表現與 OECD 的平均表現幾無差異（496 vs. 495），但分散程度略大於 OECD 表現（標準差 105 vs. 101），顯示有較多學生分布在水準 5 以上（見表 3.6）。雖然如此，臺灣在此分測驗的優讀者比例（9.9%）仍與上海（21.9%）有段距離，與香港（14.2%）的差距則明顯縮小許多。

臺灣學生在此分測驗的表現與 OECD 國家平均相若，男女學生間的性別差異亦相似，皆為女學生優於男學生，男學生表現較女學生落後約一個學年的成長量。各參照國中，以芬蘭的性別差異最鉅，高達 59 分，幾為 OECD 國家性別差距的 1.5 倍，顯示芬蘭男女學生的閱讀差距較臺灣學生嚴重許多，而香港、澳門的性別差異較臺灣輕微。

❖ 表 3.5　臺灣與參照國家學生擷取與檢索的平均數、標準差與性別差異對照

國家	平均數	標準差	男學生平均數	女學生平均數	差異（男－女）
臺灣	496	105	477	516	**-39**
上海	549	96	531	568	**-37**
韓國	542	87	527	558	**-32**
芬蘭	532	99	503	562	**-59**
香港	530	94	516	545	**-28**
新加坡	526	103	510	543	**-32**
日本	530	110	512	548	**-36**
澳門	493	88	477	509	**-31**
OECD 整體	491	104	475	507	**-32**
OECD 平均	495	101	475	515	**-40**

❖ 表 3.6 臺灣與參照國家學生擷取與檢索不同水準學生人數百分比對照

國家	素養水準							
	未達 1b（未達 262.04）	1b（262.04~ 334.75）	1a（334.75~ 407.47）	2（407.47~ 480.18）	3（480.18~ 552.89）	4（552.89~ 625.61）	5（625.61~ 698.32）	6（超過 698.32）
臺灣	2.0	5.0	12.4	22.2	27.3	21.2	8.3	1.6
上海	0.5	1.5	5.7	14.8	26.1	29.5	17.3	4.6
韓國	0.3	1.2	5.5	15.9	30.1	30.3	13.9	2.7
芬蘭	0.8	2.5	7.8	17.2	27.0	27.4	14.2	3.1
香港	0.8	2.3	7.4	17.5	28.3	29.5	12.2	2.0
新加坡	0.9	3.3	9.0	17.7	25.8	26.8	13.5	3.0
日本	1.9	3.2	8.0	16.2	25.4	27.0	14.1	4.2
澳門	0.7	3.7	12.1	26.3	31.7	19.6	5.3	0.5
OECD 整體	1.9	5.3	13.5	23.4	27.0	19.7	7.6	1.5
OECD 平均	2.0	5.0	12.6	22.4	27.5	20.9	8.1	1.4

統整與解釋的歷程涉及處理所讀訊息使文本具有內在意義。統整的試題要求讀者了解文本各部分間的關係，包括問題與解決方案、因果關係、分類與舉例、等價、比較與對照及理解部分與整體的關係。解釋意指從未明述的事物建構意義的過程，當中可能涉及辨識不明確或推知的關係，如從證據推論與推理、片語或句子中的隱含意義。圖 3.12 提供統整與解釋分測驗各素養水準的閱讀技能本質、所需知識和理解的描述，及 PISA 2009 OECD 國家平均在各水準的學生人數比例，右欄列舉統整與解釋分測驗的樣本試題。

水準（%）[1] 最低分數	試題特徵	公布的樣本試題
6（1.1） 698	進行詳盡而精確的多個推論、比較和對照。對全文或特定部分展現全觀而詳細的理解。可能涉及整合一個以上文本的訊息。出現明顯相互競爭的訊息時，能處理陌生抽象的概念，以解釋產生抽象的分類。	**那就是戲**：問題3（730）
5（8.3） 626	對文本展現全觀而詳細的理解。建構細緻語言的意義。應用標準於文本中遍布的範例，使用高層次的推論。為描述文本各部分間的關係產生分類。處理與預期相反的概念。	
4（28.4） 553	在陌生的情境中使用文本依據的推論去理解和應用分類，並從本文的整體考量以建構部分文本的意義。處理模稜兩可與負面用語的想法。	**行動電話安全性**：問題 2（561） **那就是戲**：問題 7（556）
3（56.6） 480	整合文本的數個部分以確認文本的主旨、理解關係，或建構字詞、詞組的意義。使用多重標準進行比較、對照或分類。處理相互競爭的訊息。	**守財奴和他的金子**：問題 5（548） **遠距辦公**：問題 1（537） **行動電話安全性**：問題 9（488）
2（80.7） 407	當訊息不明顯和需要低階推論時，確認文本的主旨、理解關係、形成或應用簡單的分類，或就有限的文本建構意義。	**那就是戲**：問題 4（474） **捐血公告**：問題 8（438）
1a（94.3） 335	當所需的訊息明顯時，就熟悉主題的文本確認其主旨或作者的目的。	**守財奴和他的金子**：問題 1（373） **熱氣球**：問題 8（370） **刷牙**：問題 1（353）
1b（98.9） 262	確認文本中強調數次的簡單概念（可能含圖表線索），或解釋熟悉主題短文的語詞。	

註：1. OECD 國家平均能完成該水準以上試題的學生人數比例。

圖 3.12　統整與解釋分測驗不同閱讀素養水準的摘要描述

表 3.7 為臺灣與各參照國在 PISA 2009 閱讀素養評量統整與解釋分測驗的平均數、標準差與性別差異，表 3.8 為在統整與解釋分測驗各素養水準的學生人數百分比。因 PISA 2009 閱讀素養評量有將近 50%的試題屬於統整與解釋分測驗，故 OECD 國家在此分測驗的平均表現與整體表現相似。學生在各素養水準的人數比例亦與整體表現非常接近。與 OECD 平均閱讀素養表現相比較，臺灣學生在此分測驗的表現稍高於 OECD 平均表現（499 vs. 493），但分散程度略小於 OECD（標準差 87 vs. 94），各素養水準的學生人數分布亦與 OECD 表現相若（見表 3.8）。上海、香港與澳門的表現與 OECD 表現不盡相同。

臺灣學生在此分測驗的表現較 OECD 國家平均為佳，男女學生間的性別差異亦較 OECD 國家平均略低，但仍是女學生表現優於男學生。各參照國中仍以芬蘭的性別差異最鉅，高達 50 分，為臺灣學生性別差異的 1.56 倍，至於香港、澳門的性別差異則與臺灣相若。

❖ **表 3.7　臺灣與參照國家學生統整與解釋的平均數、標準差與性別差異對照**

國家	平均數	標準差	男學生平均數	女學生平均數	差異（男－女）
臺灣	499	87	483	515	**-32**
上海	558	81	540	576	**-35**
韓國	541	81	526	557	**-31**
芬蘭	538	88	513	564	**-50**
香港	530	89	516	546	**-30**
新加坡	525	101	511	539	**-28**
日本	520	102	502	538	**-36**
澳門	488	77	473	504	**-31**
OECD 整體	490	100	475	505	**-30**
OECD 平均	493	94	476	512	**-36**

❖ 表 3.8　臺灣與參照國家學生統整與解釋不同水準人數百分比對照

國家	素養水準							
	未達 1b（未達 262.04）	1b（262.04~334.75）	1a（334.75~407.47）	2（407.47~480.18）	3（480.18~552.89）	4（552.89~625.61）	5（625.61~698.32）	6（超過 698.32）
臺灣	0.4	3.2	11.6	24.5	32.7	21.3	5.9	0.5
上海	0.0	0.5	3.4	13.3	28.3	33.2	18.0	3.1
韓國	0.2	0.9	4.8	15.7	31.7	32.4	12.9	1.4
芬蘭	0.2	1.3	6.3	16.8	29.7	30.0	13.6	2.2
香港	0.4	2.0	7.0	17.8	30.2	29.3	11.5	1.8
新加坡	0.6	3.0	9.9	19.2	26.2	24.8	12.9	3.5
日本	1.2	3.4	9.3	18.9	27.1	26.2	11.3	2.6
澳門	0.2	2.5	12.4	30.4	33.7	17.5	3.3	0.1
OECD 整體	1.2	5.2	14.6	24.6	26.8	19.1	7.2	1.3
OECD 平均	1.1	4.6	13.6	24.2	28.1	20.2	7.2	1.1

省思與評鑑試題涉及利用文本以外的知識、想法和價值時仍能專注於文本。省思文本時，讀者將其個人的經驗或知識與文本做連結；評鑑文本時，讀者或者運用其個人的經驗，或者運用內容與客觀知識的規範來做出判斷。省思與評鑑文本內容需要讀者連結文本訊息與外來的知識。圖 3.13 提供省思與評鑑分測驗各素養水準的閱讀技能本質、所需知識和理解之描述，及 PISA 2009 OECD 國家平均在各水準的學生人數比例，右欄列舉省思與評鑑分測驗的樣本試題。

水準（%）[1] 最低分數	試題特徵	公布的樣本試題
6（1.4） 698	以多個標準或觀點假設，並應用文本以外廣泛的理解，對陌生主題的文本提出假設或批判性評鑑。以適合讀者的角度產生評鑑文章特徵的分類。	
5（9.5） 626	利用專門的知識，及對不同於一般預期的想法之長篇或複雜文本有深度理解，對文本做出假設。對文本或文本相關想法之間的潛在或真正的矛盾，做出批判性分析與評鑑。	
4（30.4） 553	使用正式或一般知識對文本做出假設或批判性評鑑。對長篇或複雜文本展現精確的理解。	**行動電話安全性**：問題 11（604）
3（57.9） 480	連結、比較或提供解釋，或評鑑文本的特徵。對於熟悉、日常知識，或運用少量的常識展現對文本的詳細理解。	**行動電話安全性**：問題 6（526） **遠距辦公**：問題 7（514） **熱氣球**：問題 4（510）
2（80.4） 407	比較或連結文本與外部知識，利用個人經驗或態度來解釋文本的特徵。	**熱氣球**：問題 6（411）
1a（93.0） 335	將文本的訊息與普通的日常知識做簡單連結。	**刷牙**：問題 4（399） **捐血公告**：問題 9（368）
1b（98.0） 262	現有的閱讀題庫無此水準的問題。	

註：1. OECD 國家平均能完成該水準以上試題的學生人數比例。

圖 3.13　省思與評鑑分測驗不同閱讀素養水準的摘要描述

表 3.9 為臺灣與各參照國在 PISA 2009 閱讀素養評量省思與評鑑分測驗的平均數、標準差與性別差異，表 3.10 為省思與評鑑分測驗中各素養水準的學生人數百分比。OECD 國家學生在此分測驗的表現與整體閱讀素養表現相若（494 vs. 496），變異程度亦略大於整體表現（標準差 97 vs. 102），故優讀者

與劣讀者的學生比例略多於整體表現。與 OECD 平均閱讀素養表現相比較，臺灣學生在此分測驗的表現與OECD相若（493 vs. 494），但分布程度比OECD較小（標準差 88 vs. 97），各素養水準的學生人數分布與OECD表現非常接近（見表 3.10）。香港在此分測驗的表現較OECD平均表現為佳（540 vs. 494），優讀者的比例較OECD平均表現高出 6.6%；澳門在此分測驗的表現則比OECD平均表現為差（481 vs. 494），但劣讀者的比例較 OECD 平均表現少了 1.6%；上海水準 4 至水準 6 的人數比例明顯高出 OECD 平均甚多。

臺灣學生在此分測驗的表現與 OECD 國家平均相若，男女學生的性別差異略低，二者亦為女學生優於男學生，男學生表現亦較女學生落後一個學年的成長量。各參照國中，仍以芬蘭的性別差異最鉅，高達 59 分，而上海在此分測驗的男女性別差距較前二個分測驗嚴重許多，高達 50 分，僅次於芬蘭，香港、澳門在此分測驗的性別差距與臺灣相似。

❖ **表 3.9　臺灣與參照國家學生省思與評鑑的平均數、標準差與性別差異對照**

國家	平均數	標準差	男學生平均數	女學生平均數	差異（男－女）
臺灣	493	88	472	514	**-41**
上海	557	85	531	582	**-50**
韓國	542	86	521	565	**-44**
芬蘭	536	87	506	565	**-59**
香港	540	87	520	562	**-42**
新加坡	529	100	511	548	**-37**
日本	521	111	498	545	**-47**
澳門	481	79	460	502	**-42**
OECD 整體	496	102	478	516	**-38**
OECD 平均	494	97	472	517	**-44**

❖ 表 3.10 臺灣與參照國家學生省思與評鑑不同閱讀水準人數百分比對照

國家	素養水準							
	未達 1b（未達 262.04）	1b（262.04~334.75）	1a（334.75~407.47）	2（407.47~480.18）	3（480.18~552.89）	4（552.89~625.61）	5（625.61~698.32）	6（超過 698.32）
臺灣	0.9	3.8	11.7	24.8	33.2	20.7	4.5	0.4
上海	0.2	0.6	4.2	13.2	27.6	32.9	17.9	3.4
韓國	0.3	1.1	5.3	15.5	30.1	31.7	14.0	2.0
芬蘭	0.4	1.3	6.3	16.9	30.5	30.0	12.8	1.8
香港	0.2	1.6	6.2	14.7	29.9	32.0	13.5	1.9
新加坡	0.6	2.8	9.0	18.0	27.3	25.3	13.6	3.5
日本	1.9	3.9	9.1	17.8	25.9	25.0	12.7	3.6
澳門	0.4	3.4	13.9	30.6	33.6	15.6	2.4	0.1
OECD 整體	1.4	4.8	12.9	23.1	27.4	20.7	8.1	1.5
OECD 平均	1.6	4.9	12.8	23.0	28.2	20.8	7.6	1.2

綜合上述三個分測驗的表現，OECD 國家平均在三者的平均表現幾無差異，臺灣學生在三個分測驗的表現差距亦不大，但與 OECD 國家平均相較仍可看出些許差異，臺灣學生在省思與評鑑分測驗表現相對較為弱勢，統整與解釋分測驗的表現相對較為優勢，亦即臺灣學生較不熟悉批判性評鑑和省思閱讀到的材料，較習於使用文本找尋和分析訊息，然臺灣學生在三個閱讀歷程間的差異不是那麼明顯。對照同為中文施測的上海、香港、澳門三地表現，香港學生卻是在省思與評鑑分測驗表現最佳，高出其他二個分測驗 10 分，顯示香港學生較能表達出對文本的看法，並能了解察覺其結構與目的，但對於以正確訊息為重點的閱讀卻比較無法留心注意。

三個閱讀歷程在性別方面的差異，如同閱讀素養評量的整體表現，皆以女學生表現優於男學生，但不同閱讀歷程間仍有些許變異。OECD 國家平均以統整與解釋分測驗的男女差距最小（36 分），省思與評鑑的性別差距最大

（44 分）。臺灣 15 歲學生在三個閱讀力分測驗的男女差距亦呈現相同組型，即女學生優於男學生，統整與解釋的性別差距最小（32 分），省思與評鑑的性別差距最大（41 分），但三個閱讀歷程分測驗的性別差距皆小於 OECD 國家平均，其他參照國普遍以省思與評鑑分測驗的性別差異最大，擷取與檢索及統整與解釋二項分測驗的性別差異相若。芬蘭雖然在三個分測驗有相對較大的性別差距，然三個分測驗間的表現卻相當一致。同以中文施測的四個國家／地區，上海雖是PISA 2009 的閱讀評量表現最為突出者，但在省思與評鑑分測驗呈現出嚴重的男女性別差距——50 分，明顯高出擷取與檢索、統整與解釋二個分測驗的 37、35 分甚多，此差異組型明顯不同於中文施測的臺灣、香港與澳門。就三個分測驗的性別差異組型而言，臺灣與 OECD 國家的相似度較高，反而與其他亞洲國家較不相同。

男女在三個閱讀歷程的表現差異，亦可就男女學生在不同素養水準的分配比例一窺究竟。表 3.11 至表 3.16 為臺灣與參照國家男女學生在三個閱讀歷程分測驗不同素養水準的學生人數比例。

以統整與解釋閱讀歷程為例，臺灣有 8.5%的女學生屬於優讀者，男學生僅 4.3%，為女學生的一半；表現最為突出的上海，屬於優讀者的男學生比例不及女學生優讀者的六成；若僅觀察素養水準 6，男學生達到素養水準 6 的比例，僅上海與新加坡超過 2%，二地女學生達到水準 6 的比例均為 4.2%，即使是歷年表現優異的芬蘭，其男學生達到水準 6 的比例僅 1.1%，女學生為 3.4%。對照省思與評鑑閱讀歷程，臺灣 15 歲女學生有 7.0%為優讀者，男學生僅 2.9%，不及女學生的一半；上海男、女學生優讀者各占 12.7%、29.8%，顯示二地的男女學生在此閱讀歷程的差距較為嚴重。若僅分析素養水準 6，新加坡與日本有 2%以上的男學生達此水準，上海與日本有 5%以上的女學生達此水準，顯示日本在此閱讀歷程較上海、韓國、芬蘭與香港等地區有更多學生達到最高素養水準。

除閱讀表現最優端，另一端的表現亦可看出男女的性別差距。以 OECD 國家平均而言，男、女學生未達水準 2 的劣讀者比例，男學生約為女學生的二倍或更多；擷取與檢索閱讀歷程的男、女劣讀者比例為 25.6%、13.5%；統整與解釋，男、女學生劣讀者比例為 25.1%、13.4%；省思與評鑑，男、女學生劣讀者比例為 25.9%、12.6%。臺灣男、女學生在三個閱讀歷程的劣讀者比例依序為 25.4%、13.2%，20.5%、9.8%，22.6%、10.1%，情況與 OECD 國家平均類似，但後二個閱讀歷程的劣讀者比例較 OECD 國家平均為低。至於整體表現較佳的上海、韓國、芬蘭與香港等地，一致在三個閱讀歷程呈現較低比例的劣讀者。

❖ 表 3.11 臺灣與參照國家男學生擷取與檢索不同水準人數百分比對照

國家	男學生素養水準							
	未達 1b（未達 262.04）	1b（202.04~334.75）	1a（334.75~407.47）	2（407.47~480.18）	3（480.18~552.89）	4（552.89~625.61）	5（625.61~698.32）	6（超過 698.32）
臺灣	3.1	6.9	15.4	23.5	25.3	18.2	6.5	1.0
上海	0.8	2.1	8.0	18.4	27.1	26.5	14.0	3.1
韓國	0.5	1.8	7.7	19.3	30.5	26.7	11.6	2.0
芬蘭	1.2	4.1	11.6	22.6	28.0	21.8	8.9	1.7
香港	1.2	2.9	9.4	19.4	29.3	26.3	9.7	1.8
新加坡	1.5	4.7	10.8	19.4	25.7	24.6	11.1	2.1
日本	2.9	4.5	10.3	18.0	24.6	24.6	12.0	3.2
澳門	1.1	5.2	15.6	28.5	28.7	16.5	4.0	0.4
OECD 整體	2.8	7.0	15.9	24.4	25.5	17.1	6.2	1.0
OECD 平均	3.0	6.9	15.7	24.1	25.8	17.5	6.0	0.9

❖ 表 3.12　臺灣與參照國家女學生擷取與檢索不同水準人數百分比對照

國家	女學生素養水準							
	未達 1b（未達 262.04）	1b（262.04~334.75）	1a（334.75~407.47）	2（407.47~480.18）	3（480.18~552.89）	4（552.89~625.61）	5（625.61~698.32）	6（超過 698.32）
臺灣	0.9	3.1	9.2	20.8	29.3	24.3	10.1	2.2
上海	0.2	0.9	3.5	11.3	25.2	32.4	20.6	6.1
韓國	0.0	0.5	3.2	12.2	29.8	34.2	16.5	3.5
芬蘭	0.3	1.0	3.9	11.7	25.9	33.0	19.5	4.6
香港	0.3	1.6	5.3	15.3	27.2	33.0	15.1	2.4
新加坡	0.4	1.9	7.2	15.8	25.8	29.0	16.0	4.0
日本	1.0	1.8	5.5	14.3	26.3	29.7	16.2	5.2
澳門	0.4	2.0	8.5	24.1	34.9	22.9	6.6	0.6
OECD 整體	1.1	3.5	11.0	22.5	28.5	22.4	9.1	1.9
OECD 平均	0.9	3.1	9.5	20.7	29.3	24.4	10.2	1.9

❖ 表 3.13　臺灣與參照國家男學生統整與解釋不同水準人數百分比對照

國家	男學生素養水準							
	未達 1b（未達 262.04）	1b（262.04~334.75）	1a（334.75~407.47）	2（407.47~480.18）	3（480.18~552.89）	4（552.89~625.61）	5（625.61~698.32）	6（超過 698.32）
臺灣	0.8	4.9	14.8	26.4	30.3	18.7	4.0	0.3
上海	0.1	0.9	5.3	17.5	30.5	30.4	13.5	2.0
韓國	0.3	1.5	7.1	18.9	32.4	28.6	10.4	0.9
芬蘭	0.3	2.0	9.7	22.3	31.7	24.2	8.5	1.1
香港	0.6	2.8	8.8	19.9	31.6	26.2	8.6	1.4
新加坡	0.9	4.5	11.6	20.3	26.4	22.6	10.8	2.8
日本	1.8	5.0	11.9	21.0	26.0	23.0	9.5	1.8
澳門	0.3	3.5	16.3	33.0	31.6	13.1	2.2	0.0
OECD 整體	1.8	7.0	17.4	25.6	25.0	16.6	5.9	0.9
OECD 平均	1.7	6.4	17.0	25.9	26.2	16.7	5.4	0.7

❖ 表 3.14 臺灣與參照國家女學生統整與解釋不同水準人數百分比對照

國家	女學生素養水準							
	未達 1b（未達 262.04）	1b（262.04~334.75）	1a（334.75~407.47）	2（407.47~480.18）	3（480.18~552.89）	4（552.89~625.61）	5（625.61~698.32）	6（超過 698.32）
臺灣	0.1	1.5	8.2	22.5	35.2	24.0	7.8	0.7
上海	0.0	0.2	1.5	9.3	26.2	36.0	22.5	4.2
韓國	0.1	0.3	2.3	12.1	31.0	36.6	15.6	1.9
芬蘭	0.1	0.5	2.9	11.2	27.6	35.7	18.7	3.4
香港	0.2	1.1	4.9	15.4	28.6	32.7	14.8	2.3
新加坡	0.2	1.6	8.0	18.0	25.9	27.1	15.1	4.2
日本	0.6	1.6	6.5	16.8	28.3	29.5	13.3	3.4
澳門	0.0	1.4	8.5	27.7	35.8	21.9	4.5	0.2
OECD 整體	0.7	3.3	11.8	23.6	28.6	21.7	8.6	1.7
OECD 平均	0.5	2.7	10.2	22.4	30.1	23.7	9.0	1.4

❖ 表 3.15 臺灣與參照國家男學生省思與評鑑不同水準人數百分比對照

國家	男學生素養水準							
	未達 1b（未達 262.04）	1b（262.04~334.75）	1a（334.75~407.47）	2（407.47~480.18）	3（480.18~552.89）	4（552.89~625.61）	5（625.61~698.32）	6（超過 698.32）
臺灣	1.6	5.8	15.2	27.2	31.5	15.7	2.7	0.2
上海	0.3	1.0	7.1	17.9	31.8	29.3	11.2	1.5
韓國	0.5	1.8	8.0	19.6	32.5	26.8	9.6	1.2
芬蘭	0.6	2.3	10.1	23.7	32.4	23.1	7.1	0.6
香港	0.4	2.5	8.5	17.8	32.7	28.2	8.9	0.8
新加坡	0.9	4.4	11.1	20.5	27.3	22.8	10.8	2.2
日本	2.9	5.8	12.1	20.2	25.0	21.4	10.1	2.4
澳門	0.7	5.2	19.1	33.9	29.2	10.6	1.2	0.0
OECD整體	2.1	6.6	16.0	24.8	26.0	17.6	6.0	1.0
OECD平均	2.4	7.1	16.4	25.3	26.5	16.6	5.1	0.7

❖ 表 3.16　臺灣與參照國家女學生省思與評鑑不同水準人數百分比對照

國家	女學生素養水準							
	未達 1b（未達 262.04）	1b（262.04~334.75）	1a（334.75~407.47）	2（407.47~480.18）	3（480.18~552.89）	4（552.89~625.61）	5（625.61~698.32）	6（超過 698.32）
臺灣	0.2	1.7	8.2	22.3	34.9	25.7	6.4	0.6
上海	0.1	0.1	1.3	8.7	23.5	36.5	24.5	5.3
韓國	0.1	0.3	2.3	10.9	27.4	37.2	18.9	2.9
芬蘭	0.1	0.4	2.5	10.0	28.5	36.8	18.6	3.1
香港	0.0	0.6	3.5	11.2	26.7	36.4	18.6	3.0
新加坡	0.2	1.2	6.8	15.5	27.4	27.8	16.4	4.9
日本	0.9	2.0	5.8	15.2	26.9	28.8	15.5	5.0
澳門	0.1	1.6	8.5	27.2	38.0	20.7	3.7	0.2
OECD 整體	0.7	2.9	9.8	21.3	28.9	24.0	10.4	2.1
OECD 平均	0.7	2.8	9.1	20.6	29.9	25.1	10.1	1.7

三　學生在不同文本形式的表現與性別差異

如第二節所述，PISA 2009 的閱讀評量架構將文本的呈現分為四種形式：連續文本、非連續文本、混合文本及多重文本，PISA 2009 的閱讀結果報告則以連續文本與非連續文本為基礎，建立二個文本形式分測驗。PISA 2009 的閱讀評量有將近三分之二的試題屬於連續文本，即問題的刺激為散文（完整的句子與段落），或文本的散文由連續與非連續混合組成；將近三分之一的試題屬於非連續文本，問題的刺激為非連續形式，諸如表格、圖表、地圖、表單與圖解等。若問題需要讀者同樣使用混合文本中連續與非連續部分，這類問題並未納入連續或非連續文本分測驗。PISA 2009 有一些多重文本的刺激，由於這些文本包含一套連續文本形式的刺激，故有 5%的問題屬於多重文本，即讀者需運用一個以上的文本，此類問題被納入連續文本分測驗。

PISA 2009 的閱讀試題大約有 65%的試題屬於連續文本分測驗，需用到多種樣式的試題和文本特徵方能描述漸次提高的素養水準。最低水準的試題依據的是熟悉形式的簡短文本，加上文字的重複／圖表的非文字支撐。當試題變得愈加困難時，相關文本的句法結構複雜度也隨之增加，內容也變得愈加陌生和抽象，讀者需著重於文本更大的範圍，或更加分散的訊息。最高水準的試題要求讀者從冗長、難懂的陌生文本形式中摘錄和處理資訊，當中甚少有明確的標記可找出所需的訊息，讀者需從隱含而非明說的內容建構意義。圖 3.14 描述連續文本分測驗各素養水準的閱讀技能、知識和理解，及 PISA 2009

水準（%）[1] 最低分數	試題特徵	公布的樣本試題
6（1.0） 698	能整合處理單一或多個長篇、難懂的文本，或處理具高度抽象和隱含的意義。將文章的訊息與多個、複雜或異於直覺的意念做連結。	**那就是戲**：問題 3（730）
5（8.2） 626	為能察覺出文本中特定部分與隱含主題或題旨的關係，能整合處理論述結構不明顯或是不那麼清楚標示的文本。	
4（28.8） 553	通常在缺乏清晰的論述標記時，為找出、解釋或評鑑隱含的訊息，會遵循數個段落中語言或主題的連結。	**那就是戲**：問題 7（556）
3（57.2） 480	為尋找、解釋或評鑑訊息，在出現並遵循隱含或明確的邏輯連結時，使用文本組織的慣例，諸如跨句子或段落的因果關係。	**守財奴和他的金子**：問題 5（548） **遠距辦公**：問題 1（537） **遠距辦公**：問題 7（514）
2（80.9） 407	為尋找和解釋訊息，遵循段落內的邏輯和語言銜接；或為了推論作者的目的，綜合跨文本或文本內各部分的訊息。	**那就是戲**：問題 4（474） **捐血公告**：問題 8（438）
1a（94.1） 335	使用冗長、段落標題或常見的印刷慣例以確認文本的主旨，或在文本的一小段找尋明確指出的訊息。	**刷牙**：問題 4（399） **守財奴和他的金子**：問題 1（373） **捐血公告**：問題 9（368） **刷牙**：問題 2（358） **刷牙**：問題 1（353）
1b（98.7） 262	確認簡短、句法簡單文本的訊息，該文本有熟悉的情境和文本類型，並包括由圖表所強化或由文字線索再三重複的想法。	**守財奴和他的金子**：問題 7（310） **刷牙**：問題 3（285）

註：1. OECD 國家平均能完成該水準以上試題的學生人數比例。

圖 3.14　連續文本分測驗不同閱讀素養水準的摘要描述

OECD 國家在各素養水準的學生人數比例，右欄列舉連續文本的樣本試題。表 3.17 為臺灣與各參照國家在連續文本分測驗的平均數、標準差及性別差異，表 3.18 為各素養水準的學生人數比例。

❖ 表 3.17　臺灣與參照國家學生連續文本的平均數、標準差與性別差異對照

國家	平均數	標準差	男學生平均數	女學生平均數	差異（男－女）
臺灣	496	88	477	516	**-39**
上海	564	82	541	587	**-45**
韓國	538	80	520	558	**-38**
芬蘭	535	86	507	563	**-56**
香港	538	88	520	559	**-38**
新加坡	522	100	506	538	**-32**
日本	520	104	501	541	**-39**
澳門	488	80	469	507	**-37**
OECD 整體	492	100	475	509	**-35**
OECD 平均	494	95	473	515	**-42**

❖ 表 3.18　臺灣與參照國家學生連續文本不同水準學生人數百分比對照

國家	素養水準							
	未達 1b（未達 262.04）	1b（262.04~ 334.75）	1a（334.75~ 407.47）	2（407.47~ 480.18）	3（480.18~ 552.89）	4（552.89~ 625.61）	5（625.61~ 698.32）	6（超過 698.32）
臺灣	0.7	3.8	11.3	24.3	33.0	21.2	5.2	0.6
上海	0.1	0.5	3.1	11.9	26.5	34.2	20.1	3.6
韓國	0.3	1.0	5.1	15.5	32.5	32.7	11.9	1.0
芬蘭	0.2	1.5	6.4	17.0	30.2	30.2	13.1	1.4
香港	0.3	1.8	6.0	16.0	29.4	31.2	13.4	2.0
新加坡	0.6	3.3	9.9	18.8	27.2	25.0	12.4	2.8
日本	1.7	3.5	8.6	17.9	27.1	26.7	12.2	2.4
澳門	0.3	3.1	12.8	28.9	33.8	17.4	3.7	0.2
OECD 整體	1.3	5.0	13.8	24.1	27.3	19.8	7.4	1.2
OECD 平均	1.3	4.7	13.1	23.7	28.4	20.6	7.2	1.0

由於有大量比例的試題屬於連續文本分測驗，因此閱讀素養水準的表現剖面與整體閱讀素養表現相似：各水準的平均差異小於0.5%。各國在最高水準有相對較低的學生人數比例（OECD國家平均分別有7.2%和1.0%的學生達到水準 5 和水準 6）。雖然如此，上海（23.7%）、香港（15.4%）、新加坡（15.2%）仍有超過15%的學生達到此兩個水準之一。各國女學生在連續文本分測驗的表現皆明顯優於男學生，臺灣在連續文本分測驗的平均數（496）高出整體表現4分，標準差（88）低於整體表現12分，男女的性別差距因女學生在此分測驗的得分高於其在整體表現2分，故差距亦較整體表現擴大為39分，亦即超過半個閱讀素養水準（超過36分），但仍低於OECD國家平均的性別差距42分。臺灣在此分測驗有5.8%的學生達到水準5以上，較整體表現低2.8%，也低於OECD國家平均。

傳統閱讀主要是與連續文本有關。許多學校系統，特別是語文教學的課程，將閱讀限定於文學作品和說明文。然而在其他課程，精熟理解與使用非連續文本至少是同等重要，例如：學生需能閱讀和解釋社會科的地圖和表格，以及自然科學的圖解和圖表。成人生活裡，大部分的每日閱讀亦涉及非連續文本，諸如稅務表單、時間表、家庭能源消耗的繪圖報告，及工作場所的安全教學條列說明。基於非連續文本的盛行，PISA 2009 的閱讀試題題庫有大量比例（將近30%）的閱讀試題是用來評量學生在這類文本的閱讀精熟程度。

PISA 2009 所有非連續文本可分成一或多個列表。最簡單的試題是依據單一、簡單列表，要求讀者聚焦於一項明確且位於顯著位置的訊息。隨著文本具有多個複雜的列表結構，諸如合併列表，會因不熟悉呈現格式而試題難度隨之提升。此外，較困難的試題需要讀者整合文本多個部分的訊息，或甚至轉譯不同非連續形式呈現的訊息，因此意味著涉及對數個文本結構的深度理解。圖 3.15 描述非連續文本分測驗各素養水準的閱讀技能、知識和理解本質，以及PISA 2009 OECD國家在各素養水準的學生人數比例，右欄列舉非連續文本的樣本試題，表3.19為臺灣與各參照國家在非連續文本分測驗的平均數、標準差及性別差異，表3.20為各素養水準的學生人數比例。

水準（%）[1] 最低分數	試題特徵	公布的樣本試題
6（1.0） 698	從不同的部分確認與整合內容陌生、複雜的文件訊息，時而運用文本以外的特徵，諸如註腳、標記和其他組織物。對文本結構及意涵展現完整的理解。	
5（8.0） 626	確認長篇詳細文本所呈現多項訊息的組型，時而從文本非預期的位置或文本以外推知訊息。	
4（28.5） 553	為找出相關的訊息，瀏覽長篇詳細的文本，通常在甚少或完全沒有組織物的協助下，諸如標記或特殊的格式，找尋可供比較或整合的若干訊息。	**行動電話安全性**：問題 11（604） **熱氣球**：問題 3.2（595） **行動電話安全性**：問題 2（561）
3（57.3） 480	從第二份獨立文件，或可能是不同形式的文本，或整合數個圖表、文字和數字的訊息以獲致結論，來考量一個文本。	**行動電話安全性**：問題 6（526） **熱氣球**：問題 4（510） **行動電話安全性**：問題 9（488）
2（80.9） 407	證明能掌握視覺顯示的基本結構，諸如簡單的樹狀圖或表單，或從一個圖表、表單整合二項訊息。	**熱氣球**：問題 3.1（449） **熱氣球**：問題 6（411）
1a（93.7） 335	著重間斷的訊息片段，通常是落在單一的文本內，諸如以直接方式呈現少量訊息的簡單地圖、折線圖或長條圖，且其中多數文字文本僅有少量的字詞與詞組。	**熱氣球**：問題 8（370）
1b（98.5） 262	確認簡易表單結構和熟悉格式簡短文本內的資訊。	

註：1. OECD 國家平均能完成該水準以上試題的學生人數比例。

圖 3.15　非連續文本分測驗不同閱讀素養水準的摘要描述

❖ 表 3.19 臺灣與參照國家學生非連續文本的平均數、標準差與性別差異對照

國家	平均數	標準差	男學生平均數	女學生平均數	差異（男－女）
臺灣	500	93	483	518	**-36**
上海	539	84	522	557	**-35**
韓國	542	82	527	559	**-32**
芬蘭	535	89	508	562	**-54**
香港	522	85	510	536	**-26**
新加坡	539	95	524	553	**-29**
日本	518	99	499	537	**-38**
澳門	481	76	467	495	**-28**
OECD 整體	492	99	477	507	**-30**
OECD 平均	493	95	475	511	**-36**

❖ 表 3.20 臺灣與參照國家學生非連續文本不同水準人數百分比對照

國家	素養水準							
	未達 1b（未達 262.04）	1b（262.04~ 334.75）	1a（334.75~ 407.47）	2（407.47~ 480.18）	3（480.18~ 552.89）	4（552.89~ 625.61）	5（625.61~ 698.32）	6（超過 698.32）
臺灣	1.0	3.7	11.1	22.8	31.1	22.4	7.0	0.8
上海	0.2	1.2	5.2	16.2	31.2	31.4	12.8	1.9
韓國	0.3	0.9	4.8	15.2	30.8	33.1	13.3	1.6
芬蘭	0.3	1.7	6.5	17.3	29.6	29.6	12.9	2.1
香港	0.4	1.8	7.5	18.9	33.1	28.3	9.2	0.8
新加坡	0.2	2.0	7.3	16.5	27.8	28.0	14.8	3.5
日本	1.4	3.3	8.5	19.2	29.0	26.2	10.5	2.0
澳門	0.4	2.8	13.6	31.8	34.2	15.0	2.1	0.1
OECD 整體	1.4	5.0	13.3	24.0	28.0	20.1	7.2	1.1
OECD 平均	1.5	4.8	12.8	23.6	28.8	20.5	7.0	1.0

OECD國家在非連續文本分測驗的平均表現與連續文本表現分別為493與494，變異程度相同（標準差95）。臺灣學生在非連續文分測驗的表現（500）略優於連續文本分測驗，但分散變異程度亦擴大為93分，男女間的性別差距縮小為36分，略小於連續文本（39），與OECD國家平均相同，相當於半個閱讀素養水準，皆是女學生表現優於男學生。就素養水準而言，OECD 國家平均的典型表現水準為水準 3，臺灣 15 歲學生的典型表現水準亦是水準 3，然上海、韓國、芬蘭及新加坡的典型表現水準是水準 4。此外，相較於在連續文本達到水準 5 以上的學生人數比例，僅新加坡在非連續文本有超過 15%以上的學生達到水準 5 以上（18.3%），不僅如此，新加坡也是表格中唯一在二種文本形式優讀者比例超過 15%的國家，即便是表現突出的上海、韓國、芬蘭都未能有此傑出表現。臺灣在此分測驗的優讀者比例為 7.8%，高於連續文本的 5.8%，除臺灣外，韓國、芬蘭、新加坡在非連續文本優讀者的比例亦較高。

總體說來，PISA 2009 的閱讀調查結果顯示，各參與國皆為女學生表現優於男學生，OECD 國家男女學生表現的平均差距為 39 分，超過二分之一個素養水準，約略於一個學年的進步量。臺灣 15 歲學生在 2009 閱讀評量表現的平均數為 495，女學生表現優於男學生 37 分（514 vs. 477），亦近似於一個學年的進步量，與 OECD 國家的性別差距相當。

若改由各個閱讀素養水準的角度觀之，臺灣 15 歲學生的閱讀素養表現，在各素養水準的比例由最高水準 6 的 0.4%，依序為 4.8%、21.0%、33.5%、24.6%、11.4%、3.5%及未達水準 1b 的 0.7%；其中屬於優讀者（達到水準 5 以上）的比例僅 5.2%，不及 OECD 平均的 7.6%，屬於劣讀者（未達水準 2）的比例多達 15.6%，少於 OECD 平均的 18.8%，水準 3 是最多臺灣學生達到的精熟水準，與OECD國家平均相同（如圖 3.10 所示）。依據PISA 2009 的報告指出，水準 2 可視為閱讀的基礎水準，此水準的閱讀素養能力，可讓學生有效地參與生活（OECD, 2010j）。易言之，個體欲有效地參與社會，至少需具備水準 2 的閱讀素養能力，而臺灣每 100 名 15 歲學生中，約有 15 至 16 名學生尚未具備此種能力，就近程而言，他們可能無法應付眼前的課業學習，就中程而言，他們日後繼續接受高等教育的機率不大，就遠程而言，他們可能無法滿足日後職場所需知識技能，進而影響社會生活的參與程度。

第三節 PISA 2009 閱讀樣本試題

本節問題呈現的順序一如他們在PISA 2009 正式調查單元內的出現順序。架構特徵表格並未提供學生作答反應的百分比（如同PISA 2006 國際報告的並行材料），因為有若干單元只施測於某些國家，比較這些單元與其他單元問題的作答反應比例，可能會誤解試題難度。

一 刷牙

是不是我們刷牙的時間越長、越用力刷，我們的牙齒就會越乾淨呢？

英國研究人員指出事實並非如此。他們實際嘗試過許多不同的方法，結果發現最佳的刷牙方式為：刷兩分鐘，不要太用力，效果最好。如果刷得太用力，就會傷害你牙齒的琺瑯質和牙齦，而且還無法清除食物殘渣或牙菌斑。

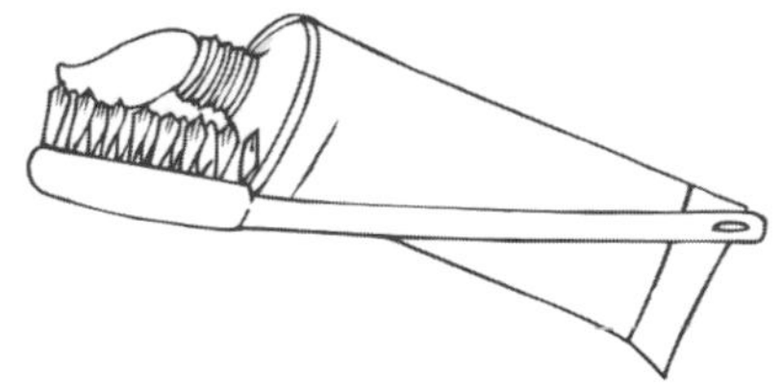

本特・漢森是一位研究刷牙的專家，她認為握牙刷最好像是握筆一樣。「從一側開始刷，沿整排牙齒刷過去。」她說：「也別忘了刷舌頭！實際上，舌頭上面可能會有大量導致口臭的細菌。」

〈刷牙〉一文來自於挪威的一份雜誌。

請依據以上〈刷牙〉回答下列問題。

問題 1 刷牙

- 文本情境：教育
- 文本形式：連續
- 文本類型：說明文
- 閱讀歷程：統整與解釋——形成廣泛的理解
- 題型：選擇題
- 難度：353（水準 1a）
- 答對百分比：85.0%

這篇文章是關於什麼？

A.最佳的刷牙方法。

B.最好用的牙刷。

C.一口好牙的重要性。

D.不同人們刷牙的方法。

- 刷牙　問題 1 計分

滿分：A　最佳的刷牙方法。

試題說明

此試題要求讀者確認短篇描述性文本的主旨。文本不僅簡短，也是大家非常熟悉的日常刷牙主題。所用語文相當慣用（牙菌斑、口臭），文本由簡短段落和熟悉的句法結構組成，有簡單易懂的標題和支持性說明。所有這些特徵使這篇文章非常易於理解。

此問題的難度位於水準 1a 底部，為 PISA 較簡單的閱讀問題。題幹十分開放和廣泛，引導讀者尋找一個概括性的答案。正確答案的用語（最佳的刷牙方法）包括標題的部分用字（刷牙），而且如果預期標題可能為文本的摘要——利用文章的慣例結構和特徵，讀者無需再自標題外尋找正確答案。應該尋找確認的是，文章主體的前三句亦概括其主旨，並在此短文其他部分重複說明和詳細闡述。因此，所需訊息是在簡易文本中既明顯又重複者：全可標記為相當簡單的閱讀試題。

問題 2 刷牙

- 文本情境：教育
- 文本形式：連續
- 文本類型：說明文
- 閱讀歷程：擷取與檢索——擷取資訊
- 題型：選擇題
- 難度：358（水準 1a）
- 答對百分比：81.4%

英國研究人員有什麼建議？

A. 要盡可能地多刷牙。

B. 不要試著刷舌頭。

C. 不要太用力地刷牙。

D. 刷舌頭要比刷牙的次數更多。

- 刷牙　問題 2 計分

滿分：C　不要太用力地刷牙。

試題說明

這是另一個位於水準 1a 的問題，試題要求讀者從文本擷取一個特定的訊息，而非廣泛的認知（如前項試題），因此這個問題被歸類為**擷取與檢索**的閱讀歷程。此試題明確引導讀者利用文字對應「英國研究人員」到第二個段落，然需要某種程度的綜合和推論，以了解第二段起始所指稱的英國研究人員就是整段給予建議的那些人，且「效果最好」與「建議」為同義詞。最佳的誘答選項是第一個「要盡可能地多刷牙」，它是根據讀者先備知識而來的一個似真的迷思概念。

問題 ❸ 刷牙

- 文本情境：教育
- 文本形式：連續
- 文本類型：說明文
- 閱讀歷程：擷取與檢索——擷取資訊
- 題型：簡答題
- 難度：285（水準 1b）
- 答對百分比：94.3%

根據本特．漢森的觀點，為什麼你應該刷舌頭？

- 刷牙　問題 3 計分

滿分：提及細菌或消除口臭，或同時包括兩方面。回答可以改寫或直接引用原文。

- 消除細菌。
- 你的舌頭上會帶有細菌。
- 細菌。
- 因為你可以避免口臭。
- 口臭。
- 清除細菌，這樣你就沒有口臭了。（兩方面）
- 實際上，舌頭上面可能有大量導致口臭的細菌。（兩方面）
- 細菌可能導致口臭。

試題說明

問題的用語提供兩個字眼可從字面找尋文本中相關的段落：「本特．漢森」和「舌頭」。此外，「本特．漢森」出現在最後一段最前面明顯的位置。

同一段亦出現「舌頭」這個字眼，提供讀者更精確的線索找到正確位置，以發現所需訊息。這些字眼在文本中僅出現一次，故讀者在對應問題至文本相關部分時，無需處理任何相互競爭的訊息。

此題難度位於前述的最低水準——水準 1b，是 PISA 2009 閱讀評量最簡單的問題之一。但仍需要低層次的推論，讀者必須了解最後一個句子中的「舌頭」指稱的是「你的舌頭」。影響難度的進階要素在於問題的焦點比較抽象：要求讀者確定一個原因（為什麼？）。然而，文本中明確使用「導致」這個字眼（「可能會導致口臭」），降低了可能的難度，它為所需的答案提供一個清楚的指示，只要讀者能推論「為什麼」與「導致」的語意關係。值得注意的是，PISA閱讀最低水準的試題仍要求超越只是解碼的閱讀技能，PISA將表現位於水準 1b的學生描述為，已展現出他們可以有某種程度的閱讀理解，與 PISA 的閱讀定義是一致的。

問題 4 刷牙

- 文本情境：教育
- 文本形式：連續
- 文本類型：說明文
- 閱讀歷程：省思與評鑑——省思與評鑑文本形式
- 題型：選擇題
- 難度：399（水準 1a）
- 答對百分比：73.4%

為什麼文中提到筆？

A. 幫助你理解怎樣握牙刷。

B. 因為你同時以筆和牙刷從一側開始。

C. 表明你可以用許多不同的方法刷牙。

D. 因為你刷牙應像寫字那麼認真。

- 刷牙　問題 4 計分

滿分：A　幫助你理解怎樣握牙刷。

試題說明

本單元最後一個試題的難度接近水準 1a的頂端。因為它要求讀者從文本後退一步去思考其中一部分的意圖，故為**省思與評鑑**歷程。雖然這個試題與單元中其他試題相比較抽象，但題幹用字和正確答案皆提供重要的支持。題幹所指稱的「筆」引導讀者到第三段。正確答案的用字與文本相關部分的用字「怎麼握牙刷」和「握牙刷的方式」各自直接呼應。此試題要求讀者確認一個類比，但此類比思考卻又清楚位於文本之中：「握牙刷最好像是握筆一樣」。

熟悉的內容和簡潔的文本有助於解釋為什麼這個問題比較簡單；而稍微抽象的焦點可說明為什麼此題是本單元最困難的試題。

二 行動電話安全性

行動電話危險嗎？

重點
在 1990 年代末期，有關行動電話健康風險的各式報告紛紛出爐，彼此看法衝突。

是	否
1. 行動電話釋出的無線電波會讓身體組織加溫，造成有害的影響。	無線電波並沒有強大到可以造成身體的熱傷害。
2. 行動電話產生的磁場會影響你身體細胞的運作狀況。	此磁場極弱，所以不太可能影響我們身體裡的細胞。
3. 長時間講行動電話的人有時會抱怨疲勞、頭痛和失去專注力。	這些影響未曾在實驗室條件下被監測，因此有可能是由現代生活方式中的其他因素所造成。
4. 行動電話使用者有 2.5 倍的可能，在他們聽電話的耳朵附近的腦部形成癌症。	研究者坦承此增量與使用行動電話的關聯並不明確。
5. 國際癌症研究署已發現兒童癌症與電纜線之間的關聯。和行動電話一樣，電纜線也會發出輻射。	電纜線所產生的輻射是另一種輻射，其能量比來自行動電話的能量大得多。
6. 與行動電話電波類似的無線頻率電波改變了線蟲類蠕蟲的基因表現。	蠕蟲並非人類，所以不能保證我們的腦部細胞會有同樣的反應。

重點
數千萬經費已經投入科學研究，調查行動電話的影響。

重點
由於行動電話的使用者眾多，即使少量不利健康的影響都會涉及重大的公共衛生問題。

重點
在 2000 年，〈史都華報告〉（一份英國的報告）發現沒有已知的健康問題是由行動電話所造成，但建議在更多研究出爐前保持謹慎，尤其是在年輕人之中。2004 年的後續報告也支持此一看法。

如果你使用行動電話……

要	不要
保持通話簡短。	不要在收訊微弱時使用行動電話，因為當電話需要更多電力與基地台通訊時，無線電波的放射也就更高。
在待機時，身體遠離行動電話。	不要購買有高“SAR”[1]數值的行動電話。這表示它發出更多輻射。
購買「通話時間」長的行動電話。它的效率較高，放射的能量也較少。	不要購買花俏的防護配件，除非它們已經通過獨立的檢測。

上述〈行動電話安全性〉來自一個網站。依據〈行動電話安全性〉回答下列問題。

1 SAR（特定吸收率）是一個測量數值，以示人體組織在使用行動電話時吸收了多少電磁輻射。

問題 ❷ 行動電話安全性

- 文本情境：公共
- 文本形式：非連續
- 文本類型：說明文
- 閱讀歷程：統整與解釋——形成廣泛的理解
- 題型：選擇題
- 難度：561（水準 4）
- 答對百分比：45.6%

「重點」的目的是什麼？

A.描述使用行動電話的危險性。

B.提示有關行動電話安全性的辯論持續進行。

C.描述使用行動電話的人所應該採取的預防措施。

D.提示並沒有已知的健康問題是由行動電話所造成的。

- 行動電話安全性　問題 2 計分

  滿分：B　提示有關行動電話安全性的辯論持續進行。

試題說明

此題歸類為**統整與解釋**歷程中**形成廣泛的理解試題**，試題著重於從一再重複的特殊訊息類別偵測出主旨，本示例的「重點」，係二頁文本左側一系列順序而下的四小段方格。當試題著重於文本中一再重複且明顯的看法時，此種強調廣泛理解類別的試題通常是相當容易的。然而，此文本和試題的幾個特徵使本題變得相當困難，達到水準 4。這四個簡短的重點各有其重點：它們與兩個主要表格的主體有關，但並非摘要其訊息。故讀者必須著重出現在文本結構周圍部分的內容。此外，所有方格的標題都是「重點」，從文本類型而言，其內容是多樣的，使得摘要試題益形困難。前面兩個重點提供行動電話爭議的簡史，第三個提出一個條件命題，第四個呈現一個模稜兩可的調查發現。模稜兩可、不確定與相反意見正是重點的內容，此項事實可能使此試題更加困難。此處確認「目的」（在此情況下等同於主題）意指就重點的看法建立一個階層，並選擇一個最普遍和總體性的。選項A和C呈現重點不同的細節，但並非總體性的單一想法，選項D從第四個重點抄襲一個句子（斷章取義）。只有選項B提出的表述綜合重點的異質元素，OECD國家有45%的學生選擇此選項。

問題 ⑪ 行動電話安全性

- 文本情境：公共
- 文本形式：非連續
- 文本類型：說明文
- 閱讀歷程：省思與評鑑——省思與評鑑文本內容
- 題型：選擇題
- 難度：604（水準 4）
- 答對百分比：35.6%

「要證實一件事情肯定造成了另一件事，這是很困難的。」

這則訊息與「行動電話危險嗎？」表格中第 4 點「是」與「否」的陳述有什麼關係？

A. 它支持「是」的論點，但沒有證實。

B. 它證實「是」的論點。

C. 它支持「否」的論點，但沒有證實。

D. 它顯示「否」的論點是錯誤的。

- 行動電話安全性　問題 11 計分

滿分：C　它支持「否」的論點，但沒有證實。

試題說明

此試題要求讀者確認文本外廣義的陳述與表格中一對陳述的關係。因為這個外部參照點，此題歸類為**省思與評鑑**的歷程。這是**行動電話安全性**單元中最困難的試題，介於水準 4 和水準 5 的邊緣。難度層次受到許多因素的影響。首先，題幹敘述使用抽象的專門用語「要證實一件事情肯定造成了另一件事，這是很困難的」。其次，也是此試題相對簡單的部分，讀者需找出哪一個表格與本試題有關（第一個）和要看哪一點（第 4 點）。第三，讀者需同化相關表格的結構：也就是，兩欄呈現相反的敘述；如我們所知，相反的看法比互補的看法在本質上更難處理。之後，讀者須就一個特定的實例精確辨認「否」的陳述如何質疑「是」的陳述。最後，在抽象的層次上，第 4 點「是」與「否」敘述的邏輯關係必須與選擇題形式試題所呈現的一個選項相呼應。所有這些質疑都是試題本身的，難怪 OECD 國家只有略高於三分之一的學生答對此題。

問題 ❻ 行動電話安全性

- 文本情境：公共
- 文本形式：非連續
- 文本類型：說明文
- 閱讀歷程：省思與評鑑——省思與評鑑文本內容
- 題型：開放式建構反應題
- 難度：526（水準 3）
- 答對百分比：54.9%

請看表格中「否」欄位第 3 點。在這個情境下，這些「其他因素」的其中之一可能是什麼？請為你的答案提供一個理由。

____

____

- 行動電話安全性　問題 6 計分

滿分：識別出一個在現代生活方式中可能與疲勞、頭痛或失去專注力有關的因素。解釋可以是不證自明的，或包含在內。

- 沒有得到足夠的睡眠。如果你沒有，就會疲勞。
- 太過忙碌。這讓你疲累。
- 太多功課，使得你疲累並讓你頭痛。
- 噪音——讓你頭痛。
- 壓力。
- 工作到太晚。
- 考試。
- 這個世界就是太過吵鬧。
- 人們不再花時間放鬆。
- 人們優先處理重要事務，所以他們變得性情乖戾和不舒服。
- 電腦。

- 污染。
- 看太多電視。
- 藥物。
- 微波爐。
- 太常用電子郵件。

試題說明

這是另一個需要讀者省思與評鑑文本內容的試題，本試題要求的能力是關聯文本與文本外的知識。讀者需從現代生活中某個因素的個人經驗提供範例，但非行動電話，以解釋「疲勞、頭痛和失去專注力」。如同先前的試題，成功完成這個試題的一個步驟是使用一個參照號碼（此處為第 3 點）尋找相關的訊息。與先前的試題相比，接下來的步驟就比較簡單，因為僅需考慮第 3 點「是」的部分。此外，需用到的外在訊息與個人經驗直接有關，而非抽象的邏輯敘述。

此題有各式各樣的作答反應可得到滿分。出示一個因素和提供一個解釋說明為什麼會引起疲勞、頭痛及失去專注力，即可給予滿分。此類作答反應的一個範例是「沒有得到足夠的睡眠。如果你沒有，就會疲勞」。若考量該解釋隱含在因素的敘述中，且該情況無須明確的解釋，亦可給予滿分。此類作答反應的一個例子是「壓力」。另一方面，像「生活方式」這類的作答反應太過於模糊，沒有支持性的解釋或詳細闡述，因此未能得分。

此試題位於水準 3 的頂端，OECD 國家差不多有過半的學生能成功完成此試題。

問題 ⑨ 行動電話安全性

- 文本情境：公共
- 文本形式：非連續
- 文本類型：說明文
- 閱讀歷程：統整與解釋——發展解釋
- 題型：選擇題
- 難度：488（水準 3）
- 答對百分比：63.3%

請看標題為「如果你使用行動電話……」的表格。
表格所依據的是下列哪種想法？

A. 使用行動電話不涉及危險。

B. 使用行動電話涉及已證實的風險。

C. 使用行動電話可能會、也可能不會涉及危險，但值得採取預防措施。

D. 使用行動電話可能會、也可能不會涉及危險，但直到我們確定前都不應該使用它們。

E. 「要」的指示是為那些認真看待威脅性的人而設，而「不要」的指示則是為其他每個人而設。

- 行動電話安全性　問題 9 計分

滿分：C　使用行動電話尚未確定涉及危險與否，但值得採取預防措施。

試題說明

此試題明確地引導讀者去看第二個表格，並確認其基本假設。事實上，這個假設已在最後一個重點方格點出：雖然缺乏行動電話危險的決定性證據，但建議仍要注意。此試題要求讀者透過檢核表格內容與重點的一致性，推論此判斷的後果。另外，讀者只能查詢表格，從中獲得一個獨立的結論。選項 A 是不正確的，因為它斷然地反駁重點的基本內容，且與引入一套禁令——

既不禁止也不給予全權使用行動電話，是不一致的。選項B相對比較合理，但「證實」的字眼是錯的，因為從重點訊息的觀點，引用的二項研究發現沒有已知的健康問題是由行動電話引起的。選項C顯示是最佳答案，與重點和所有「要」與「不要」欄位的內容細節是一致的。選項D可以不予考慮，無非是表格的標題，即「如果你使用行動電話……」。選項E建立一個似是而非的反對觀點，沒有文本的支持。差不多三分之二以下的學生選擇正確答案，使此題成為這個具挑戰性刺激的四個試題中最容易的一題。

三 熱氣球

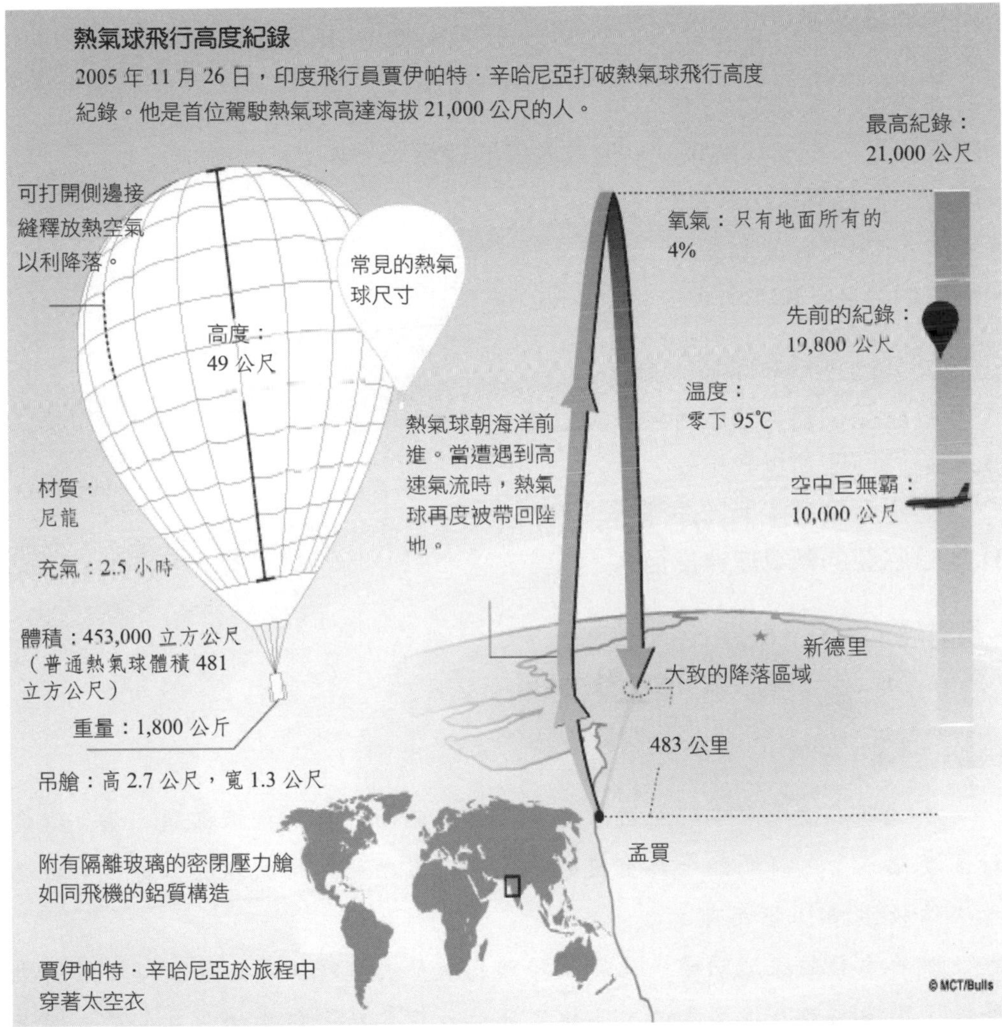
熱氣球飛行高度紀錄
2005 年 11 月 26 日，印度飛行員賈伊帕特．辛哈尼亞打破熱氣球飛行高度紀錄。他是首位駕駛熱氣球高達海拔 21,000 公尺的人。
最高紀錄：
21,000 公尺
可打開側邊接縫釋放熱空氣以利降落。
常見的熱氣球尺寸
高度：
49 公尺
氧氣：只有地面所有的 4%
先前的紀錄：
19,800 公尺
溫度：
零下 95℃
熱氣球朝海洋前進。當遭遇到高速氣流時，熱氣球再度被帶回陸地。
材質：
尼龍
空中巨無霸：
10,000 公尺
充氣：2.5 小時
體積：453,000 立方公尺
（普通熱氣球體積 481 立方公尺）
新德里
大致的降落區域
重量：1,800 公斤
483 公里
吊艙：高 2.7 公尺，寬 1.3 公尺
孟買
附有隔離玻璃的密閉壓力艙如同飛機的鋁質構造
賈伊帕特．辛哈尼亞於旅程中穿著太空衣
© MCT/Bulls

請依據前頁的〈熱氣球〉回答下列問題。

問題 8 熱氣球

- 文本情境：教育
- 文本形式：非連續
- 文本類型：敘述文
- 閱讀歷程：統整與解釋——形成廣泛的理解
- 題型：選擇題
- 難度：370（水準 1a）
- 答對百分比：82.5%

這篇文章的主旨為何？

A. 辛哈尼亞在熱氣球旅行中處處危險。
B. 辛哈尼亞刷新世界紀錄。
C. 辛哈尼亞飛越陸地及海洋。
D. 辛哈尼亞的熱氣球非常巨大。

- 熱氣球　問題 8 計分

滿分：B　辛哈尼亞刷新世界紀錄。

試題說明

本試題非連續文本的主旨陳述多次且明確而鮮明，包括標題「熱氣球飛行高度紀錄」。鮮明和一再重複的必要訊息有助於解釋試題的容易性：難度層次位於水準 1a 下半部。

雖然主旨的陳述明確，此題被歸類為統整與解釋，屬形成廣泛理解的次歷程，因為它涉及從文本的次要訊息分辨最重要和一般化的訊息。第一個選項「辛哈尼亞在熱氣球旅行中處處危險」是一項合理的推測，但得不到文本的任何支持，因此無法成為主旨。第三個選項「辛哈尼亞飛越陸地及海洋」精確地詮釋文本的訊息，但它屬於細節，而非主旨。第四個選項「辛哈尼亞的熱氣球非常巨大」指稱文本中明顯的圖案特徵，但附屬於主旨。

問題 ❸ 熱氣球

- 文本情境：教育
- 文本形式：非連續
- 文本類型：敘述文
- 閱讀歷程：擷取與檢索——擷取訊息
- 題型：簡答題
- 難度：滿分 595（水準 4）
- 答對百分比：41.8%

賈伊帕特　辛哈尼亞採用了其他兩種交通工具的技術。是指哪幾種交通工具？

1. ______________________________

2. ______________________________

- 熱氣球　問題 3 計分

滿分：同時提及**飛機**及**太空船**（順序不拘，可將兩個答案寫在同一行中）例如：

- 1. 航空器。
  2. 太空飛行器。
- 1. 飛機。
  2. 太空船。
- 1. 空中旅行。
  2. 太空旅行。
- 1. 飛機。
  2. 太空火箭。
- 1. 噴射機。
  2. 火箭。

部分分數：僅提及**飛機**或**太空船**。

- 太空船。

- 太空旅行。
- 太空火箭。
- 火箭。
- 航空器。
- 飛機。
- 空中旅行。
- 噴射機。

試題說明

這個試題的滿分答案需列出兩種類型的運輸工具，部分分數答案需列出其中一種類型。上述評分規準呈現可獲得分數之「飛機」和「太空船」數種不同的措詞。

部分分數位於水準2的上半部，滿分位於水準4，說明**擷取與檢索**的問題也可頗具挑戰性。本試題的難度特別受到許多文本特徵的影響，數個不同類型的圖和多個說明文字，這種布局是一種相當普遍的非連續文展現方式，常見於雜誌與現代教科書，但因為沒有慣用的順序結構（例如：不像表格或圖表），欲尋找特定的各別訊息是相當無效率的。說明文字（「材質」、「最高記錄」等）提供讀者導航文本的某些支持，但試題所需的特定訊息沒有說明文字，故讀者在搜尋相關訊息時，需產生自己的分類。一旦找到需要的訊息，位於圖中左下角不明顯的位置，讀者需確認「如同飛機的鋁質構造」和「太空衣」與運輸工具的類別有關。要在這題得分，讀者需指出運輸工具的形式，而非抄寫文本近似的片段。因此，「太空旅行」可以得分，但「太空衣」不行。文本中一項很重要的競爭訊息更加深了難度：許多學生的答案為「空中巨無霸」。雖然「空中旅行」或「飛機」或「噴射機」可以得分，但「空中巨無霸」被視為是明確指稱圖中右側的圖像和說明文字，這個答案無法得分，因為插圖中的大型噴射機並未包括在辛哈尼亞熱氣球所用科技的參考材料中。

問題 ❹ 熱氣球

- 文本情境：教育
- 文本形式：非連續
- 文本類型：敘述文
- 閱讀歷程：省思與評鑑——省思與評鑑文本內容
- 題型：開放式建構反應題
- 難度：510（水準 3）
- 答對百分比：51.2%

為何在文章中有張空中巨無霸的插圖？

____

____

- 熱氣球　問題 4 計分

滿分：明確地或暗示地提及**氣球高度**，或是**紀錄**。可以提及空中巨無霸與熱氣球的比較。

- 顯示熱氣球飛得多高。
- 強調熱氣球真的飛得非常高。
- 顯示他的紀錄令人印象相當深刻——他飛得比空中巨無霸還高！
- 作為高度的參照依據。
- 顯示他的紀錄如何真正令人印象深刻。（最低限度）

試題說明

本文旨在描述賈伊帕特・辛哈尼亞非凡的氣球所創下的高度紀錄。圖案中右側的圖解，包括空中巨無霸，含蓄地表達了文本中極大的欽佩：「哇！」顯示辛哈尼亞所成就的高度，與我們一般所連結的宏偉高度相比：一架空中巨無霸的高度，多麼令人印象深刻。此題欲得分，學生需辨識空中巨無霸插圖意涵的說服性意圖。故此題被歸類為省思與評鑑，屬省思與評鑑文本內容的次歷程。此題屬中等難度，位於水準 3 的頂端。

問題 ❻ 熱氣球

- 文本情境：教育
- 文本形式：非連續
- 文本類型：敘述文
- 閱讀歷程：省思與評鑑——省思與評鑑文本內容
- 題型：選擇題
- 難度：411（水準 2）
- 答對百分比：74.6%

為何有兩個熱氣球的插圖？

A. 比較辛哈尼亞的熱氣球充氣前與充氣後的尺寸。

B. 比較辛哈尼亞的熱氣球與其他熱氣球的尺寸。

C. 顯示辛哈尼亞的熱氣球，從地面上看起來很小。

D. 顯示辛哈尼亞的熱氣球差點撞到另一個熱氣球。

- 熱氣球　問題 6 計分

滿分：B　比較辛哈尼亞的熱氣球與其他熱氣球的尺寸。

試題說明

對讀者而言，重要的是覺察文本並非是隨機出現的人為產物，而是深思熟慮和刻意繪製的，且文本的部分意義可由作者選擇納入的元素中尋得。如先前的試題，此試題被歸類為**省思與評鑑**，因為它問及寫作的意圖。此題著重圖案的元素——兩個氣球的插圖——並要學生思考放入的目的。文本中這個非常重要的情境，描述（並頌揚）辛哈尼亞的飛行，氣球的插圖傳達了這項訊息，「這真是一個非常高的飛行！」較小氣球的說明文字（傳統熱氣球的大小）顯示它不同於辛哈尼亞的氣球，因此，對細心的讀者來說，選項A和C是不合理的，選項D沒有任何文本的支持。這是一個相當容易的試題，難度接近水準2的底部。

四 捐血公告

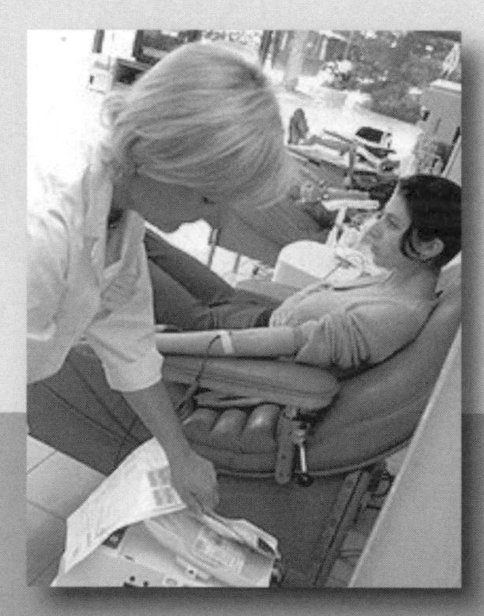

・捐血是必要的。

・沒有任何產品可以完全替換人類的血液。因此，捐血對拯救生命而言是必要且無可取代的。

・在法國，每年約有 500,000 名病人受惠於輸血。

・抽血使用的器具都經過消毒，而且只用一次（含注射器、試管、血袋）。

・捐血並沒有風險。

捐血：

捐血是大家最熟悉的一種捐贈，過程需 45 分鐘至 1 小時。

・醫護人員會抽取一袋 450 毫升的血液，以及化驗和檢測用的少量血液樣本。
——男性每年可捐血 5 次，女性 3 次。
——捐贈者年齡需在 18 至 65 歲之間。

・間隔 8 週才能再次捐血。

〈捐血公告〉取自一個法國網站。請依據〈捐血公告〉回答下列問題。

問題 ❽ 捐血公告

- 文本情境：公共
- 文本形式：連續
- 文本類型：議論文
- 閱讀歷程：統整與解釋——發展解釋
- 題型：開放式建構反應題
- 難度：438（水準 2）
- 答對百分比：69.9%

有一名在過去十二個月中已捐過兩次血的 18 歲小姐想再次捐血。根據〈捐血公告〉，在什麼條件下她會獲准再次捐血？

____

____

- 捐血公告　問題 8 計分

滿分：指出距離她上次捐血需**間隔足夠的時間**。

- 看看距離她上次捐血是否已超過八週。
- 如果間隔時間夠久她可以捐，否則不行。

試題說明

此題難度位於水準 2 中間，讀者需能將文本應用訊息到一個實際情境，此類閱讀活動通常與日常生活的文本有關，因此符合PISA的一項目的，即青少年在義務教育結束後，面對未來生活挑戰具備的能力程度如何。

讀者必須以文本下半段所提供的四項訊息對應題幹所提及的案例：有意捐贈者的年齡及性別、一個人允許的捐血次數及捐贈間的必要間距。為了符合試題的條件，以保證這位年輕女士能符合捐血條件，參考最後一項訊息是必要的。如滿分作答反應的二個範例所示，學生要能得分，或是給予一個提及兩次捐血間隔八週的特定答案，或給予一個較普遍性的答案，如「如果間隔時間夠久她可以捐，否則不行」。

問題 9 捐血公告

- 文本情境：公共
- 文本形式：連續
- 文本類型：議論文
- 閱讀歷程：省思與評鑑——省思與評鑑文本內容
- 題型：選擇題
- 難度：368（水準 1a）
- 答對百分比：81.3%

文中提到：「抽血使用的器具都經過消毒，而且只用一次……」

為什麼文章中要提供這項資料？

A. 再次保證捐血是安全的。

B. 強調捐血是必要的。

C. 解釋捐贈血液的用途。

D. 提供化驗和檢測的詳情。

- 捐血公告　問題 9 計分

滿分：A　再次保證捐血是安全的。

試題說明

為了得到滿分，學生必須確認這份宣傳單的說服目的。此試題被歸類為**省思與評鑑**，因為為了確認宣傳單所涵蓋的基本目的，學生須考慮一個比簡單事實陳述更廣泛的情境。

此試題相對簡單，難度位於水準 1a 的下半部，可歸因於文本的簡潔，亦可歸因於處理的是日常主題。此處舉例說明比較容易問題的另一個特徵，即運用與先備概念一致的訊息：鼓勵人們捐血並確保捐血沒有風險，並未與觀念中的期望相左。雖然文本沒有在〈捐血公告〉的文字中明確陳述其說服的意圖，但從若干敘述可以推知鼓勵人們捐血和確保捐血安全性的想法。文本以「捐血是必要的」開始，並在第二段重複和詳細說明此概念（必要且無可取代的）。雖然必須推論二個段落「證據：結論」間的邏輯性連結，在焦點對準捐血試題的段落之後，文本亦立即指出捐血是沒有風險的。

五 守財奴和他的金子

伊索寓言

有一個守財奴賣掉他所有的東西，買了一塊金子。他把金子埋在一座老牆旁邊的地洞裡，每天都要去看一下。守財奴的一個工人發現他常到那個地方去，決定監視他的行動。工人很快就發現藏寶的秘密，於是挖了金子並將它偷走。守財奴再來的時候，發現洞裡空空如也，於是撕扯著自己的頭髮嚎啕大哭。一個鄰居看到守財奴如此悲痛，知道原因後說：「別再難過了！去搬塊石頭，把它放在原來的洞裡，然後想像那金子仍在裡面，這樣做對你來說效果是差不多的。因為金子在的時候，其實你沒擁有它，因為你並沒讓它發揮一點作用。」

依據寓言〈守財奴和他的金子〉回答下列問題。

問題 1 守財奴和他的金子

- 文本情境：個人
- 文本形式：連續
- 文本類型：記敘文
- 閱讀歷程：統整與解釋——發展解釋
- 題型：封閉式建構反應題
- 難度：373（水準 1a）
- 答對百分比：79.6%

閱讀下面的句子，並根據文中事件發生的先後順序加以編號。

守財奴決定用他所有的錢買一塊金子。 □

有人偷了守財奴的金子。 □

守財奴挖了個洞，把他的寶藏埋了進去。 □

守財奴的鄰居告訴他用石頭代替金子。 □

- 守財奴和他的金子　問題 1 計分

滿分：四個全對：依次為 1、3、2、4。

試題說明

寓言是多數文化中常見並受重視的文本類型，也是閱讀評量偏愛的文本類型，理由是：簡短、獨立、具道德啟發性，並禁得起時間的考驗。它或許不是OECD國家青少年最常閱讀的材料，但卻可能是自孩童時期便已熟悉，且言簡意賅，通常寓言的尖酸觀察可令一個厭煩的15歲學生感到驚喜。〈守財奴和他的金子〉即為此類的典型：它以一個簡潔俐落的故事，在一個段落中完成對特定人性弱點的刻畫與諷刺。

由於記敘文涉及時間序列中物件的特質，通常回答的是「何時」的問題，所以適合納入的試題是以記敘文為依據，要求就一系列與故事有關的敘述，給予正確的順序安置。此種短文及試題的敘述會與故事密切吻合，此題屬於簡單試題，難度約在水準1a的中間。另一方面，本文的語言十分正規，具有某些舊式語風（翻譯者需再現原始版本寓言似的風格）。文本的特性可能增加問題的難度。

問題 7 守財奴和他的金子

- 文本情境：個人
- 文本形式：連續
- 文本類型：記敘文
- 閱讀歷程：擷取與檢索——擷取訊息
- 題型：簡答題
- 難度：310（水準 1b）
- 答對百分比：87.9%

守財奴怎麼得到一塊金子的？

____

____

- 守財奴和他的金子　問題 7 計分

滿分：指出他**賣掉了所有的東西**。可以改寫或直接引用文章的內容。

- 他賣掉他所有的東西。
- 他賣掉了所有的家當。
- 他買來的。（暗示性地連結到他賣掉他所有的一切）

試題說明

這是 PISA 閱讀最簡單的閱讀試題之一，難度位於水準 1b 的中間。讀者需**擷取與檢索**短文中起始句明確敘述的訊息。得到滿分的作答反應可以直接引自文本：「他賣掉他所有的東西」，或提供一個同義解釋，諸如「他賣掉了所有的家當」。文本較正式的語言可能會增加單元內其他試題的難度，但在此處不太可能有太大影響，因為所需訊息就在文本的最開端。雖然在 PISA 的參照架構中這是一個極為容易的問題，但仍需要一點超越字面的推論：讀者需推論第一個命題（守財奴賣掉他所有的東西）與第二個命題（他買了金子）間的因果連結。

問題 ❺ 守財奴和他的金子

- 文本情境：個人
- 文本形式：連續
- 文本類型：記敘文
- 閱讀歷程：統整與解釋——發展解釋
- 題型：開放式建構反應題
- 難度：548（水準 3）
- 答對百分比：30.2%

這裡是閱讀了〈守財奴和他的金子〉後的兩個人對話。

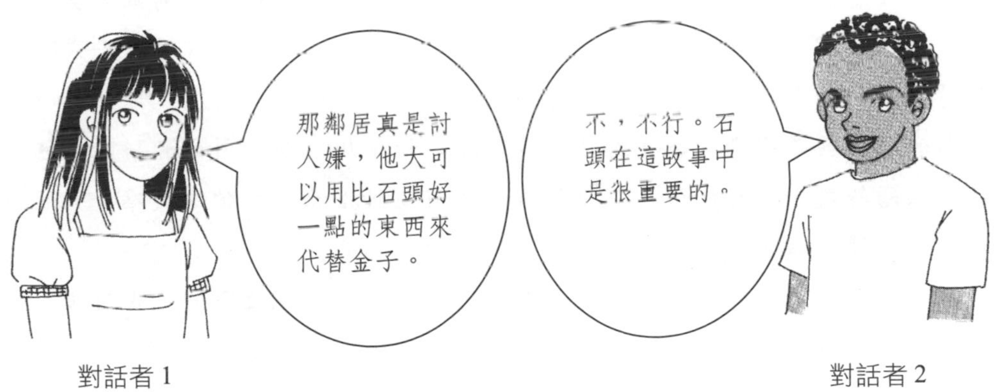

對話者 2 會說什麼來支持他自己的觀點？

- 守財奴和他的金子　問題 5 計分

滿分：認識到故事的含義需要透過**無用或無價值的東西替代金子**來表達。

- 需要用沒有價值的東西代替才能說明意思。
- 石頭在這故事中很重要，因為整個重點是守財奴埋石頭所得到的好處和埋金子一樣。

- 如果用比石頭好一點的東西代替金子，那就會喪失本意，因為埋下的東西應該是真的毫無用處的東西。
- 石頭沒一點用處，但對於守財奴來說，金子也一樣。
- 因為四處可以找到石頭，金子和石頭對這守財奴而言是相同的。（「四處可以找到」暗示石頭沒有特殊價值）

試題說明

此題採用的形式是設定二位想像讀者間的對話，代表兩個對故事的衝突解釋。事實上只有對話者 2 的立場與文本的整體意涵一致，因此當提供支持的理由時，讀者需證明他們已了解此寓言的奧妙——寓意的重要性。此題相對難度接近水準 3 的頂端，可能受到一項事實的影響，即讀者需做許多工作方能產出一個滿分的作答反應。首先，他們必須理解故事中鄰居以正式語體表達其說法（正如上述，翻譯者需再現寓言似的風格）。其次，題幹與所需訊息的關係並不明顯：即使對話者提到石頭和鄰居應能指引讀者到寓言的終結，但題幹幾乎沒有任何支撐（對話者 2 說些什麼來支持他的觀點？）可引導讀者解釋問題。

如欲得到滿分的作答範例，學生可用多種方式呈現故事的主要想法，即財富是沒有價值的，除非能加以使用。含義模糊的表達形式，如「石頭具有象徵性的價值」是無法得分的。

六　那就是戲

發生於義大利海邊的古堡。

第一幕

海邊美麗古堡中的華麗客廳。門在左右兩旁。會客室設在舞臺中央：長沙發、桌子、兩張扶手椅。後面有兩扇大窗。星夜。舞臺上一片漆黑。簾幕升起時我們聽見男人在左面門後大聲交談。門打開，三個穿著燕尾服的紳士進來。其中一個馬上開燈。他們靜靜地走到舞臺中間，站在桌子四周。他們一起坐下，高爾坐在左面的扶手椅，杜雷坐在右邊那張，亞當坐在中央的長沙發。近乎尷尬的長時間沉默。舒服地伸伸懶腰。沉默，然後：

高爾

你為何想得這麼入神？

杜雷

我在想如何開始一齣戲劇，真難，當一切才剛開始，便得在開頭介紹所有主要角色。

亞當

我想那一定很難。

杜雷

難於——登天！戲開始了，觀眾靜下來。演員上臺，折磨於焉開始。這是無止盡漫長，有時長達一刻鐘觀眾才開始明白誰是誰和他們想做什麼。

高爾

你的頭腦真奇特，你可不可以暫時忘記你的職業？

杜雷

辦不到。

高爾

你連半小時不談劇場、演員、戲劇都不行，這個世界還有其他東西呢。

杜雷

沒有了。我是戲劇家，那是我的詛咒。

高爾

你不應該成為自己職業的奴隸。

杜雷

你如果不能駕馭它，就會變成它的奴隸，沒有中間地帶。相信我，開始一齣戲劇絕非兒戲，那是舞臺技巧中最棘手的問題。立即介紹你們的角色。就以這個場景來說，我們三個。三位穿燕尾服的紳士。假設他們不是進入這間在宏偉古堡中的房間，而是在一齣戲劇剛剛開始時上臺。他們必須先閒聊一大堆沒趣的話題，觀眾才能弄清楚我們是誰。站起來介紹我們自己不是更容易開始這一切嗎？（站起來。）晚安，我們三個是這座古堡的客人。我們剛從飯廳來，在那兒享用了一頓豐富的晚餐，喝了兩瓶香檳。我名叫山多·杜雷，是個劇作家，寫劇本寫了三十年，那是我的職業。完畢。輪到你。

高爾

（站起來。）我名叫高爾，也是劇作家。我也寫劇本，而且所有的劇本都是和在場的這位紳士共同創作的。我們是著名的劇作二人組。所有優秀喜劇和輕歌劇的節目單上都會這樣寫：高爾及杜雷編。這自然也是我的職業。

高爾和杜雷

（一起。）而這位年輕人……

亞當

（站起來。）這位年輕人，容我介紹，叫亞伯·亞當，25歲，作曲家。我為這兩位好好先生的最新輕歌劇作曲，這是我第一次的舞臺工作。這兩位天使般的前輩發掘了我，現在，有了他們扶持，我想成名。他們讓我也獲邀來到這個古堡。他們幫我訂做大衣和燕尾服。換句話說，我目前仍是個默默無聞的窮小子。除此以外，我還是孤兒，由祖母養大。我的祖母已經去世。我在這世上孤單一人。我沒有名氣，也沒有金錢。

杜雷

但你還年輕。

高爾

而且才華洋溢。

亞當

而且我還愛上了那女獨唱者。

杜雷

你其實不用說這個，反正每位觀眾也會發現到。

（他們全部坐下。）

杜雷

現在這會不會是一齣戲劇最簡單的開場方法？

高爾

如果我們可以這樣做，那麼寫劇本還真容易。

杜雷

相信我，其實並不真的那麼困難。只要把整件事當作……

高爾

好了，好了，好了，不要再講劇場了。我感到厭煩了。我們明天再談吧，如果你還想的話。

〈那就是戲〉是匈牙利戲劇家佛朗·莫爾納一本劇作的開頭。

依據〈那就是戲〉回答下列問題。（注意：文章旁邊註有行數，幫助你找到問題提及的部分。）

問題 ❸ 那就是戲

- 文本情境：個人
- 文本形式：連續
- 文本類型：記敘文
- 閱讀歷程：統整與解釋——發展解釋
- 題型：簡答題
- 難度：730（水準 6）
- 答對百分比：13.3%

簾幕升起前，劇中角色在做什麼？

___

___

- 那就是戲　問題 3 計分

滿分：提及**晚餐或喝香檳**。可以改寫或直接引用原文。

- 他們剛享用了晚餐和香檳。
- 「我們剛從飯廳來，在那兒享用了一頓豐富的晚餐。」（直接引述）
- 「一頓豐富的晚餐，喝了兩瓶香檳。」（直接引述）
- 晚餐和酒。
- 晚餐。
- 喝香檳。
- 享用晚餐和喝酒。
- 他們在飯廳。

試題說明

此試題描繪 PISA 閱讀中最困難試題的數個特徵。根據 PISA 的標準，此文本為長篇文本，我們可以假設其所描繪的虛構世界與多數 15 歲學生的經驗極不相同。單元引言告訴學生〈那就是戲〉是匈牙利戲劇家佛朗．莫爾納一本劇作的開端，再無其他外來的定位。背景（發生於義大利海邊的古堡）對許多學生來說頗具異國風，其情境僅能經由漸進的對話揭開。字彙不會特別困難，語氣大都屬閒聊式的，語言的風格帶點禮貌性。也許最重要的是，抽象的討論主題所引發的陌生感：劇中角色對於生活與藝術關係的複雜對話，即為劇場寫作的挑戰。因主題是關於部分的劇本敘述，此文本歸類於記敘文。

本單元所有試題與文本挑戰性的難度層次有關，特別是試題的認知需求亦可歸因於界定問題術語意義所需的高層次解釋。讀者需能警覺角色與演員的區別。問題指稱的是角色（非演員）在「簾幕升起前」在做什麼。這兒可能令人困擾的是，需要辨識劇場舞臺的「真實世界」——具有簾幕，與高爾、杜雷、亞當想像世界的轉移，後者在進入會客室（舞臺場景）前正在餐廳用晚餐。當問題是評量學生區辨真實與虛構世界的能力，而文本主題又恰是關於此點時，此種問題似乎特別適當，所以本題的複雜度與文本的內容是一致的。

事實上，所需訊息不在預期位置使試題的難度層次更高。本題指稱的動作「簾幕升起前」，通常會引導讀者在開場、摘錄的開端尋找訊息。相反地，真正要找到該訊息是在文本中段，當杜雷表示他與他的朋友「剛從飯廳來」時。本題評分顯示數種可接受的作答反應，滿分讀者需能證明他們找到這個不起眼的訊息，他們必須消化吸收與預期相反的訊息——讀者必須全心貫注於文本，挑戰先前的概念——這是PISA非常有特色、要求最嚴格的閱讀試題。

問題 ❹ 那就是戲

- 文本情境：個人
- 文本形式：連續
- 文本類型：記敘文
- 閱讀歷程：統整與解釋——發展解釋
- 題型：選擇題
- 難度：474（水準 2）
- 答對百分比：66.4%

「這是無止盡漫長，有時長達一刻鐘……」（26 至 27 行）
根據杜雷，為什麼一刻鐘是「無止盡漫長」？
A. 等待觀眾安靜坐在擁擠的劇場裡需要很長的時間。
B. 在戲劇的開頭要交代清楚情境似乎要無限的時間。
C. 戲劇家似乎總是需要很長的時間來寫戲劇的開頭。
D. 當戲劇中有重要事件發生時，時間似乎過得很慢。

- 那就是戲　問題 4 計分

滿分：B　在戲劇的開頭要交代清楚情境似乎要無限的時間。

試題說明

此題難度介於水準 2 與水準 3 的邊界，與上述試題說明一項事實，即單一文本可涵蓋各式各樣難度範圍的試題。

不像前面的試題，此試題題幹明白指出劇本的相關部分，甚至引用行數編碼，可減輕讀者找出所需訊息的壓力。然而，讀者必須了解此文句所在的文本脈絡，以做出正確回應。事實上，「在戲劇的開頭要交代清楚情境似乎要無限的時間」的意涵加強了節錄的其餘部分，即人物在戲劇開頭明確介紹自己作為解決方案，而不是等待行動來揭露他們的身分。至於題幹所引述的節錄話語，再三重複和強調支持了讀者對問題的統整與解釋。在這方面，此試題也明顯不同於問題 3 的僅提供一次所需訊息，而是鑲嵌於文本非預期的部分。

問題 7 那就是戲

- 文本情境：個人
- 文本形式：連續
- 文本類型：記敘文
- 閱讀歷程：統整與解釋——形成廣泛的理解
- 題型：選擇題
- 難度：556（水準 4）
- 答對百分比：46.2%

整體而言，戲劇家莫爾納在這段摘錄中做了什麼？

A. 他在顯示每個角色解決自己問題的方法。

B. 他在設定角色示範什麼是戲劇中的無止盡漫長。

C. 他在提供戲劇中的典型和傳統開場的範例。

D. 他在利用角色詮釋他自己的創作難題之一。

- 那就是戲　問題 7 計分

滿分：D　他在利用角色詮釋他自己的創作難題之一。

試題說明

本試題讀者需採取一個整體的觀點，藉由統整與解釋跨文本的對話意涵，形成一個廣泛的理解。試題涉及確認一段劇本的概念主題，既文學又抽象。對多數 15 歲學生來說，這是相當陌生的領域，可能因而構成試題難度位在水準 4。OECD 國家有略低於一半的學生在這個試題得分，其他學生則平均分散在三個誘答項。

七 遠距辦公

未來的方式

想像一下，「遠距辦公」[1]是件多麼美好的事，在電信的高速公路上班，你所有的工作都是在電腦上或是藉著電話完成！你不再需要讓你的身軀擠塞在擁擠的公車或火車上，也不必浪費好幾個小時在上班的往返路途上。你可以在任何你想工作的地方工作——想想，所有的工作機會也將因此而開啟！

怡君

即將形成的災難

縮短通勤的時數和減少通勤的體力耗損，很明顯的是一個好主意。但是，這樣的目標應該藉由改善大眾運輸，或確保工作地點是在居家附近來達成。遠距辦公會是每個人未來部分的生活方式的假想，只會導致人們變得愈來愈專注於自身。難道我們還要更進一步惡化我們的社會歸屬感嗎？

志明

[1] 「遠距辦公」是傑克・尼爾斯在1970年代初期所創造出來的專有名詞，用來描述勞工在遠離中央辦公室的電腦上工作（例如：在家裡），並藉著電話線將資料和文件傳送到中央辦公室的情形。

依據以上的〈遠距辦公〉回答下列問題。

問題 ❶ 遠距辦公

- 文本情境：職業
- 文本形式：多重
- 文本類型：議論文
- 閱讀歷程：統整與解釋——形成廣泛的理解
- 題型：選擇題
- 難度：537（水準 3）
- 答對百分比：52.3%

「未來的方式」和「即將形成的災難」之間有什麼關係？

A. 它們使用不同的論點達到相同的一般結論。

B. 它們以相同的文體書寫，但針對的是完全不同的議題。

C. 它們表達相同的一般看法，但是形成不同的結論。

D. 它們在相同的議題上表達對立的看法。

- 遠距辦公　問題 1 計分

  滿分：D　它們在相同的議題上表達對立的看法。

試題說明

遠距辦公單元提供對遠距辦公意見相左的兩篇短文，所謂遠距辦公在文本註解的定義為「在遠離中央辦公室的電腦上工作」。與PISA測驗發展者原來提出的文本唯一不同之處就是此項註解。文本假設對大多數 15 歲學生而言，並不熟悉「遠距辦公」一詞，加入註解旨在避免有利於學生的語言可讓其拆解出這個複合詞的意義。舉例來說，測驗語言為英語的學生可能藉由合併「電視」（距離）和「通勤」的意義來推知這個詞的意義。反之，測驗語言非英語的學生使用這個英語語詞或音譯，將無法對意義提供相同的線索。

每篇短文的目的在說服讀者一個觀點，故歸類為**議論文**。基於刺激材料的目的在於討論一個與工作生活有關的議題，本文被歸類為職業的情境。組成刺激的兩篇文本皆為連續性的，但因二者係獨立產生，因評量目的而並列，故文本形式分類屬於**多重**文本。

這個問題要求學生確認兩篇短文的關係。欲正確回答，學生首先需對每篇短文形成廣泛的理解，再確認它們的關係，亦即它們是針對同一個主題表達相左的觀點。影響文本難度的一個因素是確認每篇文本表達之立場所需的解釋層級。在第一個文本中，作者的立場在文章一開始即清楚表明（想像一下，「遠距辦公」是件多麼美好的事……），並在全文中強化。反之，第二個文本沒有直接陳述作者的立場，反而是一系列作者反對的論述，因此理解第二位作者的立場需要比理解第一位作者的立場更高層次的解釋。一旦完成對每位作者立場的解釋後，確認立場是相左的就相對簡單了。表現最差的學生選擇選項B，這些學生無法確認兩篇文本是同一個主題。選擇A和C的學生能確認兩篇文本是同一個主題，但無法確認他們表達相左的看法。此題位於水準3，OECD國家有剛好過半的學生在這題得分。

問題 7 遠距辦公

- 文本情境：職業
- 文本形式：連續
- 文本類型：議論文
- 閱讀歷程：省思與評鑑——省思與評鑑文本內容
- 題型：開放式建構反應題
- 難度：514（水準 3）
- 答對百分比：56.2%

哪一種工作很難遠距辦公？請為你的答案提供一個理由。

___

___

- 遠距辦公　問題 7 計分

滿分：指出一種工作，並且給予**合理的解釋，說明為什麼從事這種工作的人不適合遠距辦公**。回答需要詳加陳述為什麼這項工作需要人在工作現場。

- 建築者。很難在任何地點都可以用木頭和磚頭工作。
- 運動員。你需要真的在那裡從事運動。
- 水電工。你無法從你的家修理別人家的水槽。
- 挖排水溝，因為你需要在那裡。
- 護士。很難透過網際網路去檢測病人一切安好。

試題說明

此問題要求學生產生一個符合給定類別的範例（職業）。此題所需的文本訊息可在定義遠距辦公的註解中找到，因此，雖然刺激材料是由多重文本所組成，就文本形式而言，本題被歸類為**連續**文本，因為它只指稱一個文本要素。

提供一個遠距辦公工作的範例是困難的，因為文本沒有提到特定的職業，學生必須連結其對文本的理解（遠距辦公的定義）與外在知識。因此這個問題被歸類為**省思與評鑑**，次類別為**省思與評鑑文本內容**。

為了在這題得分，學生需提供一個範例，並解釋為什麼這個範例符合給定的類別，且解釋的答案需明確或暗示性指出一項事實，即工作人員需親臨現場方能執行其工作。雖然得分的作答反應非常廣泛，許多學生因無法提供解釋而沒有得分，或給予的解釋無法顯現他們了解其所列舉的工作需要工作人員親臨現場。後者例如「挖排水溝，因為那是困難的工作」，對照得分的答案，為「挖排水溝，因為你需要在那裡」。

這題有近60%的學生得分。

CHAPTER

4 學生數學表現分析

林素微、蕭嘉偉

第一節 PISA 評量學生數學表現的取向

一 PISA 數學素養的定義

PISA 定義數學素養為「個體能夠辨認和了解數學在世界上所扮演的角色，能夠進行有根據的評斷，並且針對生活中的需求來運用或者投入數學活動，以成為一個積極的、關懷的以及反思的國民」。其運用了數學素養的概念，來描述學生提出、解決及解釋牽涉到數量、空間、機率或是其他數學概念的問題情境時，能夠形成、應用及詮釋數學，這樣的活動包含了數學性的推理與數學概念、程序、事實及工具的運用來描述、解釋和預測現象。數學素養有助於個體深入理解數學扮演的角色，進而從事積極、反思的理性判斷和決策。

透過 *PISA 2009 Assessment Framework: Key Competencies in Reading, Mathematics and Science*（OECD, 2010f），OECD 國家建立了用來比較 PISA 參與國之間數學表現的指導方針。由於 PISA 2003 以數學為主軸，而 PISA 2006 和 PISA 2009 則分別以科學和閱讀為主軸，因此，PISA 2009 數學的部分以 PISA 2003 的調查為基準，PISA 2003 的平均分數設定為 500 分，以此分數為參照點，進

行 PISA 2009 數學表現比較，未來此類的比較中，此參照點將會持續使用。PISA 2003 與 PISA 2009 的差異在於 PISA 2009 在數學領域的測驗時間比 PISA 2003 還要短，以數學為主軸的PISA 2003 的測驗工具包含了 210 分鐘的測驗時間，入選的題目被安排到七個試題群組之中，每一個試題群組有 30 分鐘的測驗時間，試題群組則是以螺旋循環方式的測驗設計（rotated test design）來編排至題本之中。而PISA 2006 以科學為主軸的測試中，數學的測試時間較短，但測驗群組允許數學可以類似的循環方式來進行編排。同樣的安排也應用到 PISA 2009 之中，PISA 2009 的數學測驗時間只占 90 分鐘。PISA 2003 的試題分配及涵蓋面較廣，因此可以針對數學素養進行知識和技能的深度分析，而 PISA 2009 的主軸是閱讀，數學部分主要著眼於整體表現的更新。

二 PISA 數學素養評量架構

PISA 嘗試清楚界定並發展 15 歲學生的數學素養評量工具。因應這樣的目的，學生的數學知識和技能是根據三個面向來進行測量（詳見圖 4.1）：(1)問題相關的數學內容；(2)運用數學和所觀察到的現象進行連結，並進而解題的歷程；(3)作為問題設計題材來源的情境和脈絡。因此，有三個成分是需要被重視的：(1)問題的脈絡或情境；(2)與問題解決相關的數學內容；(3)連結真實與數學世界，以及數學解題的必要能力。

情境和脈絡是數學素養的一個重要層面。在各類的情境中使用及做數學，這意味著數學處理、數學方法的選擇及表徵通常會與問題呈現的情境有關。情境是作業內容中學生所接觸到的世界，試題的脈絡是在情境中被特定化，它包含問題形成中的所有細節要素。對PISA而言，最接近的情境為學生的個人生活；接著是學校生活、工作及休閒；然後是日常生活中會碰到的社區及社會；最後是科學和數學情境。個人部分的情境則是直接和學生個人日常活動有關；教育或職業部分的情境則和學生在校生活或者工作場合有關；公眾情境則和當地或廣泛的社群有關，需要學生觀察周遭環境的某些層面或環節。科學情境則較為抽象，可能包含技術的過程、理論情境或者明確數學問題的

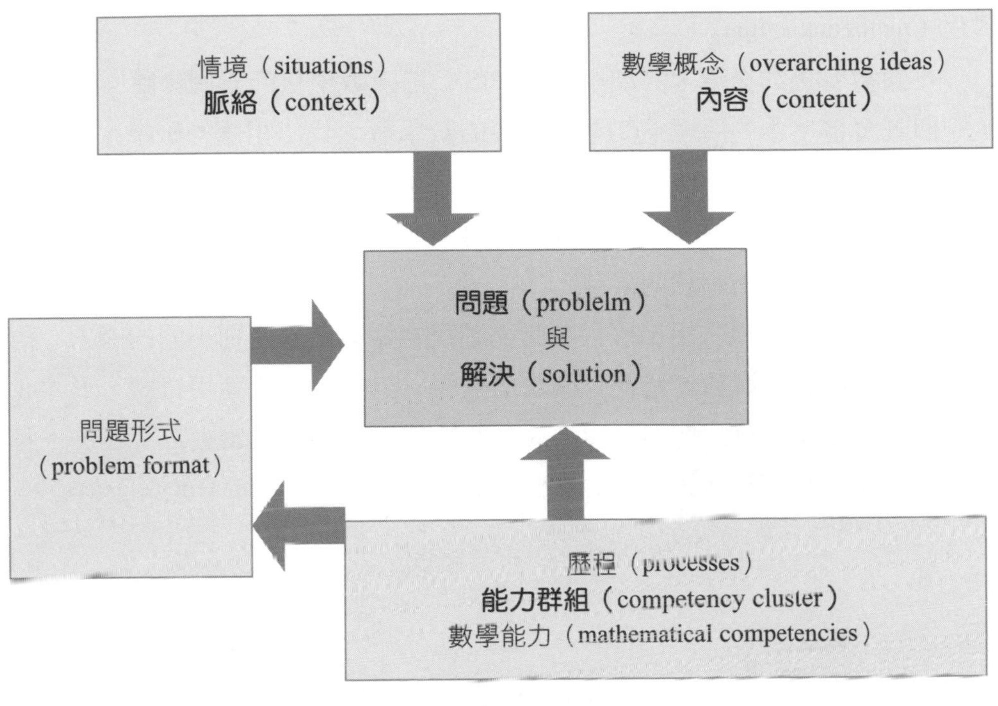

圖 4.1 數學領域的成分

理解。

針對數學內容的部分，由於OECD/PISA的目的是評量學生解決真實問題的能力，所以 PISA 定義評量內涵的策略是以現象學的取向來描述數學的概念、結構或想法。雖然所涵蓋的內容可能也同時出現在其他數學評量或國際數學課程，但此取向確保評量的焦點和領域的定義是一致的。針對數學素養的定義而言，數學概念最重要的考量是要源於數學發展的歷史、充分彰顯數學重要本質的深度和廣度，並能合理涵括現行數學課程的內容。OECD/PISA使用的內容概念如下：數量、空間與形狀、改變與關係、不確定性。

最後，針對數學歷程部分，由於 PISA 檢驗學生在各種情境中提出、形成，以及解決和解釋數學問題時能否有效地分析、推理，以及溝通數學概念的能力。這樣的問題解決需要學生運用學校教學及生活經驗所習得的技能和能力的展現。在PISA中，學生運用來解決真實生活問題的基本歷程稱之為數學化（mathematisation）。

有關數學化的循環，詳如圖 4.2。PISA 指出數學化的五個步驟：(1)開始於一個真實情境中的問題；(2)依據重要的數學概念找出相關的數學，並且重新組織問題；(3)透過假設、一般化和形式化將現實世界的問題轉化成可以忠實呈現情境的數學問題；(4)解決數學問題；(5)根據真實情境來對數學解法產生意義化，包含找出解法的限制。

針對數學化，PISA提出學生在此種歷程中需運用到數種不同的能力：思考及推理，論證，溝通，建模，擬題及解題，表徵，以及運用符號、形式化及科技的語言及運算，使用輔助工具。PISA的數學問題通常會以上述的一種或多種能力來進行認知活動，可以統整成三個能力群組（competency clusters），稱為：

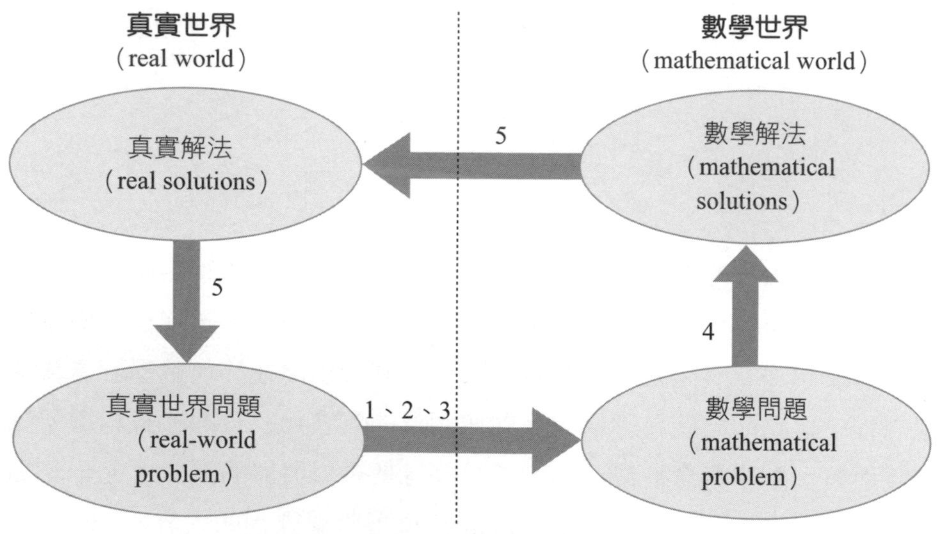

圖 4.2　數學化的循環

1. **複製群組**（reproduction cluster）

此能力群組基本上是有關習過知識的複製，包含標準化評量及教室評量中最常見的數學歷程、知識和技巧，如數學知識與一般問題表徵的知識、等價數學式的辨識、數學主題與數學性質的熟稔程度、例行程序的解決能力、含符號與公式的標準數學式的處理能力、計算求解。樣本試題可參見本章第三節範例六（第 149 頁）。

2. **連結群組**（connection cluster）

連結群組的能力是建立在複製能力群組之上，在此問題解決不是例行的，但仍然包含了熟悉和半熟悉的情境。此類群組的試題通常需要從不同數學概念（overarching ideas），或者從不同的數學課程主題，或者連結不同的問題表徵進行某種統整、連結及習得教材的初步延伸。樣本試題可參見本章第三節範例四（第 145 頁）。

3. **反思群組**（reflection cluster）

反思能力群組包含學生對於問題解決必要的歷程及運用的反思性，這些反思性能力和學生計畫解題策略及在問題情境中實施這些策略有關，相對於連結群組，反思群組的情境包含較多元素、更接近「原始狀態」或者非熟悉狀態的考量。樣本試題可參見本章第三節範例三（第 144 頁）。

以複製能力群組而言，該作業的試題都相當雷同，基本上需要實作知識的複製。而以連結能力群組而言，問題不是簡單的例行性問題，包含了某種程度的相似性及情境延伸，但在相似性之外有小幅度的進展。而反思能力群組的作業需求包含了學生的某些洞察及反思，通常需要學生針對他們的結果進行解釋或者證明。

三 不同數學素養水準的表現描繪

PISA 2009 所用的數學素養水準同樣是以 PISA 2003 的調查為主，數學素養水準的建立過程和閱讀素養相似，數學素養水準一共分成了六個素養水準，如圖 4.3 所示。

（一）數學素養水準 6——得分高於 669 分

水準 6 的學生能夠進行高階的數學思考和推理，這些學生能夠藉由符號的、正規的數學運算的精熟，以及關係的洞察和理解來發展出解決陌生情境的新方法和策略。在此水準的學生能夠針對他們對於原始情境的發現、詮釋、論證，以及觀察的行動和反思進行系統的闡述及明確的溝通。

（二）數學素養水準 5——得分介於 607 至 669 分（含）

水準 5 的學生可以針對複雜的情境來發展和運用模式，能夠辨識限制和指定假設。他們能夠選擇、比較和評估適當的問題解決策略來處理和這些模式有關的複雜問題。在此水準的學生能夠有策略地運用廣泛的、發展健全的思維和推理技巧，並能適當地針對多種表徵、符號和正規的數學特性，以及這些情境的洞察進行連結。

（三）數學素養水準 4——得分介於 545 至 607 分（含）

水準 4 的學生能夠以明確的模式針對複雜具體的情境進行有效的運作，這些情境可能包含了許多限制或者需要進行假設。他們可以選擇並且統整不同的表徵（包含符號表徵），並將它們直接與真實世界的情境進行連結。在此水準的學生可以在這些問題脈絡中使用發展健全的技巧和彈性的推理，而有某種程度的洞察。

水準 最低分數	試題特徵
6 669	此水準的學生可以根據他們在複雜問題情境的探索和建模進行訊息的概念化、一般化及進階的運用。他們可以連結不同的訊息來源和表徵並且進行彈性的轉換。在此水準的學生能夠進行高階的數學思考和推理，這些學生能夠藉由符號的、正規的數學運算的精熟，以及關係的洞察和理解來發展出解決陌生情境的新方法和策略。在此水準的學生能夠針對他們對於原始情境的發現、詮釋、論證，以及觀察的行動和反思進行系統的闡述及明確的溝通。
5 607	此水準的學生可以針對複雜的情境來發展和運用模式，能夠辨識限制和指定假設。他們能夠選擇、比較和評估適當的問題解決策略來處理和這些模式有關的複雜問題。在此水準的學生能夠有策略地運用廣泛的、發展健全的思維和推理技巧，並能適當地針對多種表徵、符號和正規的數學特性，以及這些情境的洞察進行連結。
4 545	此水準的學生能夠以明確的模式針對複雜具體的情境進行有效的運作，這些情境可能包含了許多限制或者需要進行假設。他們可以選擇並且統整不同的表徵（包含符號表徵），並將它們直接與真實世界的情境進行連結。在此水準的學生可以在這些問題脈絡中使用發展健全的技巧和彈性的推理而有某種程度的洞察。他們可以透過他們的詮釋、論證和行動來建構並溝通他們所解釋的理由和論證。
3 482	此水準的學生能夠清楚地執行描述的程序，包含那些必要的後續決定。他們能夠選擇並應用簡單的解題策略。在此水準的學生可以針對不同的訊息來源進行解釋並運用表徵，而且能夠直接從中推理。他們可以發展簡短的溝通報告他們的詮釋、結果和推理。
2 420	此水準的學生可以在結構明確的脈絡中解釋和辨識這些情境。他們可以從單一來源中擷取相關的資訊並且運用簡單的表徵型態。在此水準的學生可以運用基本的算則、公式、程序或者規約。他們可以針對結果進行直接推理和字面上的詮釋。
1 358	此水準的學生能夠回答熟悉脈絡的問題，這些脈絡中的相關訊息都已明確呈現而且都是清楚定義的問題。他們能夠在明晰的情境中依據直接的指引來辨識訊息和執行例行性的程序。他們可以進行明確的活動並且直接依循給定的指令。

圖 4.3　不同數學素養水準的摘要描述

（四）數學素養水準 3——得分介於 482 至 545 分（含）

水準 3 的學生能夠清楚地執行描述的程序，包含那些必要的後續決定。他們能夠選擇並應用簡單的解題策略。在此水準的學生可以針對不同的訊息來源進行解釋並運用表徵，而且能夠直接從中推理。他們可以發展簡短的溝通報告他們的詮釋、結果和推理。

（五）數學素養水準 2——得分介於 420 至 482 分（含）

水準 2 的學生可以在結構明確的脈絡中解釋和辨識這些情境。他們可以從單一來源中擷取相關的資訊並且運用簡單的表徵型態。在此水準的學生可以運用基本的算則、公式、程序或者規約。他們可以針對結果進行直接推理和字面上的詮釋。

（六）數學素養水準 1——得分介於 358 至 420 分（含）或未達水準 1

水準 1 的學生能夠回答熟悉脈絡的問題，這些脈絡中的相關訊息都已明確呈現而且都是清楚定義的問題。他們能夠在明晰的情境中依據直接的指引來辨識訊息和執行例行性的程序。他們可以進行明確的活動並且直接依循給定的指令。

第二節 學生的數學表現

一 學生的數學表現

（一）整體學生的數學表現

在此部分，國家的表現以平均分數進行數學素養表現的摘要，如前所述，因為數學是 PISA 2003 調查的主軸，PISA 2003 將 OECD 各國的總平均設定為 500，並以此 500 來作為 PISA 2009 比較的參照點。在 PISA 2009 的調查中，OECD 平均的數學分數為 496 分，略低於 PISA 2003 的 500 分，但此差異並未達統計的顯著。圖 4.4 呈現出 PISA 2009 各參與國整體的數學素養表現描述統計摘要。其中，依照這些國家平均數學素養表現與 OECD 平均數之間的差距，PISA 將之歸納為三群，在圖 4.4 中以三種顏色進行區隔，分別為：(1)顯著高於 OECD 平均數的國家；(2)與 OECD 平均數沒有達到統計顯著差異的國家；(3)顯著低於 OECD 平均數的國家。

平均數	國家	與前述國家平均數差異未達統計顯著的國家
600	上海	-
562	新加坡	-
555	香港	韓國
546	韓國	列支敦斯登，芬蘭，臺灣，香港
543	臺灣	列支敦斯登，瑞士，芬蘭，韓國
541	芬蘭	列支敦斯登，瑞士，臺灣，韓國
536	列支敦斯登	日本，荷蘭，瑞士，芬蘭，臺灣，韓國
534	瑞士	日本，列支敦斯登，荷蘭，芬蘭，臺灣，加拿大
529	日本	列支敦斯登，澳門，荷蘭，瑞士，加拿大
527	加拿大	日本，澳門，荷蘭，瑞士
526	荷蘭	日本，列支敦斯登，澳門，瑞士，加拿大，紐西蘭
525	澳門	日本，荷蘭，加拿大
519	紐西蘭	荷蘭，德國，比利時，澳洲
515	比利時	德國，愛沙尼亞，紐西蘭，澳洲
514	澳洲	德國，比利時，愛沙尼亞，紐西蘭
513	德國	冰島，比利時，愛沙尼亞，紐西蘭，澳洲
512	愛沙尼亞	冰島，德國，比利時，澳洲
507	冰島	德國，丹麥，愛沙尼亞
503	丹麥	冰島，挪威，斯洛伐克，法國，斯洛維尼亞

圖 4.4　各國學生數學素養平均分數對照

平均數	國家	與前述國家平均數差異未達統計顯著的國家
501	斯洛維尼亞	挪威，丹麥，奧地利，斯洛伐克，法國
498	挪威	英國，丹麥，瑞典，奧地利，波蘭，匈牙利，捷克，斯洛伐克，法國，斯洛維尼亞
497	法國	挪威，英國，丹麥，瑞典，奧地利，波蘭，匈牙利，捷克，斯洛伐克，斯洛維尼亞
497	斯洛伐克	挪威，英國，丹麥，瑞典，奧地利，波蘭，匈牙利，捷克，法國，斯洛維尼亞
496	奧地利	挪威，英國，瑞典，波蘭，匈牙利，捷克，斯洛伐克，美國，法國，斯洛維尼亞
495	波蘭	挪威，英國，瑞典，盧森堡，奧地利，葡萄牙，匈牙利，捷克，斯洛伐克，美國，法國
494	瑞典	挪威，英國，盧森堡，奧地利，波蘭，葡萄牙，匈牙利，捷克，斯洛伐克，愛爾蘭，美國，法國
493	捷克	挪威，英國，瑞典，盧森堡，奧地利，波蘭，葡萄牙，匈牙利，斯洛伐克，愛爾蘭，美國，法國
492	英國	挪威，瑞典，盧森堡，奧地利，波蘭，葡萄牙，匈牙利，捷克，斯洛伐克，愛爾蘭，美國，法國
490	匈牙利	義大利，挪威，英國，瑞典，拉脫維亞，盧森堡，奧地利，波蘭，葡萄牙，西班牙，捷克，斯洛伐克，愛爾蘭，美國，法國
489	盧森堡	英國，瑞典，波蘭，葡萄牙，匈牙利，捷克，愛爾蘭，美國
487	美國	義大利，英國，瑞典，拉脫維亞，盧森堡，奧地利，波蘭，葡萄牙，西班牙，匈牙利，捷克，愛爾蘭
487	愛爾蘭	義大利，英國，瑞典，拉脫維亞，盧森堡，葡萄牙，西班牙，匈牙利，捷克，美國
487	葡萄牙	義大利，英國，瑞典，拉脫維亞，盧森堡，波蘭，西班牙，匈牙利，捷克，愛爾蘭，美國
483	西班牙	義大利，拉脫維亞，葡萄牙，匈牙利，愛爾蘭，美國
483	義大利	拉脫維亞，葡萄牙，西班牙，匈牙利，愛爾蘭，美國
482	拉脫維亞	義大利，立陶宛，葡萄牙，西班牙，匈牙利，愛爾蘭，美國

圖 4.4　各國學生數學素養平均分數對照（續）

平均數	國家	與前述國家平均數差異未達統計顯著的國家
477	立陶宛	拉脫維亞
468	俄羅斯聯邦	克羅埃西亞，希臘
466	希臘	俄羅斯聯邦，克羅埃西亞
460	克羅埃西亞	俄羅斯聯邦，希臘
453	杜拜	以色列，土耳其
447	以色列	杜拜，土耳其，塞爾維亞
445	土耳其	杜拜，以色列，塞爾維亞
442	塞爾維亞	以色列，土耳其
431	亞塞拜然	保加利亞，羅馬尼亞，烏拉圭
428	保加利亞	泰國，羅馬尼亞，烏拉圭，墨西哥，智利，亞塞拜然
427	羅馬尼亞	泰國，保加利亞，烏拉圭，智利，亞塞拜然
427	烏拉圭	保加利亞，羅馬尼亞，智利，亞塞拜然
421	智利	泰國，保加利亞，羅馬尼亞，烏拉圭，墨西哥
419	泰國	保加利亞，羅馬尼亞，墨西哥，智利，千里達及托巴哥
419	墨西哥	泰國，保加利亞，智利
414	千里達及托巴哥	泰國
405	哈薩克	蒙特內哥羅
403	蒙特內哥羅	哈薩克
388	阿根廷	哥倫比亞，阿爾巴尼亞，巴西，約旦
387	約旦	阿根廷，哥倫比亞，阿爾巴尼亞，巴西
386	巴西	阿根廷，哥倫比亞，阿爾巴尼亞，約旦
381	哥倫比亞	阿根廷，阿爾巴尼亞，巴西，約旦，印尼
377	阿爾巴尼亞	阿根廷，哥倫比亞，巴西，突尼西亞，約旦，印尼
371	突尼西亞	秘魯，阿爾巴尼亞，巴拿馬，卡達，印尼
371	印尼	秘魯，哥倫比亞，阿爾巴尼亞，巴拿馬，突尼西亞，卡達
368	卡達	秘魯，巴拿馬，突尼西亞，印尼
365	秘魯	巴拿馬，突尼西亞，卡達，印尼
360	巴拿馬	秘魯，突尼西亞，卡達，印尼
331	吉爾吉斯	-

顯著高於 OECD 平均數
與 OECD 平均數差異未達顯著
顯著低於 OECD 平均數

圖 4.4 各國學生數學素養平均分數對照（續）

資料來源：OECD, PISA 2009 Database, Figure I.3.10 StatLink http://dx.doi.org/10.1787/888932343152

PISA 2009 的評量主軸是閱讀，科學和數學評量比重較少，只能進行整體表現的討論，相關資訊請參見圖 4.4 和表 4.1。PISA 2009 顯示東亞國家（經濟體）學生數學與科學素養表現優異，數學素養前五名依序為上海、新加坡、香港、韓國與臺灣。數學量尺以 PISA 2003 的調查為基準，臺灣在 PISA 2006 平均為 549 分，與芬蘭、香港、韓國等三個國家並列世界第一。PISA 2009 參與國家數量由五十七增加至六十五，臺灣的平均得分為 543，相較 PISA 2006 退步 6 分，排名第五。與第四名的韓國的差異未達統計顯著。

由這次測驗結果顯示，各國或地區之間的數學素養存在著非常大的差異，在所有參與國家當中，臺灣的數學素養平均得分（543）排名第五，與平均得分最高與最低的國家或地區（上海：600；吉爾吉斯：331）之間的差距分別有 57 和 212 分。由於這些資料是來自於各國的取樣樣本，因而參與國家之間的實際表現與排名無法明確斷言。但就統計推論（95%信賴區間）來看，國家間的排名可提供初步的參考資訊。

表 4.2 呈現學生表現的全距。芬蘭是 OECD 表現最好的國家之一，在 5% 與 95%之間的差距分配較小，只有 270 分的差距。參與國新加坡、臺灣與上海有最大的表現差異，但是屬於表現前五名的國家。

國內學生數學素養的個別差異值得後續進行探討，在兩次PISA數學表現優秀的國家中，臺灣學生的個別差異都是最大的。臺灣的數學素養標準差為 105，在所有參與 PISA 2009 的國家或地區中高居第一，其中百分等級 5 和百分等級 95 的學生的分數分別為 366、709，兩組的平均分數差距高達 343，顯示我國的學生數學素養仍存在著明顯幅度的差距。由表 4.2 可以看出，臺灣與韓國表現相若，但臺灣的差異幅度較大，而名列第四的芬蘭的差異幅度最小。未來，我們在追求整體高數學素養表現的同時，也應力求縮短個別差異的幅度，相信這將是臺灣教育迫切重要的議題。

❖ 表 4.1 PISA 2006 和 PISA 2009 數學素養國家排名（前十八名）

名次	2006			2009		
	國家	平均數	標準差	國家	平均數	標準差
1	臺灣	549	103	上海	600	103
2	芬蘭	548	81	新加坡	562	104
3	香港	547	93	香港	555	95
4	韓國	547	93	韓國	546	89
5	荷蘭	531	89	臺灣	543	105
6	瑞士	530	97	芬蘭	541	82
7	加拿大	527	86	列支敦斯登	536	88
8	列支敦斯登	525	84	瑞士	534	99
9	澳門	525	93	日本	529	94
10	日本	523	91	加拿大	527	88
11	澳洲	522	88	荷蘭	526	89
12	紐西蘭	522	93	澳門	525	85
13	比利時	520	106	紐西蘭	519	96
14	愛沙尼亞	515	80	比利时	515	104
15	丹麥	513	85	澳洲	514	94
16	捷克	510	103	德國	513	98
17	冰島	506	88	愛沙尼亞	512	81
18	奧地利	505	98	冰島	507	91

❖ 表 4.2 臺灣與參照國家不同百分位數學生的數學素養平均數對照

國家	百分位數						
	5th	10th	25th	75th	90th	95th	95th － 5th
臺灣	366	405	471	618	675	709	343
臺灣 2006	373	409	477	625	677	707	334
芬蘭	399	431	487	599	644	669	270
韓國	397	430	486	609	659	689	292
上海	421	462	531	674	726	757	336
香港	390	428	492	622	673	703	313
澳門	382	415	468	584	634	663	281
新加坡	383	422	490	638	693	725	342
日本	370	407	468	595	648	677	307
OECD 整體	329	362	421	557	615	647	318
OECD 平均	343	376	433	560	613	643	300

（二）數學素養不同水準人數比例分配

根據前面所述，PISA將數學素養分成六個素養水準，以下就六個素養水準，分析說明。在此部分，將針對 PISA 2009 臺灣的表現，與參照國家（芬蘭、韓國、上海、香港、澳門、新加坡、日本）及臺灣PISA 2006 的表現進行初步的對照比較，如表 4.3 所示。

水準 6 的學生能夠進行高階的數學思考和推理，在此水準的學生能夠針對他們對於原始情境的發現、詮釋、論證，以及觀察的行動和反思進行系統的闡述及明確的溝通。如表 4.3 可以看出，臺灣有 11.3%的學生在水準 6 以上，較臺灣 2006 年的比例略微下降了 0.5%，顯示臺灣仍保持相當比例的高水準學生。在 OECD 國家中平均有 3.1%的學生達到此水準。OECD 國家中，韓國、日本、芬蘭分別有 7.8%、6.2%、4.9%的學生在此水準，在參與國方面，上海超過 25%，新加坡有 15.6%，香港有 10.8%，表示我們在提升數學優秀人才的培育上仍有強化的空間。

水準 5 的學生可以針對複雜的情境來發展和運用模式，他們能夠選擇、比較和評估適當的問題解決策略來處理和這些模式有關的複雜問題。從表 4.3 可以看出，臺灣在水準 5 的比例有 17.2%，相較臺灣 2006 年的 20.1%下降了 2.9%。而達到水準 5 以上（包含水準 6）的比例，臺灣有 28.5%，相較 2006 年的 31.9%下降了 3.4%，可看出此年度高分群比例略微下降。整體而言，OECD 國家平均在水準 5 或 6 的學生百分比為 12.7%，其中 9.6%為水準 5。在 OECD 國家中，韓國在此兩水準的比例最多，為 25.5%；芬蘭、日本超過 20%。在參與國中，新加坡與香港在此兩水準的比例分別為 35.6%與 30.7%。上海則有超過一半的學生在此兩水準。

水準 4 的學生能夠以明確的模式針對複雜具體的情境進行有效的運作，在此水準的學生可以在這些問題脈絡中使用發展健全的技巧和彈性的推理而有某種程度的洞察。臺灣學生在水準 4 的比例有 22.2%，相較於 2006 年的 22.4%少了 0.2%，達到水準 4 以上（包含水準 5、6）的比例有 50.7%，較 2006 年的 54.3%為少。OECD 的國家平均有 31.6%達到水準 4 以上。上海、新加坡、香港與韓國分別有 71.2%、58.4%、56.1%、51.8%的比例居於水準 4 以上，芬蘭、日本與澳門，有超過 40%學生在水準 4 以上。

水準 3 的學生能夠清楚地執行描述的程序，他們能夠選擇並應用簡單的解題策略。臺灣有 71.7%的學生達水準 3 以上（也就是說達到水準 3、4、5、6），較 2006 年的 73 .7%為少。OECD 的國家平均有 56%達到水準 3 以上。芬蘭、上海、香港、新加坡有超過 75%的學生，日本、澳門則有超過 66%的學生，達此水準。

水準 2 的學生可以在結構明確的脈絡中解釋和辨識這些情境，從單一來源中擷取相關的資訊並且運用簡單的表徵型態。臺灣有 87.2%的學生達水準 2 以上（即達到水準 2、3、4、5、6 的學生），較 2006 年的 88%為少。在 OECD 的國家中平均至少有 78%的學生達水準 2 以上，OECD 國家中芬蘭和韓國及夥

❖ **表 4.3 臺灣與參照國家學生在不同數學素養水準人數百分比對照**

國家	素養水準						
	未達 1（未達 357.8）	1（357.8~420.1）	2（420.1~482.4）	3（482.4~544.7）	4（544.7~607）	5（607~669.3）	6（超過 669.3）
臺灣	4.2	8.6	15.5	20.9	22.2	17.2	11.3
臺灣 2006	3.6	8.3	14.3	19.4	22.4	20.1	11.8
芬蘭	1.7	6.1	15.6	27.1	27.8	16.7	4.9
韓國	1.9	6.2	15.6	24.4	26.3	17.7	7.8
上海	1.4	3.4	8.7	15.2	20.8	23.8	26.6
香港	2.6	6.2	13.2	21.9	25.4	19.9	10.8
澳門	2.8	8.2	19.6	27.8	24.5	12.8	4.3
新加坡	3.0	6.8	13.1	18.7	22.8	20.0	15.6
日本	4.0	8.5	17.4	25.7	23.5	14.7	6.2
OECD 整體	9.3	15.5	22.7	23.5	17.3	8.9	2.8
OECD 平均	8.0	14.0	22.0	24.3	18.9	9.6	3.1

伴國家上海、香港均超過 90%的學生達到此閾限之上，而上海在水準 2 以上的學生比例最高，至少有 95.2%的比例，其次是芬蘭，有 92.2%。相對地，臺灣雖然在高分群部分的比例較高，但低分群的比例略高也是須加以重視與探討的議題。

水準 1 的學生能夠回答熟悉脈絡的問題，這些脈絡中的相關訊息都已明確呈現而且都是清楚定義的問題。學生的表現若未達 358 分（也就是說低於水準 1），通常沒辦法成功表現出 PISA 想要測量的最基本的數學問題，也就是說，水準 1 的試題，他們的答對率不到一半。這些學生在未來有效率地運用數學作為高等教育及學習機會的工具上，將會有嚴重的困難。臺灣至少有 95.8%的學生達水準 1 以上（也就是說達到水準 1、2、3、4、5、6），較 2006 年的 96.4%為少。在 OECD 的國家中平均有 14.0%的學生在這個水準，而有 8.0%低於水準 1。

PISA 界定水準 1 及低於水準 1 的學生是亟待補救強化的薄弱群組，這些學生未來在日常工作生活的真實世界中，將面臨數學思考或學習的困難，教育社群應正視這些低表現水準所面臨的障礙。臺灣水準 1 及低於水準 1 的學生比例為 12.8%，較 2006 年的 11.9%高出了 0.9%，而參照國家或地區中芬蘭、韓國、上海、香港、新加坡等均低於 10%的學生屬於水準 1 或低於水準 1，僅有日本 12.5%與臺灣相仿，顯示臺灣學生落後的比例略微增加，如圖 4.5 由低分群比例低至高進行排名，臺灣名列第 11，依序落後於上海、芬蘭、韓國、香港、新加坡、澳門與日本，臺灣後續的教育決策上對於低分群部分的數學學習，應該投入更多的關注。

臺灣於 2006 年第一次參與 PISA 評比，因此針對兩次的表現剖面進行初步的比較。圖 4.6 呈現的是 PISA 2006 及 PISA 2009 臺灣學生在數學素養水準的人數比例分配對照圖。在表 4.3 中已經談到臺灣學生在 PISA 2009 的整體表現略低於 PISA 2006，而細部針對各數學素養水準的人數比例來看，臺灣在最高水準的比例接近，而水準 5 的比例下降了三個百分點，中低分群人數比例有略微提高的現象。

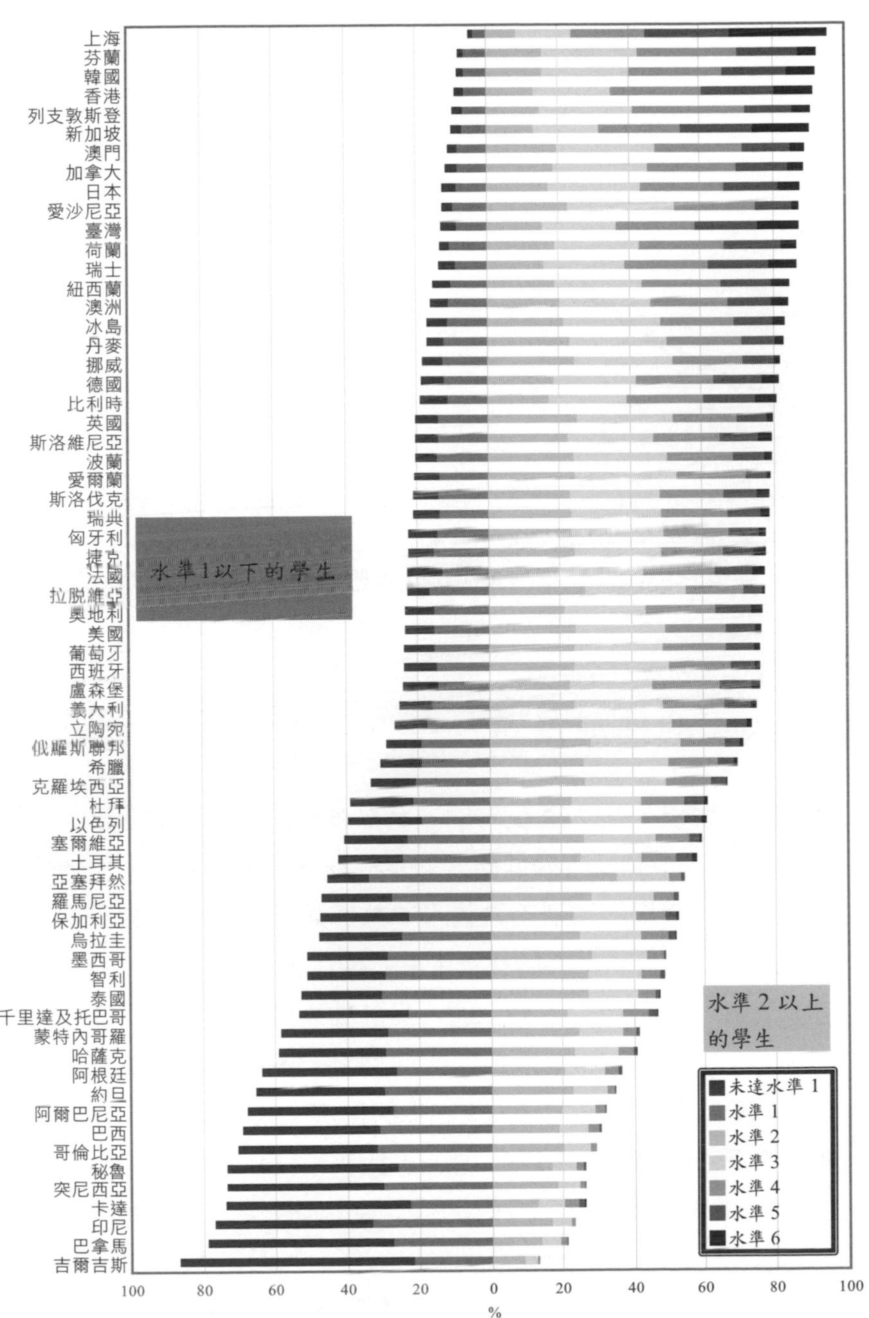

圖 4.5　各國不同數學素養水準的學生人數百分比對照

資料來源：OECD, PISA 2009 Database, Figure I.3.9, StatLink http://dx.doi.org/10.1787/888932343152

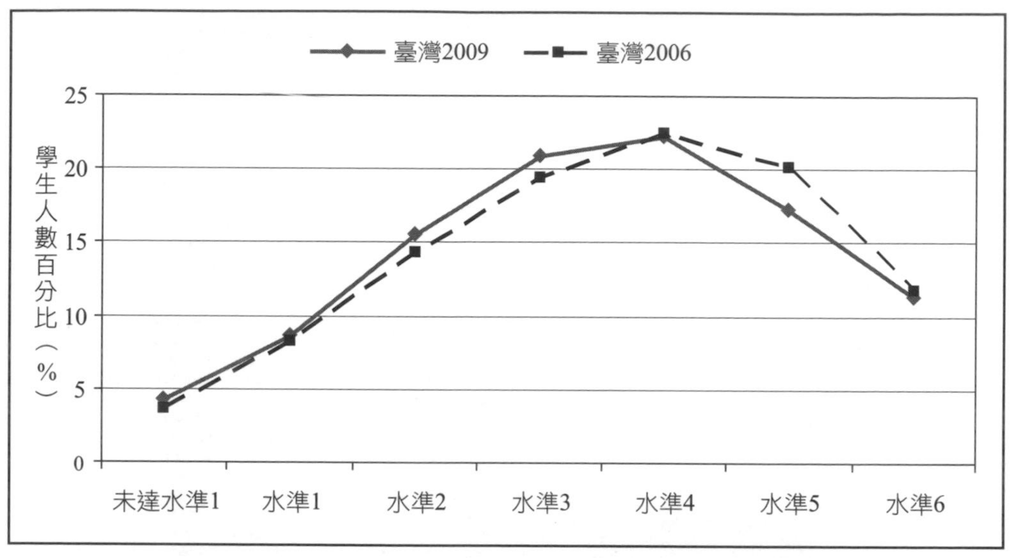

圖 4.6　臺灣 PISA 2006 及 PISA 2009 各數學素養水準人數比例分配對照

二 數學表現的性別差異

關於性別的比較，可以參考表 4.4。全部參與的六十五個國家，性別的平均差異為 12 分，其中有三十五個國家的差異在 5 分（以上），而與閱讀量尺的性別差異來看，數學的性別差異較小。整體而言，臺灣在數學素養性別的表現差異上，呈現了男學生高於女學生的狀態，但與 PISA 2006 的施測結果比較，性別差異由 13 分縮減為 5 分。進一步針對臺灣全體和不同性別在百分等級 5、10、25、75、90 和 95 等水準的比例來看，臺灣目前的數學素養呈現的是接近常態分配的狀態，但在水準 5 學生的比例，較 PISA 2006 下降 3.5%，而低於水準 1 的學生則上升了 2.1%。進一步比較不同年級間性別的差異情形，在 PISA 2009 的數學表現，九年級的女學生較男學生為佳，分數差距為 9 分，在十年級方面，卻是男學生較女學生表現為佳，差距為 14 分，數學素養的性別差異與年級之間的交互作用，值得後續教育投入與研究的關注。相較於 PISA 2006 的學生數學表現來說，PISA 2006 都是男學生表現優於女學生，差距為 13 分，沒有性別與年級的交互作用。表 4.5 及表 4.6 則分別呈現男女學生

❖ 表 4.4 臺灣與參照國家學生數學素養表現的排名、平均數、標準差與性別差異對照

國家	排名	平均數	標準差	男學生平均數	女學生平均數	差異（男－女）
臺灣	5	543	105	546	541	5
九年級	-	535	103	531	540	-9
十年級	-	548	106	555	541	14
臺灣 2006	-	549	103	556	543	13
芬蘭	6	541	82	542	539	3
韓國	4	546	89	548	544	3
上海	1	600	103	599	601	-1
香港	3	555	95	561	547	14
澳門	12	525	85	531	520	11
新加坡	2	562	104	565	559	5
日本	9	529	94	534	524	9
OECD 整體	-	488	97	496	481	15
OECD 平均	-	496	92	501	490	12

❖ 表 4.5 臺灣與參照國家男學生在不同數學素養水準人數百分比對照

國家	素養水準						
	未達 1（未達 357.8）	1（357.8~420.1）	2（420.1~482.4）	3（482.4~544.7）	4（544.7~607）	5（607~669.3）	6（超過 669.3）
臺灣	4.7	8.6	15.1	19.2	21.5	18.4	12.6
臺灣 2006	3.7	7.8	13.0	18.5	22.3	21.5	13.2
芬蘭	1.7	6.4	16.1	25.8	26.5	17.5	5.9
韓國	2.5	6.6	14.8	23.5	25.1	18.5	9.0
上海	1.6	3.9	8.9	15.4	19.9	23.2	27.1
香港	2.6	5.7	12.4	20.3	25.0	21.2	12.7
澳門	2.8	7.8	18.3	26.5	24.9	14.3	5.4
新加坡	3.4	6.8	12.3	18.0	22.6	20.0	16.9
日本	4.3	8.6	16.7	23.0	23.3	16.5	7.6
OECD 整體	8.4	14.6	21.6	23.2	18.4	10.2	3.6
OECD 平均	7.6	13.3	21.0	23.8	19.5	10.9	3.9

❖ 表 4.6　臺灣與參照國家女學生在不同數學素養水準人數百分比對照

國家	素養水準						
	未達 1（未達 357.8）	1（357.8~420.1）	2（420.1~482.4）	3（482.4~544.7）	4（544.7~607）	5（607~669.3）	6（超過 669.3）
臺灣	3.6	8.7	16.0	22.7	22.9	16.1	10.0
臺灣 2006	3.6	8.9	15.7	20.4	22.5	18.6	10.2
芬蘭	1.7	5.8	15.0	28.4	29.2	16.0	3.9
韓國	1.3	5.7	16.5	25.4	27.7	16.9	6.5
上海	1.3	3.0	8.5	15.0	21.6	24.4	26.2
香港	2.5	6.7	14.2	23.8	25.8	18.4	8.6
澳門	2.8	8.5	20.9	29.1	24.1	11.4	3.2
新加坡	2.6	6.8	13.9	19.4	23.0	20.0	14.3
日本	3.6	8.4	18.2	28.6	23.7	12.7	4.7
OECD 整體	10.1	16.5	23.9	23.9	16.2	7.5	2.0
OECD 平均	8.4	14.7	23.1	24.9	18.4	8.4	2.2

各數學素養水準的學生人數分配，臺灣男女學生在各數學表現水準的分配上，亦呈現相近的組型，但整體而言，高分群和低分群部分男學生的比例較女學生略高，中等能力部分則女學生略高於男學生。

三 結論

在現代生活中，隨著科學、數學及科技所扮演的角色愈來愈重要，個人實現、就業及充分參與社會活動的這些目標下，對於能夠充分因應的成人而言，具備數學、科學及科技等素養是達成這些目標的核心。因此，科學、數學、科技素養不只是那些職業生涯和科學、數學、科技相關的人所應具備的基本要求，一個聰慧的公民也應該具備這些相關素養。國家最優秀的學生在數學及相關學科的表現意味著這個國家未來在先進科技領域可能扮演的角色，以及在國際間的整體競爭力。相反地，學生在數學表現薄弱，可能意味著該國國民未來在個人勞動市場、所得展望及充分參與社會的能力上呈現負面的弱勢結果。

無庸置疑，政策制定者及教育學者都極為強調數學教育的重要性。愈來愈多教育體系要求卓越數學技能的表現，因此，監控各國如何提供青少年在這個領域上基礎技能的培育是相當重要的議題。

在數學的表現上，PISA 2009 東亞國家與經濟體的學生表現特別好。數學平均表現最高的五個國家與經濟體都在此區域：上海、新加坡、香港、韓國與臺灣。上海的學生平均表現為 600 分，幾乎等於水準 4 的頂端；而臺灣大約在水準 3 的頂端，而 OECD 平均接近水準 3 的底部。

臺灣面臨的主要問題之一，是學生個別差異幅度頗大。以數學為例，在臺灣約有 12%的學生在非常基礎的水準 1 的理解並未進步。舉例來說，這表示他們只能執行非常熟悉情境的數學作業、只能展現在有限情境下非常基礎水準的數學理解。這些學生在日常工作生活與身為積極主動公民需求之真實世界中，將會面臨數學思考的困難，對臺灣而言，必須正視這些低表現水準所面臨的挑戰，降低這些水準 2 以下的學生比例，以期讓多數的學生可以了解數學議題在真實世界中扮演著相當重要的角色。

在素養量尺的另一端，學生在數學或科學水準 5 或水準 6 的比例，會對國家想要開創未來更進階的科學或技術性知識特別重要，這些優質的學生可幫助國家成為全球性的經濟體。在臺灣，平均 3.5 個學生中就有一位能達到高數學素養水準。OECD 國家平均來看是八個有一個，臺灣明顯優異，比起 OECD 平均有兩倍的高精熟數學表現學生比例。但相對於幾個東亞國家與經濟體顯示，這絕不是上限。在香港與新加坡約為三個就有一個，上海是兩個就有一個是數學水準 5 或水準 6 的學生。這些高分群的比例差異，顯示培養如此高數學精熟的母群成為常模是可能的，追求卓越將是臺灣必須面對的另一個挑戰議題。

許多國家企圖提供一個讓兩性均能平等受益的學習環境，來提升教育努力的直接結果或更良善的社會環境，或者兩者兼具。性別差異的幅度在許多國家的變異甚大，這顯示了當前青少年表現的性別差異並不是一個想當然耳的結果。在數學素養性別的表現差異上，多數國家呈現了男學生高於女學生的狀態，PISA 2009 臺灣的數學性別差異為 5 分，這個差異相對於 PISA 2009 OECD 平均的 12 分及所有參與國家的 15 分，以及臺灣 2006 年的性別差異 13 分來看，臺灣在數學素養的性別差異有略微縮小的趨勢。但分年級來看，則發現九年級的女學生略優於男學生，而十年級則情況相反，男學生的表現比女學生好，顯示男女學生數學素養的性別差異並非一定是男學生優於女學生。

從兩次表現的比較，臺灣學生在PISA 2009 的數學表現排名均呈現略微退步的現象，這個原因可能是因為更多國家與經濟體的參與造成的排名更迭。由於PISA的量尺是固定的，比對兩次的得分狀況，數學整體略微降低 6 分，而就數學量尺素養水準來看，數學高分群略微下降了 3%。在積極補救薄弱群體與培育優質人才的同時，跨年度表現的差異也是臺灣教育應面對與積極反省的重要議題。

此處的分析結果不僅顯示國與國之間的數學表現有著大幅度的差異；同時結果也顯示出，企圖達到數學整體表現較高水準的國家而言，學生的表現優劣差距並不一定是一道難以跨越的鴻溝（芬蘭即是一例）。進行國家之間的比較同時，雖然需要納入更多一般環境因素進行考量，但公共政策對於能否提供所有學生公平的教育機會及學習成果的貢獻上有其重要的潛力，結果顯示各國的差異不只表現在平均分數的高低上，也表現在各個國家內學生數學表現高低落差的縮減程度，以及公平學習可能碰觸的阻礙之降低程度上，這些重要發現都和教育決策者有直接關聯。他山之石可以攻錯，未來，臺灣進行相關教育決策時，亦應考量此重要的議題。

第三節 PISA 2009 數學樣本試題

透過一些樣本試題，可以更清楚的認識PISA數學測驗的問題型態。本節最後所呈現的試題，是根據 PISA 2003 所公布的。與 PISA 2006 一樣，PISA 2009 沒有進一步公布數學題目。

水準	最低分數	樣本試題
6	669	木匠：問題 1（687）
5	607	測驗分數：問題 16（620）
4	545	匯率：問題 11（586）
3	482	成長：問題 17（525）
2	420	樓梯：問題 2（421）
1	358	匯率：問題 9（406）

➲ 圖 4.7　不同數學素養水準的樣本試題圖

圖 4.7 所呈現的是各樣本試題的難度水準的樣本試題圖，這些被選出來的試題是根據它們的難度來進行排序的。難度最高的排在試題圖的最頂端，難度最低的則排在最底層。

難度水準愈高的試題通常包含愈多不同的元素，並需要更高階的詮釋，而且試題的情境通常是比較不熟悉的，因此需要較高程度的反思和創意。問題通常需要某種型態的論證（通常為解釋說明的型態）。典型的問題活動包含了：解釋複雜及陌生的資料、在複雜的真實世界情境中呈現數學的構念，並且運用數學建模歷程。

高難度水準部分，試題通常含有許多元素需要學生進行連結，需要有策略性的運用多個相關的步驟才能成功的解決。例如：「木匠」單元的問題 1 中提供給學生四張圖，學生必須要確定在固定的周長下，哪一個花圃（也有可能多於一個）是最適合的，這個問題需要幾何學的理解及運用。

在中等難度水準的部分，試題主要是需要基本的說明解釋，情境通常是比較陌生或是沒有練習過的脈絡，這些試題通常要求情境的不同表徵，包含較正規的數學表徵，以及這些不同表徵之間較周延的連結來促進理解並分析。題目通常包含一連串的推理或是計算的步驟，而且要求學生能夠透過簡單的解釋來表達他們的推理。典型的問題活動包含：解釋一組相關的圖表，解釋圖表中有關訊息的文本、擷取相關資訊並且進行計算，能夠使用比例尺來計算地圖上的距離，運用空間推理及幾何知識學來表現距離、速度與時間的計算。

舉例來說，在「成長」這個單元中，呈現一個關於從 10 到 20 歲年輕男孩及年輕女孩平均身高的統計圖，從這個單元的問題 17 要求學生要能夠辨識出哪一段時期女生平均身高高於同齡男學生的身高。學生必須詮釋統計圖方能了解統計圖所呈現的意義；學生也必須將統計圖中男女學生的成長曲線彼此對應，並從橫軸中報讀正確數值來決定這一個特定時期。

在難度量尺接近底部的部分，試題是比較簡單而且是相對熟悉的脈絡，試題中需要對於情境的解釋不多，而且通常是在習見的情境中，直接而有效的應用熟知的數學知識。典型的問題活動包括：統計圖或表格的直接報讀、非常簡單而且直接的計算、針對一個小集合的數進行正確排序、點數熟悉的物件、使用簡單的貨幣匯率、辨識並列出簡單的組合結果。

例如：在匯率這個單元的問題 9 是一個將新加坡幣（SGD）換算成南非幣（ZAR）的簡單匯率計算，在 1 SGD ＝ 4.2 ZAR的情況下，要求學生要能夠使用匯率將 3,000 SGD 換算成 ZAR。這個匯率是以熟悉的方程式來呈現，而且所需的數學步驟是相當直接且明顯的。

一 木匠

木匠有 32 公尺的木材，想要在花圃周圍做邊界。他考慮將花圃設計成以下的造型。

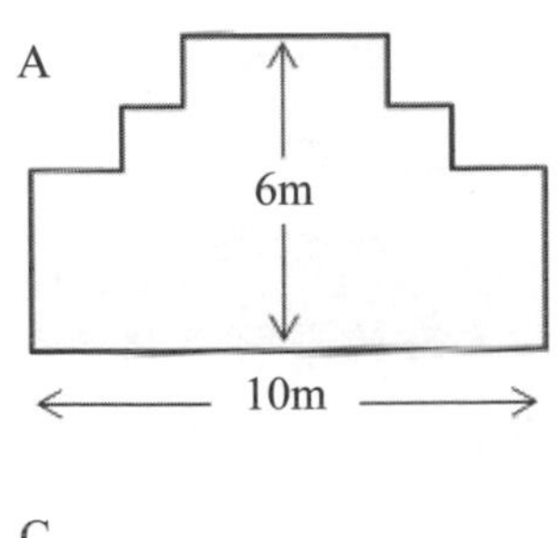

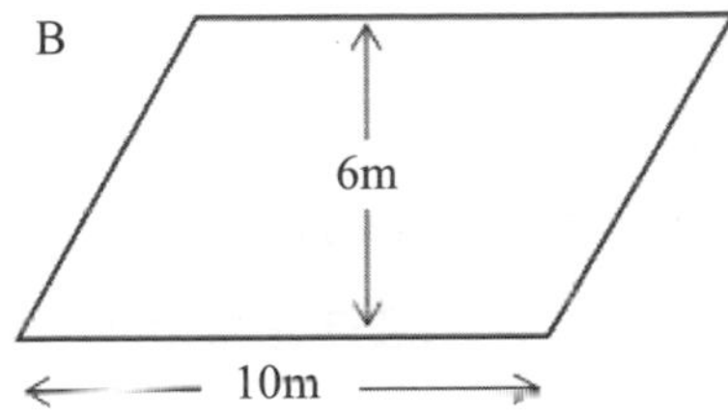

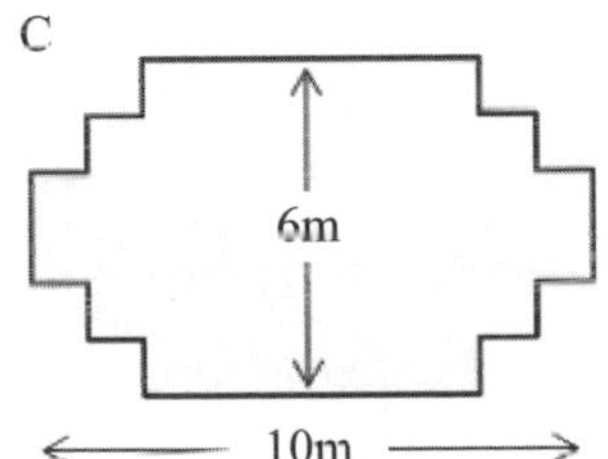

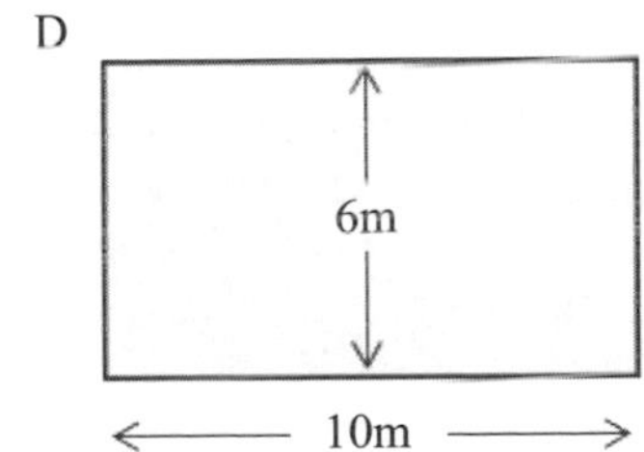

問題 ❶ 木匠

- 內容領域：空間和形狀
- 難度：687（水準 6）
- 答對百分比：20.2%

花圃的設計	是否能用長度 32 公尺的木條圍成
設計 A	是／否
設計 B	是／否
設計 C	是／否
設計 D	是／否

■木匠　問題1計分

滿分：依序為是、否、是、是。

試題說明

這個複雜的選擇題是設定在教育脈絡的情境上，因為此題是一種數學課堂上可見的典型半真實性問題，而非職業環境下的真正問題。這個試題的難度為687，屬於難度水準6。而這個問題屬於空間與形狀的內容領域。學生須有能力來辨識解決二維圖形A、C和D有相同周長的問題。學生需要找出圖形的外圍是否可用32公尺的木條來圍成。

在A、C、D三個設計圖案中，因為都具有長方形的形狀而相當明顯。但B的圖形是一個平行四邊形，需要多於32公尺的木材。這需要運用到幾何的洞察力和論證技巧，以及一些較高水準的技術性的幾何知識，才能夠解決這個問題。因此此題屬於難度水準6。

二 測驗分數

下圖是兩組學生參加科學測驗的結果，這兩組學生分別稱為A組和B組。

A 組的平均分數是 62.0 分，B 組的平均分數是 64.5 分。當學生得分為 50 分或以上時，他們便通過這個測驗。

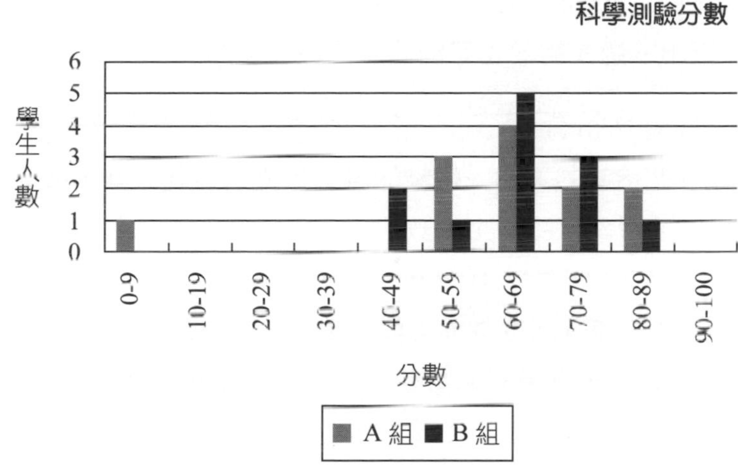

問題 ⑯ 測驗分數

- 內容領域：不確定性
- 難度：620（水準 5）
- 答對百分比：32.7%

由上圖，老師認為 B 組學生比 A 組學生的表現較佳。
但 A 組學生不同意老師的看法。他們試著說服老師 B 組並不一定比較好。
依據上圖，寫出一個 A 組學生可能使用的數學論點。

- 測驗分數　問題 16 計分

滿分：列出一個恰當的論點。恰當的論點須提及合格人數、極端值造成的影響，或最高分的學生人數。

- A 組學生的合格人數較 B 組多。
- 如果你忽略 A 組成績最差的學生，A 組學生比 B 組學生做得較好。
- A 組取得 80 分或以上的學生人數較 B 組多。

試題說明

這個開放式建構試題是設定在教育脈絡的情境上，它的難度分數為 620 分。此題的教育脈絡是學生都熟悉的「比較測驗分數」。在這個試題範例中針對兩組學生（A 和 B）進行科學測驗的施測。結果以隱含了某些資料的文字和呈現每一區間兩組資料的統計圖兩種方式來呈現給學生。題目要求學生找出支持 A 組的確優於 B 組的論證，來反駁認為 B 組表現比較好（基於 B 組的整體平均數比較高）的教師說法。內容領域為不確定性，不確定性是必須且重要的數學知識，如資料及圖表的表徵在日常接觸的媒體及其他生活層面都扮演了重要的角色。在此學生必須選擇三個論點，第一個是 A 組的大多數學生均通過測驗，第二個是 A 組的極端值會扭曲了實際的效果，最後則是 A 組有較多學生 80 分以上。能夠成功解題的學生必須能夠在某種程度的結構化及部分明顯的數學表徵情境中應用統計知識，他們也需要針對特定資訊進行詮釋及分析、推理和洞察，同時，他們必須溝通其推理和論證。因此，這個試題可以清楚的代表難度水準5的特徵。

三 匯率

來自新加坡的美琳準備前往南非當交換學生三個月。她需要將新加坡幣（SGD）兌換為南非幣（ZAR）。

問題 ⑪ 匯率

- 內容領域：數量
- 難度：586（水準 4）
- 答對百分比：40.5%

在這三個月間，匯率從每 1 元新加坡幣兌換 4.2 元南非幣，變成為 4.0 元南非幣。此時以這個匯率換回新加坡幣，對美琳而言是否有利？請寫出你的理由。

- 匯率　問題 11 計分

滿分：答案是「是」，且要附有適當的解釋。

試題說明

這個開放式建構反應題是屬於公共脈絡，難度為 586 分。就數學內容來說，學生需要運用牽涉到數的運算的程序性知識：乘法及除法，所以此題在內容領域的歸類屬於數量。解決這個題目所需要的能力並不簡單：學生必須要能針對匯率換算的概念及特定情境裡的結果進行反思。雖然題目當中所有必要的資訊都會很清楚地呈現，但此題所需要的數學化是相當高階的：不僅要辨識出有些複雜的相關數學概念，同時也須簡化成數學世界的問題，這對學生而言是一個相當大的要求。解決此問題所需的能力包含了彈性地運用推理及反思能力。解釋結果也需要某種程度的溝通技能。結合了熟悉的脈絡、複雜的情境、非例行性問題，以及對於推理、洞察及溝通的需求，此問題屬於難度水準 4。

四 成長

青少年長得更高了。

下圖顯示 1998 年荷蘭的年輕男性和女性的平均身高：

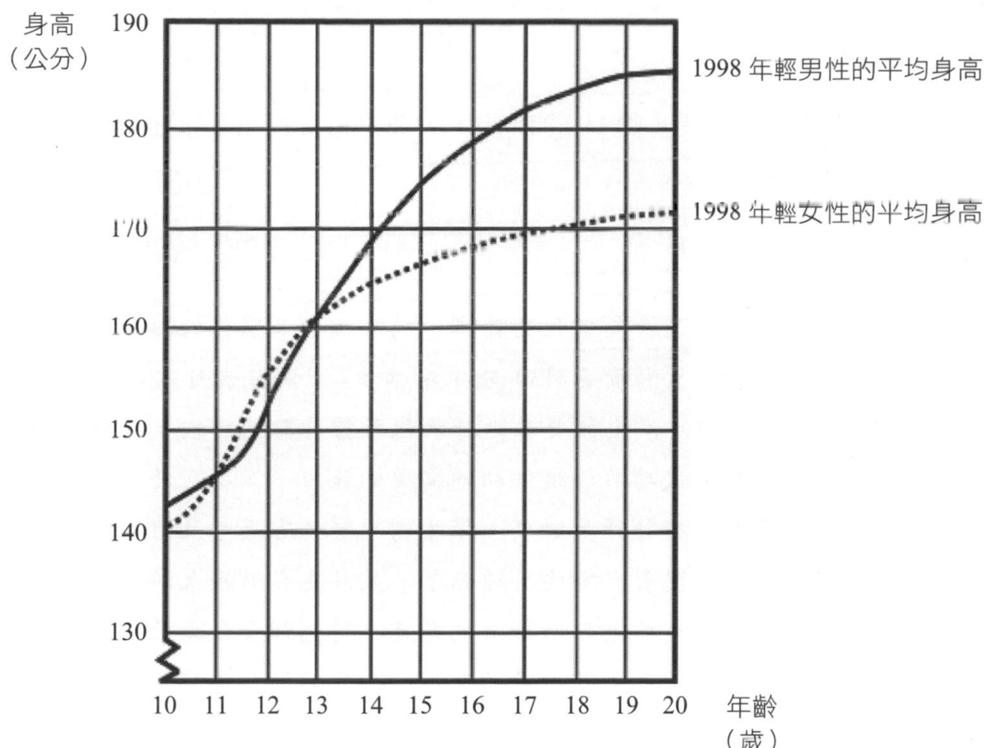

問題 ⑰ 成長

- 內容領域：改變與關係
- 難度：525（水準 3）
- 答對百分比：54.8%

根據這張圖，平均而言，哪一段時期的女孩身高會比同年齡的男孩高？

- 成長　問題 17 計分

滿分：給予正確的時段（從 11 至 13 歲），或是直接指出女孩在 11 和 12 歲時比男孩高。

試題說明

此試題著重於年齡及身高變化的詮釋，屬於改變及關係的內容領域，此題能得到部分分數的學生程度為 420 分（水準 1），滿分者可以達到 525 分（水準 3）。在此題中，學生被要求進行兩組數據特點的比較、詮釋這些數據並且提出結論。要能成功解決這個問題需要的能力，涉及對於已知的數學物件之常見標準表徵進行詮釋和解碼。學生需要具備有思考及推理能力來回答這樣的問題：「這些圖表有哪些共通點？」並且要有論證及溝通能力來解釋在追求答案時發現的這些重點所扮演的角色。得到部分分數的學生能夠展現出他們的推理和／或洞察是有相當的掌握，但他們卻無法寫出一個完整、周延的答案。他們可能是回答 11 歲和／或 12 歲和／或 13 歲，此種標示年齡的方式只完成部分的答案，卻無法標示出從 11 至 13 歲的連續性。這個試題可以清楚說明水準 1 和水準 2 的界線。得到滿分的學生不僅可以展現出他們的推理和／或洞察能力有相當的掌握，同時他們也可以寫出完整且周延的答案。成功解決這個問題的學生能夠熟悉地使用統計圖表所呈現的資訊、提出結論，以及溝通他們的發現。

五 樓梯

下圖為一個有 14 層階梯的樓梯，這個樓梯總高度為 252 公分：

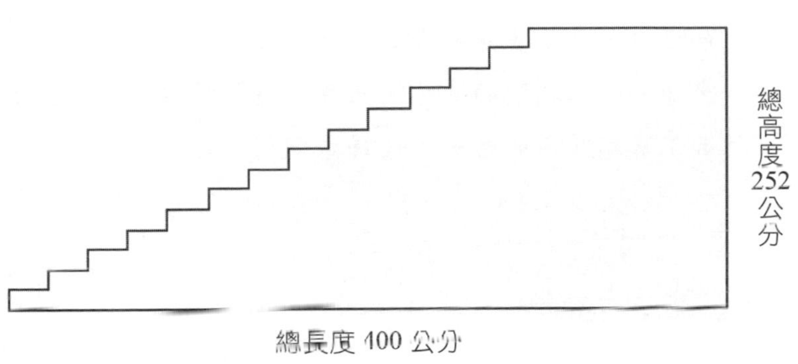

問題 ❷ 樓梯

- 內容領域：空間和形狀
- 難度：421（水準 2）
- 答對百分比：78.3%

14 層階梯中，每層階梯的高度為何？

高度：_______________公分。

- 樓梯　問題 2 計分

  滿分：答案為 18。

試題說明

這個簡短的開放式建構試題是著眼於木匠的日常工作脈絡，因此它被歸類為職業的情境脈絡問題，難度為 421 分。在此題中，學生並不需要真的成為一位木匠，才能了解這個問題的相關資訊；一個有教養的公民應有能力解釋並解決此類使用兩種不同表徵型態的問題：語言（包含數字）及圖表表徵。但這個說明提供一個簡單但非必要的函數：學生知道樓梯看起來像什麼。這個試題值得注意的是它包含有多餘的資訊（總長度是 400 公分），有時候對學生而言容易混淆，但這類的多餘訊息在真實世界問題解決中是常見的。樓梯問題歸屬於空間與形狀的內容領域，但是實際上的解決程序卻是簡單的除法。所有需要的資訊，甚至多餘的資訊，都呈現在一個已知的情境裡，而學生可以從單一來源來擷取相關的資訊。而且，這個試題在本質上使用單一的表徵方式，結合了基本算則的應用，使得這個試題符合了水準 2 的程度。

六 匯率

來自新加坡的美琳準備前往南非三個月當交換學生。她需要將新加坡幣（SGD）兌換為南非幣（ZAR）。

問題 9 匯率

- 內容領域：數量
- 難度：406（水準 1）
- 答對百分比：79.9%

美琳發現兩國間的貨幣匯率為：1 SGD = 4.2 ZAR
依此匯率，美琳將 3,000 元的新加坡幣兌換為南非幣。
美琳可兌換成多少元的南非幣？

- 匯率　問題 9 計分

  滿分：12,600 南非幣（不需要寫單位）。

試題說明

這個簡短建構試題是設定在公共的脈絡之下，難度為 406 分。使用匯率來進行換算的經驗對於所有學生而言可能並不普遍，但這個概念仍可視為公民素養所應該具備的技能及知識。這個試題的數學內容局限在四個基本運算之一：乘法。因此，此題歸屬於數量的內容領域裡，更明確來說，屬於數的運算。就能力而言，需要數學化的歷程非常有限：了解簡單的文本，並將已知的資訊連結到必須的計算。所有必要的資訊都會非常明確地呈現出來。因此，解決這個問題所需要的能力可以說是例行性程序的表現及標準算則的應用。這個試題結合了熟稔的脈絡、清楚定義的問題，以及例行性的程序，因此，這個試題屬於水準 1。

CHAPTER 5

學生科學表現分析

徐秋月、林哲彥、張銘秋

第一節 PISA 評量學生科學表現的取向

一、PISA 科學素養的定義

「理解科學與科技」不只是年輕學子因應現代社會生活必備的能力，同時也是他們未來參與生活相關之科學與科技政策決定時，所需的科學能力。為了測量學生是否具備此種理解能力，PISA並不局限於測量學生科學概念的精熟程度，而是著重測量學生解決問題的能力和傳達複雜科學概念的溝通能力，同時考量全球化經濟的趨勢，以及科技產業對人力素質的要求。因此，PISA強調評量學生是否能運用科學知識來辨識科學問題、是否能解釋科學現象，以及是否能針對科學相關的議題形成證據導向的結論。

PISA 2009 定義一個具有科學素養的個體如下：能運用科學知識辨識科學議題、獲得新知、解釋科學現象，並形成證據導向的結論；能理解科學特徵是一種人類知識和探索的型態；能覺察科學與科技形塑周遭物質、知識及文化的環境；且成為一個具有意願投入科學相關議題、具有科學概念，以及具反思性的公民。

PISA 2006 的調查主軸是科學，有 103 題科學題目。而此調查中 OECD 國家的科學平均為500分，此分數是PISA 2009科學表現比較及未來此類比較的基準。然而，不同於PISA 2006的科學調查，PISA 2009的調查主軸是閱讀，科學的測驗時間只占90分鐘，比PISA 2006科學的測驗時間短，且測驗題目較少。PISA 2006的試題分配及涵蓋面較廣，因此可以針對科學素養進行知識和技能的深度分析，而PISA 2009的科學部分僅能著眼於整體表現。

二 PISA科學素養評量架構

PISA 2009調查沿用PISA 2006科學素養的評量架構。為評量15歲學生的科學素養，PISA 2006提出了四個相互關聯的向度，並據此發展評量試題：(1)與生活相關的情境；(2)學生必須具備的能力；(3)相關的科學知識；(4)學生的態度（見圖5.1）。

情境：為評量學生是否能適應未來的生活，PISA的科學試題可分為個人（個人、家庭與同儕團體）、社會（社群）和全球（世界生活）三種生活情境。PISA問題所選用的情境與學生未來所要適應的成人世界息息相關，而成人世界經常遇到健康、環境、災害等科學與科技相關的情境之探索。

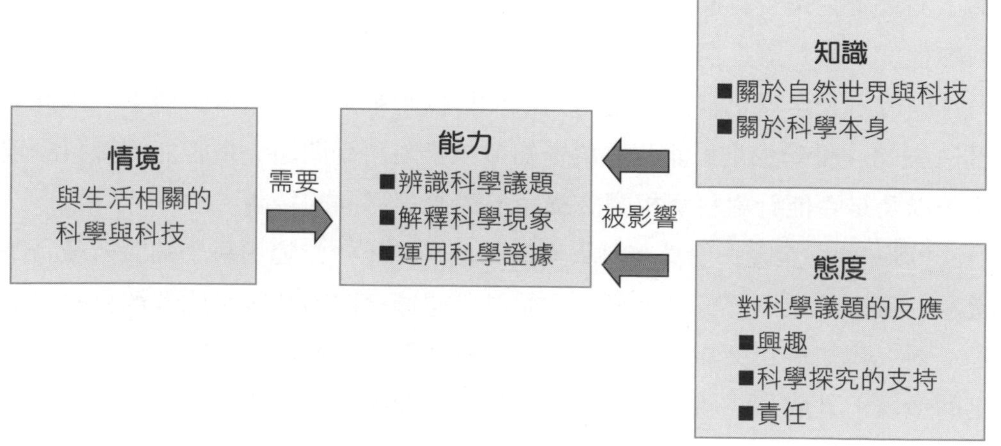

圖5.1 科學素養評量架構

科學能力：PISA的科學試題注重學生在三種科學能力的表現，分別是辨識科學議題（identify scientific issues）、解釋科學現象（explain phenomena scientifically）及運用科學證據（use scientific evidence）等三個項目。

科學的知識：包含了科學內容知識（knowledge of science）與科學本質（knowledge about science）。科學知識是關於自然世界與科技的知識，可分為物理、化學、生物、地球與太空科學，以及科技等領域。科學本質（knowledge about science）則包含了兩個類別：科學探究（scientific enquiry）和科學解釋（scientific explanations）。

態度：包含了對科學的興趣、科學探究的支持以及對自然資源與環境的責任。

然而，不同於PISA 2006的科學調查，PISA 2009的科學調查中，沒有包含學生對科學態度的問題。另一方面，PISA 2009雖然也包含了科學素養三個分項能力試題（辨識科學議題、解釋科學現象及運用科學證據），但由於題數較少，PISA 2009並沒有提供科學素養分量表的分數。

三 不同科學素養水準的表現描繪

PISA 2006以科學為主軸的調查中，定義了六個科學量尺素養水準，此素養水準的建立程序與閱讀及數學素養相似。PISA 2009同樣也沿用這個素養水準的定義。

圖5.2描述不同的素養水準，學生所呈現的科學知識與技能，其中水準6是最高的素養水準。

水準 最低分數	試題特徵
6 708	達到此水準的學生，可以在各種複雜的生活情境中，辨認、解釋、應用科學知識與科學本質。他們可以結合不同的訊息來源所得的證據，並加以解釋與運用以支持其決定。他們展露出精熟的科學思考與推理能力，並有能力使用科學解決陌生的科學與科技情境問題。達到此水準的學生，能運用科學知識且能提出論證，以支持其在個人、社會、全球的情境中所形成的決定與建議。
5 633	此水準的學生，能夠在許多複雜的生活情境中，辨認、解釋、應用科學知識與科學本質。並且能比較、選擇、評估適當的科學證據。達到此水準的學生，能運用既有的探究技巧、連結適當知識並對情境提出批判性觀點，同時他們也能根據證據建構其解釋，並能根據其批判性分析建構其論證。
4 559	當情境與議題中的現象是清楚而明顯時，此水準的學生可以進行有效率地處理。他們可以擷取並整合不同領域的科學及科技知識，以解釋生活情境的問題。這個層級的學生可以反思其行動，並且能運用科學知識與證據，溝通其針對情境所做的決定。
3 484	針對清楚陳述的情境，此水準的學生可以辨識出科學議題。他們可以運用事實與知識來解釋現象，並能運用簡單的模式或探究技巧。他們能直接運用不同領域的科學知識，並且直接應用在該情境的解釋；同時他們能根據事實發展出簡短的陳述，並且根據科學知識形成決定。
2 409	此水準的學生能針對其熟悉情境，提出可能的解釋。並透過簡易的研究形成結論。在科學探究結果與科技問題解決方面，他們能夠提出直接的推理與簡易的說明。
1 335	此水準的學生，只能在極少數熟悉的情境之下，運用其有限的科學知識，並且僅能根據所給的證據當中，擷取顯易的脈絡給予科學詮釋。

➲ 圖 5.2　不同科學素養水準的摘要描述

(一) 科學素養水準 6——得分高於 708 分

水準 6 的學生，可以在各種複雜的生活情境中，辨認、解釋、應用科學知識與科學本質。他們可以結合不同的訊息來源所得的證據，並加以解釋與運用以支持其決定。他們能運用科學知識且能提出論證，以支持在個人、社會、全球的情境中所形成的決定與建議。

（二）科學素養水準5——得分介於633至708分（含）

水準5的學生能夠在許多複雜的生活情境中，辨認、解釋、應用科學知識與科學本質。並且能比較、選擇、評估適當的科學證據，同時他們也能根據證據建構其解釋，並能根據其批判性分析建構其論證。

（三）科學素養水準4——得分介於559至633分（含）

水準4的學生可以進行有效率地處理。他們可以擷取並整合不同領域的科學及科技知識，以解釋生活情境的問題。這個層級的學生可以反思其行動，並且能運用科學知識與證據進行溝通其針對情境所做的決定。

（四）科學素養水準3——得分介於484至559分（含）

水準3的學生可以辨識出科學議題。他們可以運用事實與知識來解釋現象，並能運用簡單的模式或探究技巧。他們能直接運用不同領域的科學知識，並且直接應用在該情境的解釋；同時他們能根據事實發展出簡短的陳述，並且根據科學知識形成決定。

（五）科學素養水準2——得分介於409至484分（含）

水準2的學生能針對其熟悉情境，提出可能的解釋。並透過簡易的研究形成結論。在科學探究結果與科技問題解決方面，他們能夠提出直接的推理與簡易的說明。

（六）科學素養水準1——得分介於335至409分（含）或未達水準1

水準1的學生只能在極少數熟悉的情境之下，運用有限的科學知識，並且僅能根據所給的證據當中，擷取顯易的脈絡給予科學詮釋。表現在334.9分以下的學生（即低於水準 1），通常都無法達成 PISA 科學評量中最基本的水準。這些學生很難應用科學來獲得未來教育與學習機會，以及參與科學與科技相關的生活情境中的利益。

第二節 學生的科學表現

一 學生的科學表現

（一）整體學生的科學表現

國家的表現是以平均分數表示科學素養，PISA 2006 調查 OECD 各國的平均為 498 分。PISA 2009 的 OECD 平均為 501 分。圖 5.3 呈現 PISA 2009 各參與國整體的科學素養平均表現，位於圖表中間欄位的國家，與圖表右方欄位的國家並沒有顯著的差異，例如臺灣在 PISA 科學量尺上排名為第 12 名，與列支敦斯登、荷蘭、德國、瑞士、英國及澳洲等並沒有顯著差異。

此外，依照這些國家平均科學素養表現與 OECD 平均分數之間的差距，PISA 將之歸納為三群，在圖 5.3 中以三種顏色進行區隔，分別為：(1)顯著高於 OECD 平均數的國家：平均分數 508 至 575 之間；(2)與 OECD 平均分數沒有達到統計顯著差異的國家：平均分數 498 至 507；和(3)顯著低於OECD平均數的國家：平均分數 330 至 496。

平均數	國家	與前述國家平均數差異未達統計顯著的國家
575	上海	-
554	芬蘭	香港
549	香港	芬蘭
542	新加坡	日本，韓國
539	日本	新加坡，韓國，紐西蘭
538	韓國	日本，新加坡，紐西蘭
532	紐西蘭	日本，荷蘭，加拿大，韓國，愛沙尼亞，澳洲
529	加拿大	荷蘭，愛沙尼亞，紐西蘭，澳洲
528	愛沙尼亞	列支敦斯登，荷蘭，德國，加拿大，紐西蘭，澳洲
527	澳洲	列支敦斯登，荷蘭，德國，臺灣，加拿大，愛沙尼亞，紐西蘭
522	荷蘭	列支敦斯登，德國，瑞士，英國，臺灣，加拿大，愛沙尼亞，紐西蘭，斯洛維尼亞，澳洲
520	臺灣	列支敦斯登，荷蘭，德國，瑞士，英國，澳洲
520	德國	列支敦斯登，荷蘭，瑞士，英國，臺灣，愛沙尼亞，澳洲
520	列支敦斯登	荷蘭，德國，瑞士，英國，臺灣，愛沙尼亞，澳洲
517	瑞士	列支敦斯登，澳門，荷蘭，德國，英國，臺灣，斯洛維尼亞
514	英國	列支敦斯登，澳門，荷蘭，德國，瑞士，臺灣，波蘭，愛爾蘭，斯洛維尼亞
512	斯洛維尼亞	澳門，荷蘭，瑞士，比利時，英國，波蘭，愛爾蘭
511	澳門	瑞士，比利時，英國，波蘭，愛爾蘭，斯洛維尼亞
508	波蘭	澳門，比利時，英國，匈牙利，愛爾蘭，美國，斯洛維尼亞
508	愛爾蘭	挪威，澳門，比利時，英國，波蘭，匈牙利，捷克，美國，斯洛維尼亞
507	比利時	挪威，澳門，波蘭，匈牙利，捷克，愛爾蘭，美國，法國，斯洛維尼亞
503	匈牙利	挪威，比利時，丹麥，瑞典，奧地利，波蘭，捷克，愛爾蘭，美國，法國
502	美國	冰島，挪威，比利時，丹麥，瑞典，拉脫維亞，奧地利，波蘭，葡萄牙，匈牙利，捷克，愛爾蘭，法國

圖 5.3　各國學生科學素養平均分數對照

平均數	國家	與前述國家平均數差異未達統計顯著的國家
500	捷克	冰島，挪威，比利時，丹麥，瑞典，拉脫維亞，奧地利，葡萄牙，匈牙利，愛爾蘭，美國，法國
500	挪威	冰島，比利時，丹麥，瑞典，拉脫維亞，奧地利，葡萄牙，匈牙利，捷克，愛爾蘭，美國，法國
499	丹麥	冰島，挪威，瑞典，拉脫維亞，奧地利，葡萄牙，匈牙利，捷克，美國，法國
498	法國	冰島，挪威，立陶宛，比利時，丹麥，瑞典，拉脫維亞，奧地利，葡萄牙，匈牙利，捷克，斯洛伐克，美國
496	冰島	挪威，立陶宛，丹麥，瑞典，拉脫維亞，奧地利，葡萄牙，捷克，斯洛伐克，美國，法國
495	瑞典	冰島，義大利，挪威，立陶宛，丹麥，拉脫維亞，奧地利，葡萄牙，匈牙利，捷克，斯洛伐克，美國，法國
494	奧地利	冰島，義大利，挪威，立陶宛，丹麥，瑞典，拉脫維亞，克羅埃西亞，葡萄牙，西班牙，匈牙利，捷克，斯洛伐克，美國，法國
494	拉脫維亞	冰島，義大利，挪威，立陶宛，丹麥，瑞典，克羅埃西亞，奧地利，葡萄牙，西班牙，捷克，斯洛伐克，美國，法國
493	葡萄牙	冰島，義大利，挪威，立陶宛，丹麥，瑞典，拉脫維亞，克羅埃西亞，奧地利，西班牙，捷克，斯洛伐克，美國，法國
491	立陶宛	冰島，義大利，瑞典，拉脫維亞，克羅埃西亞，奧地利，葡萄牙，西班牙，斯洛伐克，法國
490	斯洛伐克	冰島，義大利，立陶宛，瑞典，拉脫維亞，克羅埃西亞，奧地利，葡萄牙，西班牙，法國
489	義大利	立陶宛，瑞典，拉脫維亞，克羅埃西亞，奧地利，葡萄牙，西班牙，斯洛伐克
488	西班牙	義大利，立陶宛，拉脫維亞，克羅埃西亞，盧森堡，奧地利，葡萄牙，斯洛伐克
486	克羅埃西亞	俄羅斯聯邦，義大利，立陶宛，拉脫維亞，盧森堡，奧地利，葡萄牙，西班牙，斯洛伐克

➲ 圖 5.3　各國學生科學素養平均分數對照（續）

平均數	國家	與前述國家平均數差異未達統計顯著的國家
484	盧森堡	俄羅斯聯邦，克羅埃西亞，西班牙
478	俄羅斯聯邦	克羅埃西亞，盧森堡，希臘
470	希臘	俄羅斯聯邦，杜拜
466	杜拜	希臘
455	以色列	土耳其，智利
454	土耳其	以色列，智利
447	智利	保加利亞，以色列，土耳其，塞爾維亞
443	塞爾維亞	保加利亞，智利
439	保加利亞	羅馬尼亞，烏拉圭，智利，塞爾維亞
428	羅馬尼亞	泰國，保加利亞，烏拉圭
427	烏拉圭	泰國，保加利亞，羅馬尼亞
425	泰國	羅馬尼亞，烏拉圭
416	墨西哥	約旦
415	約旦	墨西哥，千里達及托巴哥
410	千里達及托巴哥	巴西，約旦
405	巴西	阿根廷，哥倫比亞，哈薩克，蒙特內哥羅，突尼西亞，千里達及托巴哥
402	哥倫比亞	阿根廷，巴西，哈薩克，蒙特內哥羅，突尼西亞
401	蒙特內哥羅	阿根廷，哥倫比亞，巴西，哈薩克，突尼西亞
401	阿根廷	哥倫比亞，阿爾巴尼亞，巴西，哈薩克，蒙特內哥羅，突尼西亞
401	突尼西亞	阿根廷，哥倫比亞，巴西，哈薩克，蒙特內哥羅
400	哈薩克	阿根廷，哥倫比亞，阿爾巴尼亞，巴西，蒙特內哥羅，突尼西亞
391	阿爾巴尼亞	阿根廷，哈薩克，印尼
383	印尼	阿爾巴尼亞，巴拿馬，卡達，亞塞拜然

➲ 圖 5.3　各國學生科學素養平均分數對照（續）

平均數	國家	與前述國家平均數差異未達統計顯著的國家
379	卡達	巴拿馬，印尼
376	巴拿馬	秘魯，卡達，亞塞拜然，印尼
373	亞塞拜然	秘魯，巴拿馬，印尼
369	秘魯	巴拿馬，亞塞拜然
330	吉爾吉斯	-

顯著高於 OECD 平均數
與 OECD 平均數差異未達顯著
顯著低於 OECD 平均數

➲ 圖 5.3　各國學生科學素養平均分數對照（續）

資料來源：OECD, PISA 2009 Database, Figure I.3.21, StatLink http://dx.doi.org/10.1787/888932343152

表 5.1 呈現前十八名國家 PISA 2006 與 PISA 2009 科學素養對照。整體而言，臺灣在此次 PISA 2009 平均得分為 520 分，相較 PISA 2006 退步 12 分；國家排序則為第十二名，但與第十和十一名的澳洲、荷蘭沒有顯著差異。

❖ **表 5.1　PISA 2006 和 PISA 2009 科學素養國家排名（前十八名）**

名次	2006			2009		
	國家	平均數	標準差	國家	平均數	標準差
1	芬蘭	563	86	上海	575	82
2	香港	542	92	芬蘭	554	89
3	加拿大	534	94	香港	549	87
4	臺灣	532	94	新加坡	542	104
5	愛沙尼亞	531	84	日本	539	100
6	日本	531	100	韓國	538	82
7	紐西蘭	530	107	紐西蘭	532	87
8	澳洲	527	100	加拿大	529	90
9	荷蘭	525	96	愛沙尼亞	528	84
10	列支敦斯登	522	97	澳洲	527	101
11	韓國	522	90	荷蘭	522	96
12	斯洛維尼亞	519	93	臺灣	520	87
13	德國	516	100	德國	520	101
14	英國	515	107	列支敦斯登	520	87
15	捷克	513	98	瑞士	517	96
16	瑞士	512	99	英國	514	99
17	奧地利	511	98	斯洛維尼亞	512	94
18	澳門	511	78	澳門	511	76

❖ 表 5.2 臺灣與參照國家不同百分位數學生的科學素養平均數對照

國家	百分位數						
	5th	10th	25th	75th	90th	95th	95th － 5th
臺灣	370	404	464	581	628	654	284
臺灣 2006	369	402	466	602	651	676	313
芬蘭	400	437	496	617	665	694	294
韓國	399	431	485	595	640	665	264
上海	430	467	523	632	674	700	270
香港	393	432	494	610	655	681	288
澳門	381	411	461	564	608	632	251
新加坡	362	401	471	617	673	704	342
日本	361	405	477	610	659	686	325
OECD 整體	331	366	427	568	625	657	326
OECD 平均	341	377	438	567	619	649	308

表 5.2 則呈現臺灣與參照國家，科學素養表現不同百分位數對照。臺灣百分等級 5 和百分等級 95 的學生的分數分別為 370、654，兩組的平均分數差距為 284，較OECD平均差距 308 小。臺灣表現較韓國及上海差，並且臺灣的差異幅度較大，顯示在追求未來整體高科學素養表現的同時，縮短個別差異的幅度仍有改善的空間，而這將是臺灣科學教育值得關注的議題。

（二）科學素養不同水準人數比例分配

表 5.3 呈現臺灣、臺灣 PISA 2006 與參照國家在各素養水準的學生人數百分比分配，圖 5.4 則呈現所有參與國家不同水準的學生人數百分比對照。由表 5.3 可知，臺灣的高分群表現（水準 5 以上）學生占 8.8%，相對於參照國家上海（24.3%）、新加坡（19.9%）、芬蘭（18.7%）、日本（17%）、香港（16.2%）與韓國（11.6%），我們在高分群的比例仍有待加強，但同樣值得關注的是低分群（水準 1 及未達水準 1）人數比例，臺灣人數的比例（11.1%）

❖ 表 5.3　臺灣與參照國家學生在不同科學素養水準人數百分比對照

國家	素養水準						
	未達 1（未達 334.9）	1（334.9~409.5）	2（409.5~484.1）	3（484.1~558.7）	4（558.7~633.7）	5（633.7~707.9）	6（超過 707.9）
臺灣	2.2	8.9	21.1	33.3	25.8	8.0	0.8
臺灣 2006	1.9	9.7	18.6	27.3	27.9	12.9	1.7
芬蘭	1.1	4.9	15.3	28.8	31.2	15.4	3.3
韓國	1.1	5.2	18.5	33.1	30.4	10.5	1.1
上海	0.4	2.8	10.5	26.0	36.1	20.4	3.9
香港	1.4	5.2	15.1	29.4	32.7	14.2	2.0
澳門	1.5	8.1	25.2	37.8	22.7	4.5	0.2
新加坡	2.8	8.7	17.5	25.4	25.7	15.3	4.6
日本	3.2	7.5	16.3	26.6	29.5	14.4	2.6
OECD 整體	5.4	14.6	24.8	27.1	19.6	7.3	1.1
OECD 平均	5.0	13.0	24.4	28.6	20.6	7.4	1.1

偏高，僅低於新加坡（11.5%）。

水準 6 的學生，可以在各種複雜的生活情境中，辨認、解釋、應用科學知識與科學本質。他們可以結合不同的訊息來源所得的證據，並加以解釋與運用以支持其決定。臺灣有 0.8%的學生達到水準 6，較臺灣 PISA 2006 下降了 0.9%，亦較 OECD 平均略少 0.3%。與其他國家比較，芬蘭為 3.3%、日本為 2.6%、新加坡為 4.6%、上海為 3.9%、香港為 2.0%的學生在水準 6。

水準 5 的學生能夠在許多複雜的生活情境中，辨認、解釋、應用科學知識與科學本質。並且能比較、選擇、評估適當的科學證據，也能根據證據建構其解釋，並能根據其批判性分析建構其論證。臺灣學生在水準 5 的百分比有 8%，較臺灣 PISA 2006 的比例下降了 4.9%，表現上不如 PISA 2006 耀眼。而達到水準 5 以上（包含水準 6）的百分比，臺灣有 8.8%，相較 PISA 2006 的

14.6%下降了 5.8%。整體而言，OECD 國家平均在水準 5 和 6 的學生百分比共為 8.5%，7.4%在水準 5。芬蘭、日本、上海、新加坡、香港等有超過 15%的學生在水準 5 與 6。

水準 4 的學生可以擷取並整合不同領域的科學及科技知識，以解釋生活情境的問題，並且能運用科學知識與證據，溝通其針對情境所做的決定，在水準 4 的臺灣學生有 25.8%，相較於 PISA 2006 少了 2.1%，達到水準 4 以上（包含水準 5、6）的學生有 34.6%，較 PISA 2006 的 42.5%為少。在 OECD 國家中平均有 29.1%的學生在水準 4 以上，而日本、韓國、香港與新加坡則有約 35%至 50%的學生位於這個水準。

水準 3 的學生可以辨識出科學議題。他們可以運用事實與知識來解釋現象，並能運用簡單的模式或探究技巧。臺灣有 67.9%的學生達成水準 3 以上（即水準 3 至 6），較 PISA 2006 的 69.8%為少。OECD 的國家平均有 57.7%達到水準 3 以上。日本與新加坡有三分之二以上學生，達水準 3 以上。上海、香港、芬蘭及韓國則有超過四分之三的 15 歲學生在水準 3 以上。

水準 2 的學生能針對其熟悉情境，提出可能的解釋，並透過簡易的研究形成結論。在科學探究結果與科技問題解決方面，他們能夠提出直接的推理與簡易的說明。臺灣至少有 89.0%的學生達成水準 2 以上（即水準 2 至 6），略多於 PISA 2006 的 88.4%。在 OECD 國家中平均有 82.1%的學生位在水準 2 以上。芬蘭、韓國、上海與香港則有超過 90%的學生表現在此水準之上。

水準 1 的學生只能在極少數熟悉的情境下運用有限的科學知識，並且僅能根據所給的證據擷取顯易的脈絡給予科學詮釋。低於水準 1 的學生通常無法達成 PISA 科學評量中最基本的水準。臺灣至少有 11.1%的學生低於水準 2 以下，略低於 PISA 2006 的 11.6%。在所有 OECD 國家中平均約有 18.0%的學生表現在水準 2 以下。芬蘭、韓國、上海、香港與新加坡表現在此水準以下的學生則少於 10%。此顯示臺灣後續的教育決策，亦可關注低分群學生的科學學習。

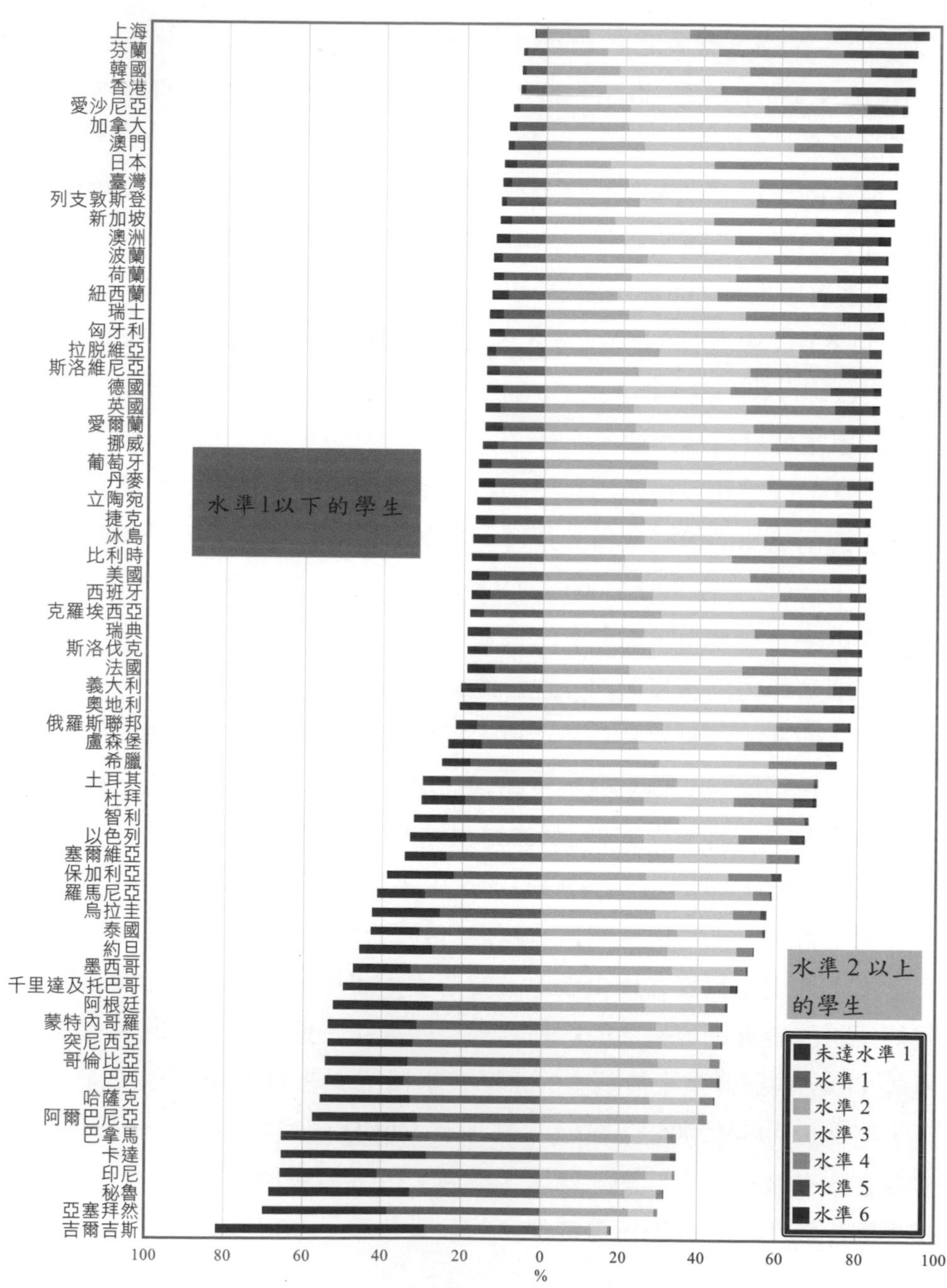

➲ 圖 5.4　各國不同科學素養水準的學生人數百分比對照

資料來源：OECD, PISA 2009 Database, Figure I.3.20 StatLink http://dx.doi.org/10.1787/888932343152

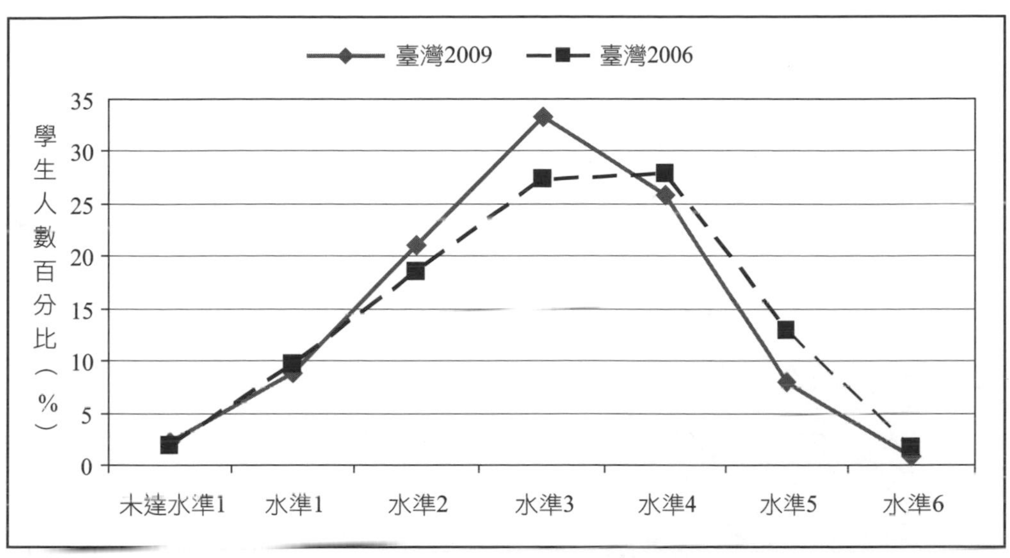

圖 5.5　臺灣 PISA 2006 及 PISA 2009 各科學素養水準人數比例分配對照

圖 5.5 呈現臺灣 PISA 2006 及 PISA 2009 兩次的科學表現之比較對照。由表 5.3 的分析，已知臺灣學生在PISA 2009 的整體表現略低於PISA 2006，而針對各科學素養水準的人數百分比之比較顯示，臺灣在水準 6 的百分比減少了 1%，水準 5 的百分比也下降了 5%，亦即水準 5 和水準 6 的高分群百分比下降幅度為 6%。水準 2 和水準 3 人數百分比有提高的現象，水準 1 和低於水準 1 的低分群的學生人數百分比則變動不大。

二　科學表現的性別差異

表 5.4 呈現臺灣與參照國家在科學素養上性別差異的對照，除香港外，皆呈現女學生科學表現高於男學生的狀態。PISA 2009 臺灣的男學生表現為 520 分，女學生為 521 分，差異僅 1 分；PISA 2006 臺灣的男學生表現優於女學生，差異為 7 分，PISA 2009 男女學生在科學方面的表現差異較不明顯。不同年級性別差異的比較則顯示，在PISA 2009 科學表現，九年級的女學生較男學生為佳，分數差距為 13 分，在十年級方面，卻是男學生較女學生表現為佳，差距為 5 分，呈現科學素養存在性別與年級的交互作用。表 5.5 及表 5.6

分別呈現男女學生各科學素養水準的學生人數分配，相似於其他國家臺灣男女學生在各科學表現水準的分配上，呈現相近的組型。

❖ 表 5.4　臺灣與參照國家學生科學素養表現的排名、平均數、標準差與性別差異對照

國家	排名	平均數	標準差	男學生平均數	女學生平均數	差異（男－女）
臺灣	12	520	87	520	521	-1
九年級	-	515	87	508	521	-13
十年級	-	523	86	526	521	5
臺灣 2006	-	532	94	536	529	7
芬蘭	2	554	89	546	562	-15
韓國	6	538	82	537	539	-2
上海	1	575	82	574	575	-1
香港	3	549	87	550	548	3
澳門	18	511	76	510	512	-2
新加坡	4	542	104	541	542	-1
日本	2	539	100	534	545	-12
OECD 整體	-	496	100	498	494	4
OECD 平均	-	501	94	501	501	0

❖ 表 5.5　臺灣與參照國家男學生在不同科學素養水準人數百分比對照

國家	素養水準						
	未達 1（未達 334.9）	1（334.9~409.5）	2（409.5~484.1）	3（484.1~558.7）	4（558.7~633.7）	5（633.7~707.9）	6（超過 707.9）
臺灣	2.9	9.4	20.4	31.1	26.7	8.6	0.8
臺灣 2006	1.9	9.7	17.4	26.4	28.8	13.8	2.0
芬蘭	1.3	6.2	17.6	28.6	28.6	14.4	3.2
韓國	1.5	6.0	19.0	31.4	29.2	11.3	1.5
上海	0.5	3.3	11.4	25.1	34.1	20.8	4.8
香港	1.6	5.6	15.0	27.8	32.5	15.1	2.4
澳門	1.8	8.9	25.2	36.2	22.8	4.8	0.3
新加坡	3.6	8.9	16.9	25.2	24.7	15.5	5.3
日本	4.1	9.0	16.8	24.7	28.2	14.5	2.6
OECD 整體	5.6	14.7	24.0	26.2	20.0	8.1	1.4
OECD 平均	5.5	13.3	23.8	27.5	20.5	8.0	1.4

❖ 表 5.6 臺灣與參照國家女學生在不同科學素養水準人數百分比對照

國家	素養水準						
	未達 1（未達 334.9）	1（334.9~409.5）	2（409.5~484.1）	3（484.1~558.7）	4（558.7~633.7）	5（633.7~707.9）	6（超過 707.9）
臺灣	1.4	8.3	21.8	35.4	24.8	7.5	0.8
臺灣 2006	1.9	9.7	19.9	28.3	26.9	12.0	1.4
芬蘭	0.9	3.6	12.9	29.0	33.9	16.3	3.4
韓國	0.7	4.3	17.9	35.1	31.7	9.7	0.6
上海	0.3	2.2	9.6	26.8	38.0	20.0	3.0
香港	1.2	4.8	15.2	31.1	32.9	13.1	1.6
澳門	1.2	7.3	25.1	39.3	22.5	4.3	0.2
新加坡	1.9	8.5	18.2	25.6	26.7	15.2	3.9
日本	2.2	5.9	15.7	28.6	30.9	14.2	2.5
OECD 整體	5.2	14.6	25.7	28.0	19.1	6.5	0.9
OECD 平均	4.5	12.6	24.9	29.7	20.6	6.8	0.9

第三節 PISA 2009 科學樣本試題

藉由PISA樣本試題分析，可以了解PISA科學測驗的問題型態。圖 5.6 呈現各樣本試題的難度水準圖，依照難度進行樣本試題的排序，難度最高排在試題圖的最頂端，難度最低則排在最底層。

水準	最低分數	樣本試題
6	708	温室：問題 5（709）
5	633	温室：問題 4（659）
4	559	運動：問題 5（583）
3	484	瑪莉．孟塔古：問題 4（507）
2	409	基因改造農作物：問題 3（421）
1	335	衣服：問題 2（339）

➲ 圖 5.6 不同科學素養水準的樣本試題圖

影響科學試題難度的因素包括：情境的複雜度；學生對科學概念的熟習程度；試題中所包含的處理程序及術語；回答試題所需的邏輯數，意即達成適當反應所需的步驟數，以及某一步驟取決於前一步驟的程度；形成一個反應時，科學思想或概念的抽象程度；形成判斷、結論與解釋時，推理、洞察概括的層次。

接近量尺最上端的典型試題，包含解釋複雜與不熟悉的資料、解釋真實世界的複雜情境，以及應用科學過程到不熟悉的問題中。問題會包含數個學生需進行連結的科學或科技概念，且需要數個相互有關的步驟，以建立證據為基礎的結論，因此，學生需要批判性的思考與推理能力。例如溫室的問題5是水準6的樣本試題，屬於解釋科學現象。解決此一問題，學生必須先分析溫室效應的影響因素、辨認可能的變因，並藉以決定他所要控制的變因，以便進一步區辨出影響地球溫度的主要變因。同時也需決定尚有哪些「其他」變因會影響「地球溫度與大氣二氧化碳排放量」間的關係。因此，為正確回答試題，學生必須對「地球系統」具備足夠的知識，以區辨出一個以上的變因，才能進一步控制變因。對「地球系統」有足夠的知識是解答本題的關鍵，因此，此題歸類到解釋科學現象的類別。

在量尺中段的問題，問題情境雖不如量尺上端複雜，但對學生而言卻是陌生的。有些問題要求學生用不同的科學知識來解題，包括正式的科學或科技知識，以及綜合性的思考哪些知識較有利於理解與分析。有些題目則包含一系列的推理，並要求學生以簡單的解釋來表達他們的推理。典型的題目包括科學探究的各個層面，解釋實驗中所使用的特定程序，以及對建議提出以證據為基礎的理由。例如瑪莉・孟塔古的問題4是量尺中段的樣本試題，此題要求學生辨認為何流行性感冒對年幼兒童與老年人較為危險。此題情境屬於社區疾病的控制，為社會情境。量尺下段的問題，要求學生能運用有限的科學知識在熟悉的情境中，能直接從所給予的證據中，形成簡單的科學解釋，如衣服的問題 2，學生僅須能選取實驗室中用來檢驗布料導電的器材，即擷取簡單的科學事實。

一 溫室

閱讀文章並回答問題。

溫室：事實還是幻想？

生物需要能量才能生存，而維持地球生命的能量是來自太陽。由於太陽非常炙熱，因此將能量輻射到太空中。只有一小部分的能量會到達地球。

地球表面的大氣層，就像包裹著我們的星球表面的毯子一樣，保護著地球，使它不會像真空的世界那樣，有極端的溫差變化。

大部分來自太陽的輻射能量，會透過大氣層進入地球。地球吸收了部分能量，其他則由地球表面反射回去。部分反射回去的能量，會被大氣層吸收。

由於這個效應，地球表面的平均溫度比沒有大氣層時的溫度為高。大氣層的作用就像溫室一樣，因此有了「溫室效應」一詞。

溫室效應在二十世紀愈來愈顯著。

事實顯明，地球大氣層的平均溫度不斷上升。報章雜誌常說，二氧化碳排放量增加，是二十世紀氣溫上升的主要原因。

小德有興趣研究地球大氣層的平均溫度和地球上二氧化碳排放量之間的關係。

他在圖書館找到下面兩幅曲線圖。

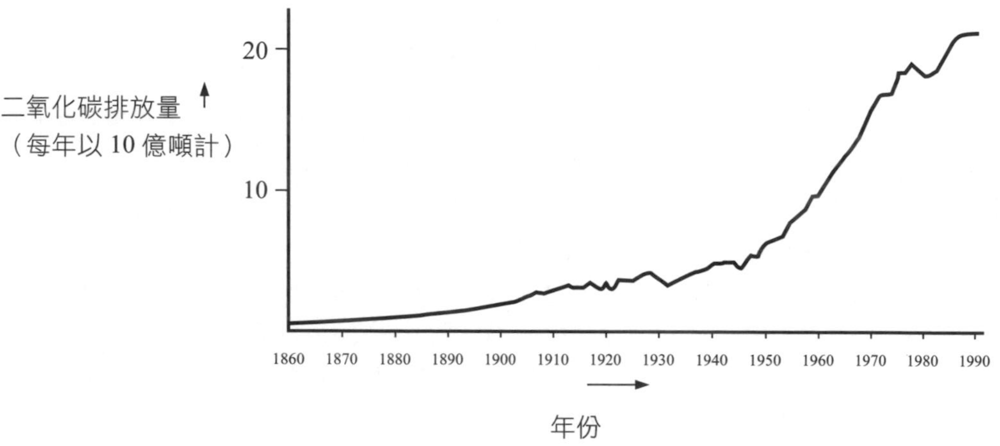

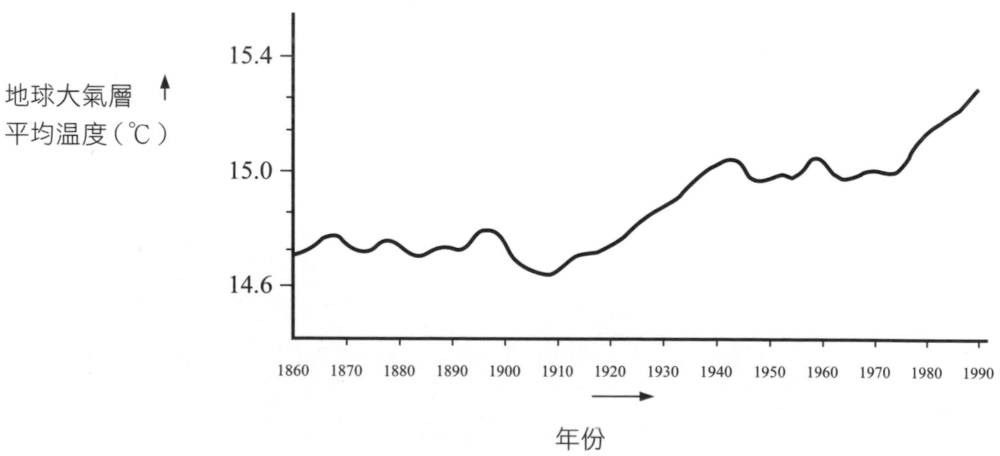

小德從曲線圖得出結論，認為地球大氣層平均溫度的上升，顯然是由二氧化碳排放增加而引起的。

問題 4 溫室

- 試題類型：開放式問答
- 科學能力：運用科學證據
- 知識類別：解釋科學（科學本質）
- 應用範圍：環境
- 情境：全球
- 難度：659（水準 5）
- 答對百分比：34.5%

小德的同學小妮卻不同意他的結論。她比較兩幅曲線圖，指出其中有些資料並不符合小德的結論。

請從曲線圖中舉出一項不符合小德結論的資料，並解釋答案。

____

____

____

- 溫室　問題 4 計分

滿分：能夠指出兩幅圖中，有哪一部分的曲線不是同時上升或下降，並做解釋。

- （約）在 1900 至 1910 年這段時期，CO_2 增加，但溫度則下降。
- 1980 至 1983 年這段期間，二氧化碳下降而溫度則上升。
- 1800 至 1900 年這段期間，溫度的變化不大，但第一幅圖則持續增加。
- 1950 至 1980 年這段期間，溫度沒有上升，而 CO_2 卻不斷上升。
- 由 1940 年開始，至 1975 年，溫度的變化不大，但二氧化碳則大幅增加。
- 1940 年的氣溫比 1920 年的高得多，但二氧化碳的排放則變化不大。

試題說明

本題是在題組「溫室」中關於「運用科學證據」的最後一例，要求學生在圖形中找出無法支持結論的地方。這個問題要求學生尋找兩個圖形中異於正相關一般趨勢的特殊差異。學生必須指出圖形不是同時上升或同時下降的部分，並以此作為結論的理由。這包含了更多的洞察與分析技能，而不僅僅是兩個圖形間一般關係的歸納，學生不但要指出存在差異的地方，還要提出解釋才能得到滿分。有效地比較兩組資料的細節，並就所予結論提出批判，若獲得滿分就達到科學素養量尺水準 5。如果學生了解問題在問什麼，而且正確指出兩個圖形的差異，但是未能就此差異提出解釋，就只能得到部分分數，並且被歸於科學素養量尺的水準 4。這個環境議題的作用是依情境界定的，也是全球性的。要求學生具有解釋所予圖形資料的技能，故屬於「科學解釋」的範疇。

問題❺溫室

- 試題類型：開放式問答
- 科學能力：解釋科學現象
- 知識類別：地球科學（科學知識）
- 應用範圍：環境
- 情境：全球
- 難度：709（水準6）
- 答對百分比：18.9%

小德堅持自己的結論，即地球平均溫度的升高，是由於二氧化碳排放的增加而引起的，但小妮則認為他的結論太草率。她說：「在接受這個結論之前，你必須確定在大氣層內其他會影響溫室效應的因素維持不變。」
請寫出小妮所指的其中一個因素。

____

____

- 溫室　問題5計分

滿分：能夠寫出一個因素，該因素與太陽發出的能量或輻射有關。

- 太陽發熱，又可能地球改變位置。
- 由地球反射回來的能量。

寫出一個自然成分或污染物。

- 空氣中的水蒸氣／濕度。
- 雲。
- 火山爆發活動。
- 大氣層污染情況（氣體、燃料、碳氫化合物、氧化氮、黑煙、廢氣等）。
- 廢氣的數量。
- 氟氯碳化物（CFC）。
- 汽車數目。

- 臭氧（作為空氣的一個成分）（註：如學生填上臭氧層受破壞，請用代號03）。

試題說明

題組（unit）「溫室」的問題5是「水準6」和「解釋科學現象」能力的實例。在此問題中，學生必須分析結論，以說明其他可影響溫室效應的因素。這個問題包含了「辨識科學議題」與「解釋科學現象」兩種。學生需要了解測量變項、了解這些變項、以及控制外在的改變因素是必要的。學生必須處理地球系統的科學知識，以找出至少一個將被控制的因素。後者被認為跟科學技能有關聯，因此這個問題被分類為「解釋科學現象」。這個環境議題的作用是依情境界定的，也是全球性的。

如同第一步驟，學生若要在這個問題得到分數，就需要能找出有何改變，以及有哪些是考量過的變項，並對於如何認出其他因素影響之探究方法要有足夠的了解。無論如何，學生也需要了解脈絡中的情節並認出其主要成分。要決定有什麼「其他」因素可能影響地球溫度與二氧化碳排放的含量關係，包含了許多抽象的概念和它們之間的關係。本問題在「解釋科學現象」的類別上，居於水準5和6之間。

二 衣服

閱讀文章並回答以下問題。

一組英國科學家正在研製「智慧型」衣服，以幫助殘疾兒童「說話」。這些兒童穿上由特殊電子布料連接上語言合成器所製成的背心，只要輕拍接觸感應式的物料，就能讓人明白他們的意思。

這種物料由普通布料和一種能導電的含碳纖維的靈巧網絲組成。當布料受壓，通過導電衣料的信號會被轉化，電腦晶片能夠找出導電來源，然後，啟動相連的電子儀器。這個電子儀器只有兩個火柴盒般大小。

其中一位科學家說：「這發明的聰明之處，在於如何編織布料，並怎樣通過它傳遞信號。而且這種導電網絲可以編織在現成的布料上，別人並不會看到它的存在。」

這種衣料可以用水清洗而不會損壞，可以包裹東西，或者揉成一團。

問題❷衣服

- 試題類型：選擇題
- 科學能力：解釋科學現象
- 知識類別：科學探究（科學本質）
- 應用範圍：科技系統
- 情境：個人
- 難度：339（水準 1）
- 答對百分比：79.4%

若要測試布料是否導電，你需要用以下哪一種實驗室儀器？

A. 伏特計。

B. 光箱。

C. 千分尺。

D. 音尺。

- 衣服　問題 2 計分

滿分：A　伏特計。

試題說明

學生必須選取實驗室中用來檢查織物導電的器材。學生只要聯想電流與設備所使用的電路即可，即擷取簡單的科學事實。這使此題為水準 1。因為焦點在於科技設備，因此此題屬於「科技系統」。運動、衣服都是水準 1 的試題，都屬於解釋科學現象這個能力。

三 瑪莉・孟塔古

閱讀下列的報紙文章，並回答接下來的問題。

疫苗接種的歷史

瑪莉・孟塔古曾是一位美麗的女子，她在 1715 年受到天花感染後生存下來，但留下了滿身的疤痕。當她於 1717 年居住在土耳其的時候，她留意到當地經常使用一種稱為接種的方法。他們將一種弱質天花劃進一個健康年輕人的皮膚內，這個人之後會發病，但大部分僅有輕微病發的情況。

瑪莉非常相信這些接種（經常被稱為疫苗接種）的安全性，因此她容許她的兒子和女兒接受接種。

在 1796 年，愛德華・金納利用接種另一種相關疾病：牛痘，以引發抗體對抗天花。與接種天花疫苗相比，這種方式副作用較少，而且不會傳染給其他人。這種方式後來被稱為疫苗接種。

問題 4 瑪莉・孟塔古

- 試題類型：開放式問答
- 科學能力：解釋科學現象
- 知識類別：生命科學（科學知識）
- 應用範圍：健康
- 情境：社會
- 難度：507（水準 3）
- 答對百分比：61.7%

請提出一個理由解釋為什麼年幼兒童和年老的人特別應該接種疫苗，以抵抗流行性感冒。

- 瑪莉・孟塔古　問題 4 計分

滿分：答案提到年幼兒童和／或年老的人的免疫系統比其他人較為薄弱，或是相似的答案（評分建議所給的理由中必須提及兒童或老年人，而不是適用於所有人。同時，答案裡必須表明是直接或間接的，這些人是免疫系統薄弱——不能只說他們身體「比較差」）。

- 這些人對於疾病的抵抗力較弱。
- 年紀輕和年紀大的不像其他人那樣容易戰勝疾病。
- 他們較有可能染上感冒。
- 如果他們得到感冒，後果比其他人嚴重。
- 因為兒童和老人體質較弱。
- 老年人比較容易生病。

試題說明

此題要求學生辨認為何流行性感冒對年幼兒童與老年人較為危險。需直接指出或推論出年幼兒童與老年人的免疫系統較為薄弱。這個題目是疾病控制，屬於社會的情境。正確的解釋包含了應用數個在社群中建立良好的知識。題目的題幹也提供了此群體有不同抵抗力的線索。此題為水準3的樣本試題。

四 基因改造農作物

GM 玉米應該被明令禁止

野生動植物保護團體要求明令禁止一種新的基因改造（GM）玉米。

這種GM玉米被設計成不會受到一種新的強力除草劑的影響，但是這新除草劑會殺死傳統的玉米植物，也會殺死長在玉米田中的大部分野草。

環保人士說，雜草是一些小動物、特別是昆蟲的食糧，使用新的除草劑與GM玉米將會對環境有害。支持種植GM玉米的人士則說，科學研究已顯示這種情況不會發生。

這是上述文章所提及的科學研究的細節：

- 在全國各地二百處地方種植了玉米。
- 每塊玉米田被一分為二。其中一半種植基因改造（GM）玉米並施用新的強力除草劑，另一半則種植傳統玉米及施用傳統除草劑。
- 在施用新除草劑的 GM 玉米中所找到的昆蟲數目，與施用傳統除草劑的傳統玉米中所找到的昆蟲數目，大致相同。

問題 ❸ 基因改造農作物

- 試題類型：選擇題
- 科學能力：辨識科學議題
- 知識類別：科學探究（科學本質）
- 應用範圍：尖端科學與科技
- 情境：社會
- 難度：421（水準 2）
- 答對百分比：73.6%

玉米在全國的二百處地方被種植。為什麼科學家使用了多於一處以上的地方？

A.這樣可讓很多農夫嘗試種植新的 GM 玉米。

B.為了察看它們能種植出多少的 GM 玉米。

C.為了盡可能用 GM 玉米來覆蓋最多的土地。

D.為了包含各種不同的生長條件來種植玉米。

- 基因改造農作物　問題 3 計分

滿分：D　為了包含各種不同的生長條件來種植玉米。

試題說明

此題為量尺水準底部水準 2 的典型試題，屬於辨識科學議題能力的試題。問題 3 要求學生在科學的調查中辨識簡單的情境，同時也要求學生證明科學實驗設計裡的知識。

從抽樣的線索，學生必須能覺察處置（不同的除草劑）對結果（昆蟲）的影響可能取決於環境的因素。因此藉由重複進行二百次的實驗，指出某個特定的環境因素造成虛假結果的影響。因為此題焦點在於探究的方法，故屬於「科學探究」類別。此題屬於基因改造領域的應用，因此屬於「尖端科學與科技」，因為限定在一個國家中，所以可以歸為社會的情境。

此題線索的抽象程度為水準 4，如學生表現出覺察不同環境因素的影響，並且可以了解適當的處理方式。但是此題實際上屬於水準 2，可能的原因在於其他三個選項。學生可以輕易的刪除這些選項，進而選出正確的解答，因此減低了此題的難度。

五 運動

定期而且適度的運動對我們的健康有益。

問題 5 運動

- 試題類型：開放式問答
- 科學能力：解釋科學現象
- 知識類別：生命科學（科學知識）
- 應用範圍：健康
- 情境：個人
- 難度：583（水準 4）
- 答對百分比：45.2%

為什麼當你在做運動時比起當你的身體在休息時，你必須更用力呼吸？

___

___

___

- 運動　問題 5 計分

滿分：為了清除增加的二氧化碳濃度，並且提供更多氧給你的身體（不可以用「空氣」代替「二氧化碳」或「氧」）。

- 當你運動身體時，你的身體需要更多氧，並且產生更多二氧化碳。呼吸就是在做這件事。
- 呼吸加快可以讓更多的氧進入血液，並且移除更多二氧化碳。

清除身體中增加的二氧化碳；或供應更多的氧，只答了兩者中的一個（不可以用「空氣」代替「二氧化碳」或「氧」）。

- 因為我們必須除去積聚起來的二氧化碳。
- 因為肌肉需要氧〔其涵意為當你運動時（使用肌肉）身體需要更多的氧〕。
- 因為運動消耗氧。
- 呼吸急促是為了要吸入更多的氧（表達不佳，但知道要補充更多的氧）。

- 因為消耗了許多能量，所以須吸入二、三倍或更多的空氣，並且帶走更多二氧化碳〔雖然前半句不符正確答案（如代號01），但與後半句正確敘述並不衝突〕。

試題說明

關於本題，學生必須解釋呼吸變得更沉重（更深或更急促）為何與增加運動有關。要得到分數，必須能夠解釋運動時比未運動時，肌肉需要更多的氧氣，且／或必須清除更多的二氧化碳。因為學生為了明確的解釋問題必須運用知識，因此本題屬於「科學知識」的範疇。關於人體生理學的相關知識相當適合應用在「健康」上，雖然只是個人的情境。為了要敘述增加運動會使發生在肺部的氣體交換增加，學生需要獲取身體系統的知識。為了產生對現象的解釋，一些特殊知識會被用到，因此本問題屬於水準4。

CHAPTER 6

學生 PISA 素養與基測表現的對照分析

林素微、林娟如、吳正新、江培銘

PISA施測樣本為滿15足歲的在學學生，而臺灣15足歲的學生可能就讀於國三（即九年級）或高一（即十年級），正處於義務教育與非義務教育的分岔點，表現的組型可能略有不同。研究團隊在分析臺灣學生PISA表現的同時，也蒐集4,843位學生的基測成績，因此本章將以PISA素養與基測成績來進行對照分析，提供讀者了解PISA素養與國中基測間的異同資訊。由於九年級和十年級學生的基測是在不同年度取得且兩個年度的量尺分數不同，後續分析將針對九年級和十年級學生的表現分開討論。

第一節 素養與成就的相關組型

表6.1中呈現臺灣學生在PISA 2009、各年度基測與性別的人數比例。如表中所示，女學生方面，同時有基測成績的學生在年級的比例上都與PISA 2009學生相近，但2009年基測男學生比例則是略多於PISA 2009九年級臺灣男學生比例。總人數上，有2009年基測成績的學生略多於PISA 2009九年級的學生比例。所有比例的差異不超過3%，顯示提供基測成績的PISA 2009考生的年級分配與PISA 2009全體考生的年級分配相當接近，可進行分析，提供初步參考資訊。

❖ 表 6.1　不同年級、性別 PISA 2009 學生與其對應不同年度基測人數比例對照

		女學生人數（%）	男學生人數（%）	總和（%）
PISA 2009	九年級	917（16%）	953（16%）	1,870（32%）
	十年級	2,000（34%）	1,953（33%）	3,953（68%）
基測	2009	834（17%）	871（18%）	1,705（35%）
	2008	1,645（34%）	1,492（31%）	3,137（65%）

表 6.2 與表 6.3 分別呈現九年級與十年級的學生，PISA 素養與基測各科成績之相關。以閱讀為例，九年級學生PISA的閱讀素養和基本學力測驗的國文（含作文）、數學、科學表現的相關分別為 0.78、0.69、0.66，而十年級學生PISA閱讀素養和基測的國文、數學、科學的相關則為 0.71、0.63、0.67，PISA閱讀素養與兩個年度的基測表現均呈現中高度的相關，其中與基測國文的相關又略高於其他兩科（數學、科學）的相關，以基測的國文表現預測PISA閱讀素養的變異解釋力為 50%至 60%左右。

從數學素養來看，九年級學生PISA的數學素養和基本學力測驗的國文、數學、科學表現的相關分別為 0.75、0.73、0.69，而十年級學生PISA 數學素養和基測的國文、數學、科學的相關則為 0.69、0.69、0.75，PISA 數學素養與兩個年度的基測表現亦呈現中高度的相關，以基測的數學表現預測PISA 數學素養的變異解釋力約為 50%左右。

而以科學素養來看，九年級學生 PISA 的科學素養和基本學力測驗的國文、數學、科學表現的相關分別為 0.77、0.72、0.67，而十年級學生PISA 科學素養和基測的國文、數學、科學的相關則為 0.70、0.66、0.73，PISA 科學素養與兩個年度的基測表現均呈現中高度的相關，以基測的科學表現預測PISA 科學素養的變異解釋力約為 50%至 60%左右。

整體而言，PISA 各領域素養都跟基測國文（含作文）的相關相對較高，兩個年度的基測國文與PISA 各領域的素養相關高低依序均為閱讀、科學和數學，顯示素養評量中語文能力和內容知識的加權是旗鼓相當的。2008 年度的

❖ 表 6.2 九年級學生 PISA 素養與基測的相關組型（N ＝ 1,686 人）

	2009 基測國文（含作文）	2009 基測數學	2009 基測自然	PISA 數學	PISA 科學
2009 基測數學	0.78	-	-	-	-
2009 基測自然	0.76	0.81	-	-	-
PISA 數學	0.75	0.73	0.69	-	-
PISA 科學	0.77	0.72	0.67	0.84	-
PISA 閱讀	0.78	0.69	0.66	0.82	0.87

❖ 表 6.3 十年級學生 PISA 素養與基測的相關組型（N ＝ 3,119 人）

	2008 基測國文（含作文）	2008 基測數學	2008 基測自然	PISA 數學	PISA 科學
2008 基測數學	0.72	-	-	-	-
2008 基測自然	0.78	0.81	-	-	-
PISA 數學	0.69	0.69	0.75	-	-
PISA 科學	0.70	0.66	0.73	0.84	-
PISA 閱讀	0.71	0.63	0.67	0.81	0.85

基測（基測自然除外）和各領域素養的相關略低，可能是由於 2008 基測和 PISA 2009 兩個測驗的時間距離較長，以及目前的資料蒐集中缺失低表現水準學生的資料所致。

第二節 素養與成就的性別差異對照

性別差異是許多研究中常探討的主題之一，男女學生在PISA素養與基測表現上的差異組型，可能也會由於評量取向的差異而有所不同，因此性別差異與測驗的交互作用是值得探討的議題。由於基測是九年級學生的表現，因此以下的討論只針對九年級學生的PISA素養進行分析。

一 PISA 閱讀素養與基測國文成就

表 6.4 呈現臺灣九年級有基測與全體學生的閱讀素養平均數與標準差對照。可看出九年級的兩種樣本其平均數與標準差非常相近，均為平均數 485 分，標準差 88 分，顯示雖然並非所有 PISA 2009 考生均提供基測成績，但提供基測成績的PISA 2009 考生具代表性，後續基測相關分析結果具有效性。表 6.5 進一步比較不同測驗間性別的差異情形，在 PISA 2009 的閱讀表現中，女學生均表現較男學生為佳，效果量為 0.527，分數差距為 44 分。針對同時有 PISA 2009 閱讀與基測成績的學生樣本，也同樣是女學生表現都較男學生為佳，分數差距在九年級為 44 分、效果量為 0.529。PISA 2006 也是女學生表現優於男學生，差距為 18 分。兩次的 PISA 評量都顯示閱讀素養在性別差異方向是一致的，但PISA 2009 差異量略大。性別差異在不同測驗的方向性也是一致的，但 PISA 2009 閱讀素養性別差異的幅度也較為顯著。

❖ **表 6.4 有基測成績與全體九年級學生閱讀素養平均數與標準差對照**

	人數	平均數	標準差
九年級全體	1,870	485.28	87.84
九年級有 2009 基測成績	1,705	484.84	87.62

❖ 表 6.5　九年級男女學生 PISA 閱讀素養與基測國文差異效果量（d）對照

	年度	女學生平均數	人數	男學生平均數	人數	d
PISA 閱讀	2009	506.54	917	462.20	953	0.527
PISA 閱讀	2006	497.51	1,254	479.84	1,455	0.222
PISA 閱讀（有基測成績）	2009	506.19	834	461.77	871	0.529
基測國文（含作文）	2009	61.60	834	55.82	871	0.294
	2008	43.48	1,645	42.10	1,492	0.092

註：效果量計算公式 $d = \frac{\bar{x}_1 - \bar{x}_2}{\sqrt{\frac{n_1 \times S_1^2 + n_2 \times S_2^2}{n_1 + n_2 - 2}}}$，$\bar{x}$為平均數，$n$ 為各組人數，S^2為變異數。

二　PISA 數學素養與基測數學成就

表 6.6 呈現臺灣有基測成績與全體九年級數學素養的平均數與標準差對照，由表中可看出九年級的兩種樣本其平均數與標準差非常相近，平均數均為 535 分，標準差 103 分，同樣顯示提供基測成績的 PISA 2009 考生具代表性。表 6.7 比較不同測驗間性別的差異情形。在 PISA 2009 數學的表現，九年級的女學生較男學生為佳，分數差距為 10 分，針對同時有 PISA 2009 數學與 2009 年基測成績的學生樣本來看，女學生較男學生為佳，分數差距為 11 分。分析基測數學科在不同年度間性別的差異情形，發現其組型與PISA數學相當類似，九年級女學生較男學生為佳，十年級則是男學生表現較女學生佳。相較於PISA 2006 的學生數學表現來說，PISA 2006 都是男學生表現優於女學生，差距為 17 分。在數學素養方面，PISA 2006 沒有性別與年級的交互作用，但 PISA 2009 則有交互作用。

❖ 表 6.6　有基測成績與全體九年級學生數學素養平均數與標準差對照

	人數	平均數	標準差
九年級全體	1,870	534.76	103.06
九年級有 2009 基測成績	1,704	535.23	102.71

❖ 表 6.7　九年級男女學生 PISA 數學素養與基測數學差異效果量（d）對照

	年度	女學生平均數	人數	男學生平均數	人數	d
PISA 數學	2009	540.04	917	530.59	953	0.092
PISA 數學	2006	530.71	1,254	547.85	1,455	-0.178
PISA 數學（有基測成績）	2009	541.41	834	530.87	870	0.104
基測數學	2009	50.98	834	50.15	870	0.043
	2008	34.62	1,646	37.14	1,491	-0.158

三 PISA 科學素養與基測自然成就

表 6.8 呈現臺灣有基測成績與全體九年級學生科學素養平均數與標準差對照，九年級的兩種樣本其平均數與標準差非常相近，均為平均數 515 分，標準差 87 分，同樣顯示提供基測成績的PISA 2009 考生具代表性。表 6.9 比較不同測驗間性別的差異情形，在PISA 2009 科學表現，九年級的女學生較男學生為佳，分數差距為 13 分。同時有 PISA 2009 科學與 2009 年基測成績的學生樣本，女學生較男學生為佳，分數差距為 13 分。分析基測自然科在不同年度間性別的差異情形，發現其組型則是一致性地男學生表現比女學生佳。接著再與 PISA 2006 的學生科學表現比較，數據顯示 PISA 2006 都是男學生表現優於女學生，沒有性別與年級的交互作用。

❖ 表 6.8 有基測成績與全體九年級學生科學素養平均數與標準差對照

	人數	平均數	標準差
九年級全體	1,870	514.74	87.40
九年級有 2009 基測成績	1,704	514.76	87.43

❖ 表 6.9 九年級男女學生 PISA 科學素養與基測自然差異效果量（d）對照

	年級	女學生平均數	人數	男學生平均數	人數	d
PISA 科學	2009	520.71	917	507.78	953	0.148
PISA 科學	2006	520.29	1,254	531.42	1,455	-0.124
PISA 科學（有基測成績）	2009	521.01	834	507.57	870	0.154
基測自然	2009	49.31	834	50.08	870	-0.040
	2008	31.68	1,646	35.85	1,491	-0.300

四 性別差異在 PISA 與基測的組型對照

綜合上述 PISA 與基測之間的分析結果可知，PISA 2009 閱讀、PISA 2006 閱讀、基測國文（含作文）在不同年級或者跨年度上的性別差異呈現出相同的趨勢，即女學生一致性地優於男學生，其中又以 PISA 2009 的性別差異最為明顯。數學和科學素養性別差異的方向性在跨 2006 和 2009 兩個年度的測驗上並不一致，換言之，男女學生的差異並不明顯。但就基測成績而言，數學兩個年度的性別差異方向也不一致，但科學則是在兩個年度的性別差異方向是一致的，都是男學生略優於女學生。整體而言，素養評量可能比較利於女學生，相對地，男學生比較能在基測中呈現優勢，可能是由於素養的評量設計中包含較高的語文成分所致。

CHAPTER 7

閱讀素養與學生的投入、習慣、策略關係的探討

鄒慧英、黃秀霜、張貴琳、江培銘

第一節 有效的閱讀

本章旨於檢視閱讀投入及學習策略與閱讀素養表現的關係。更具體說來，本節著眼於學生樂於閱讀的程度、他們花費多少時間為樂趣而讀以及他們為樂趣而讀些什麼。本節同時從學習策略來檢視臺灣學生「學習如何學習」的程度，這些策略包括理解、回憶和摘要。此外，學生的閱讀和學習習慣亦與其閱讀表現有關。分析結果在尋求能提供給家長、教師和學校行政人員的建議，做些什麼以幫助學生成為精熟及投入的閱讀者。圖 7.1 與圖 7.2 說明PISA如何評量閱讀活動投入與學習策略（OECD, 2010h）。

學校教育的基本立場假設多數來到學校的學生都有學習的意願。國小學齡兒童的國際研究，普遍顯示這些學生對閱讀、數學、科學都有高度的興趣和正向的態度（Mullis, Martin, Kennedy, & Foy, 2007）。然而，學校教育如何培養與加強這種性向，並確保學生離開學校後仍有終身學習的動機與能力？事實上，許多對學習不太有興趣的成年人，常埋怨他們之所以缺乏動機，是來自於他們早年在學校不好的經驗（McKenna, Kear, & Ellsworth, 1995）。就學校教育而言，可以藉由培養動機、傳授知識和技能來影響學生的學習態度，而學習動機、投入、使用有效策略則可視為學校教育的重要成果，此三者不僅

可以影響學生在校學習階段的生活品質，亦可影響其後是否追求更多教育，或養成更高階能力，以便在社會或勞動市場占有一席之地。

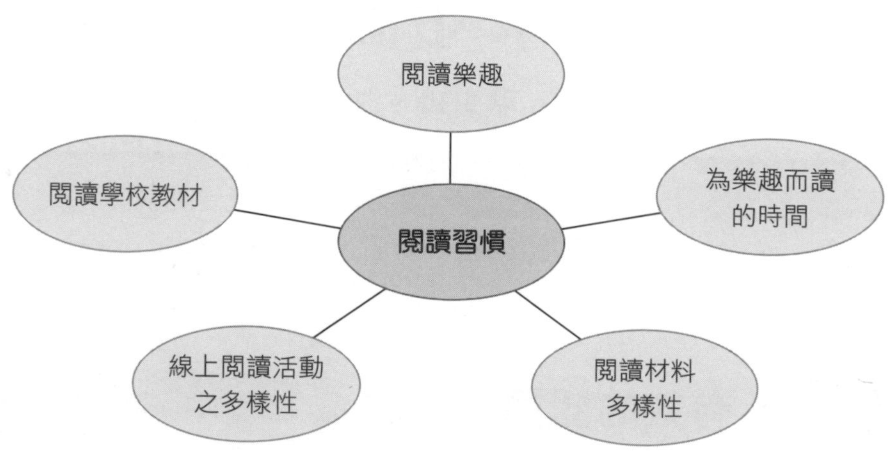

圖 7.1　PISA「閱讀活動投入」的定義

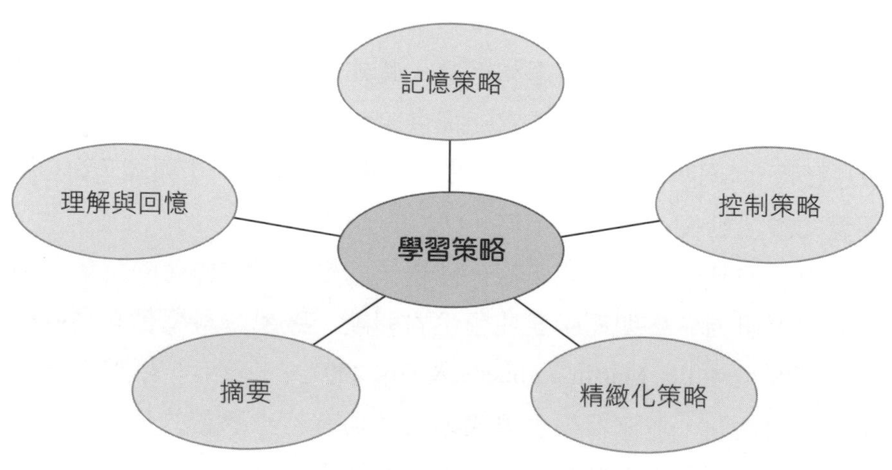

圖 7.2　PISA「學習策略」的定義

一 閱讀活動的投入及閱讀表現

PISA檢視閱讀活動投入程度與閱讀表現間的關係，主要聚焦在學生投入閱讀活動的三個面向：(1)學生樂於閱讀（enjoy reading）的程度；(2)學生為樂趣而讀（reading for enjoyment）的花費時間；(3)學生為樂趣而讀的材料。

（一）樂於閱讀的學生是否為較佳的閱讀者

所有國家，最樂於閱讀的學生明顯較最不樂於閱讀的學生表現為佳。各國依據學生在 PISA 問卷之回答，以樂於閱讀的程度將學生分為四組（最高25%、次高 25%、次低 25%、最低 25%）。以OECD國家而言，學生自陳樂於閱讀的差異可以解釋 18.1%的學生閱讀表現變異，臺灣學生樂於閱讀的程度則可以解釋 21.7%的閱讀表現變異（表 7.1）。參照國中除芬蘭的解釋變異量（27.0%）高於臺灣外，其他參照國的解釋量皆低於臺灣。閱讀樂趣指標最高25%與最低 25%學生間的差異，顯示出所有國家熱衷與不熱衷讀者在閱讀表現上嚴重的不均等，以芬蘭與新加坡而言，最樂於閱讀的 25%學生與最不樂於閱讀的 25%學生，前者的閱讀表現高出後者 1.5 個素養水準，臺灣這二組學生的表現雖未超過 1.5 個素養水準（約 110 分），但已相當接近（107 分），顯現出樂於閱讀與否，在閱讀表現的嚴重差異。事實上，PISA閱讀量尺一個素養水準代表 73 分的差異，以學生的表現而言，一個素養水準已是相當大的差異（OECD, 2010h）。以 OECD 國家平均而言，閱讀樂趣指標一個單位的差異相當於PISA閱讀素養量尺的 39.5 分，或一學年的差異，而臺灣閱讀樂趣指標一個單位可以改變閱讀素養分數約 45.9 分，遠超過 OECD 平均，亦高於其他參照國家。

❖ 表 7.1　臺灣與參照國家閱讀樂趣指標的差異及不同指標組別學生閱讀表現的對照

	閱讀樂趣指標														
	所有學生	男學生	女學生	性別差異男－女	最低25%	次低25%	次高25%	最高25%	平均數 最低25%	平均數 次低25%	平均數 次高25%	平均數 最高25%	每單位的閱讀分數改變量	閱讀表現最低25%位於此指標最低25%的增加可能性	解釋學生表現的變異（r-squared ×100）
													效果	比率	百分比
臺灣	0.39	0.18	0.61	**-0.43**	**-0.59**	0.08	0.58	**1.51**	**444**	477	515	**551**	**45.9**	**2.7**	21.7
上海	0.57	0.39	0.75	**-0.35**	**-0.29**	0.36	0.78	**1.43**	**515**	550	570	**590**	**39.8**	**2.4**	12.2
韓國	0.13	0.00	0.27	**-0.27**	**-0.82**	-0.15	0.31	**1.17**	**495**	526	555	**584**	**40.4**	**2.5**	17.6
芬蘭	0.05	-0.41	0.50	**-0.91**	**-1.25**	-0.28	0.36	**1.35**	**475**	518	557	**596**	**43.3**	**3.2**	27.0
香港	0.32	0.16	0.51	**-0.35**	**-0.54**	0.08	0.49	**1.27**	**491**	522	552	**574**	**42.3**	**2.4**	14.0
新加坡	0.29	0.00	0.58	**-0.58**	**-0.81**	-0.03	0.51	**1.48**	**473**	505	546	**583**	**43.3**	**2.4**	17.3
日本	0.20	0.02	0.38	**-0.36**	**-1.07**	-0.19	0.48	**1.58**	**471**	505	540	**573**	**35.8**	**2.3**	15.0
澳門	0.08	-0.13	0.28	**-0.41**	**-0.76**	-0.16	0.25	**0.97**	**456**	474	494	**524**	**35.9**	**1.9**	11.1
OECD平均	0.00	-0.31	0.31	**-0.62**	**-1.17**	-0.36	0.26	**1.27**	**450**	471	506	**553**	**39.5**	**2.1**	18.1

註：統計達顯著者標以粗體。

學生樂於閱讀的程度與學生在PISA閱讀評量表現的優劣呈強烈關聯（表7.2）。邏輯上來說，當閱讀樂趣與閱讀表現沒有關聯時，理應每個素養水準中有一半學生其閱讀樂趣是在平均水準或平均水準以下。然觀諸 OECD 國家的平均表現，閱讀樂趣低於國家平均水準的學生，在水準 1b、1a、2 及 3 有偏高的比例，在水準 4、5、6 的比例則是偏低。臺灣的調查結果亦相當類似，閱讀水準愈高的學生，閱讀樂趣低於國家平均水準的學生比例相對愈少，然相較於各參照國，臺灣水準 5 以上的學生中，閱讀樂趣低於國家平均水準的比例最少，與芬蘭同為 12.8%，不但低於 OECD 平均的 14.8%，亦低於整體閱讀表現相若的澳門（22.4%）。然閱讀樂趣低於平均水準的學生，在七個素養水準的分布情形各國並不一致。OECD 的報告指出，上海、澳門、香港的坡

❖ 表 7.2 臺灣與參照國家不同閱讀素養水準，閱讀樂趣低於國家平均水準的學生比例對照

	閱讀樂趣低於國家平均水準的學生比例（%）				
	水準 1a 或以下	水準 2	水準 3	水準 4	水準 5 或以上
臺灣	84.5	67.6	46.5	26.8	12.8
上海	79.5	68.3	50.9	37.2	32.6
韓國	84.9	70.2	52.0	33.4	23.4
芬蘭	81.9	71.5	51.9	27.3	12.8
香港	79.4	68.1	50.0	35.1	29.8
新加坡	80.5	69.2	54.7	36.1	20.0
日本	78.9	64.4	51.0	36.9	26.0
澳門	69.6	58.6	43.5	28.8	22.4
OECD 平均	73.1	62.2	45.4	26.6	14.8

度（gradient）非常平緩，暗示閱讀樂趣與閱讀表現之間的關聯薄弱，然芬蘭及臺灣的坡度則相當陡峭（OECD, 2010h），顯示臺灣學生的閱讀樂趣與閱讀表現之間的強勢關聯。

（二）「為樂趣而讀」的時間與閱讀表現之關聯

對所有PISA參與國而言，為樂趣而讀的學生與不會為樂趣而讀的學生相比，前者往往是較精熟的閱讀者。平均而言，OECD 國家平均有超過三分之一（37.4%）的學生表示他們完全不會為了樂趣而閱讀，這些學生的平均閱讀素養表現是 460 分。相較之下，臺灣僅 17.3%學生表示不會為了樂趣而閱讀，比例較 OECD 平均為少，亦比許多參照國來得少，但其平均閱讀素養表現僅 437 分，較 OECD 來得低。整體閱讀素養表現最佳的上海，僅有 8%表示不會為了樂趣而閱讀，其平均閱讀素養為 497 分，還比臺灣整體閱讀素養表現高出 2 分。另外OECD國家平均有三分之一的學生一天閱讀 30 分鐘或少於 30 分

鐘，他們的平均表現是 504 分。臺灣亦約有近三分之一學生表示一天閱讀 30 分鐘或少於 30 分鐘，他們的平均表現是 492 分，與臺灣整體平均表現一致；有 21%學生一天閱讀 30 分鐘到一小時，其表現水準為 513 分；那些表示閱讀時間較長，約一天一至二小時的學生，或是那些每天為樂趣而讀超過二小時的勤奮閱讀者，其閱讀素養分別為 522 分和 518 分（表 7.3）。對照為樂趣而讀一天 30 或少於 30 分鐘，與不會為樂趣而讀這二類學生的閱讀素養差異，臺灣差距 55 分，OECD 平均僅差 44 分，上海這二類學生的表現差距高達 63 分。然而，比較每天為樂趣而閱讀一至二小時與每天閱讀 30 分鐘至一小時這二個類別，沒有任何國家這二類學生的表現差距高於 20 分，OECD 國家平均差距 5 分，臺灣的差距亦僅 9 分。

❖ 表 7.3　臺灣與參照國家樂讀時間的學生比例及學生閱讀素養表現對照

	比例					閱讀素養表現				
	不會為樂趣而讀	一天 30 分鐘或少於 30 分鐘	一天超過 30 分鐘但少於 60 分鐘	一天一至二小時	一天超過二小時	不會為樂趣而讀	一天 30 分鐘或少於 30 分鐘	一天超過 30 分鐘但少於 60 分鐘	一天一至二小時	一天超過二小時
臺灣	17.3	30.9	21.4	18.8	11.6	437	492	513	522	518
上海	8.0	35.9	36.5	13.2	6.4	497	560	563	564	548
韓國	38.5	29.8	19.1	8.4	4.2	518	550	558	560	535
芬蘭	33.0	32.4	18.6	12.7	3.2	492	545	569	572	568
香港	19.5	35.9	23.5	13.8	7.3	498	532	554	552	532
新加坡	22.5	29.0	23.6	16.1	8.8	483	524	544	548	558
日本	44.2	25.4	16.4	9.6	4.4	492	536	550	552	537
澳門	19.8	35.8	23.3	13.1	8.0	457	484	501	506	502
OECD 平均	37.4	30.3	17.2	10.6	4.5	460	504	527	532	527

❖ 表 7.4 臺灣與參照國家學生是否為樂趣而讀與性別的比例及閱讀表現對照

	學生是否為樂趣而讀的比例		男女生為樂趣而讀的比例		學生是否為樂趣而讀的閱讀素養表現		
	不會為樂趣而讀	為樂趣而讀[1]	男生	女生	差異（男－女）	不會為樂趣而讀	為樂趣而讀
	%	%	%	%	%	平均數	平均數
臺灣	17.3	82.7	77.5	88.0	**-10.5**	437	**508**
上海	8.0	92.0	89.0	95.0	**-6.1**	497	**561**
韓國	38.5	61.5	60.5	62.6	-2.2	518	**553**
芬蘭	33.0	67.0	53.3	80.6	**-27.3**	492	**558**
香港	19.5	80.5	76.5	84.9	**-8.4**	498	**542**
新加坡	22.5	77.5	69.2	86.1	**-16.9**	483	**539**
日本	44.2	55.8	53.6	58.2	**-4.6**	492	**543**
澳門	19.8	80.2	74.9	85.6	**-10.7**	457	**495**
OECD 平均	37.4	62.6	52.2	73.1	**-20.9**	460	**517**

註：統計達顯著者標以粗體。

1. 為樂趣而讀學生：學生一天閱讀 30 分鐘或少於 30 分鐘、學生一天閱讀 30 分鐘但少於 60 分鐘、學生一天閱讀一至二小時、學生一天閱讀超過二小時。

表 7.3 與表 7.4 的結果指出，為樂趣而讀與閱讀精熟度有關。從臺灣不會為樂趣而讀學生的低閱讀表現（437 分），對應為樂趣而讀的閱讀表現（508 分），二者差距高達 71 分，幾近於一個素養水準的差異，這個差距不僅高於表 7.4 的各參照國，亦高於 OECD 國家平均差距的 57 分。另一項警訊是，臺灣不會為樂趣而讀學生的閱讀表現，不僅低於整體表現優於臺灣的各參照國同類型學生，甚至低於整體表現略遜於臺灣的澳門同類型學生（457 分），顯示是否會為樂趣而讀確實關係到臺灣學生的閱讀素養表現，針對此點，我們不得不籲請教育當局或政府相關單位積極鼓勵校內、外的閱讀活動，培養學生對閱讀的樂趣。然而，由每天為樂趣而閱讀一至二小時的閱讀素養表現優

於每天閱讀超過二小時以上者，顯示出為樂趣而讀的門檻效應（threshold effect），提點我們關注的焦點不再是學生花多少時間在閱讀，而是要鼓勵他們每天能因樂趣而閱讀。

（三）學生閱讀材料與閱讀表現之關聯

雖然問卷顯示閱讀小說的那些學生比較有可能在PISA 2009閱讀評量獲得較高分數，但PISA的結果指出，閱讀多樣化材料的學生才是在閱讀表現特別好者。PISA 2009問卷調查學生依循自己意願去閱讀雜誌、漫畫書、小說（長篇小說、敘事體、故事）、非小說和報紙的頻率。表7.5指出OECD國家學生有定期（一個月數次或一星期數次）閱讀習慣者，無論是閱讀何種材料，一致性地呈現出其閱讀表現較不閱讀者出色；臺灣與各參照國學生則是有習慣定期閱讀小說、非小說類書籍及報紙者，他們在PISA的閱讀評量表現特別良好。就是否定期閱讀小說而言，OECD國家這二群學生的平均差異為53分，遠高於半個素養水準；臺灣這二類學生的表現差距為38分，剛過半個素養水準，香港、新加坡、日本這二類學生的表現差距亦為半個素養水準或以上；芬蘭這二類學生的閱讀表現差異則高達73分，相當於一個素養水準，是參照國中差距最大者。閱讀非小說類書籍及報紙的學生雖較不閱讀者表現為優，但二者差距幅度小於閱讀小說。具體而言，臺灣與各參照國共有的現象為：閱讀長且複雜文本（例如：小說或非小說類書籍）及報紙的學生，其閱讀表現顯著優於不閱讀此類文本的學生，唯一例外是上海，其學生在讀非小說類書籍的表現高於不讀此類書籍者，但未達顯著差異。至於閱讀雜誌、漫畫與否，臺灣學生的表現並無明顯不同，但上海、芬蘭及OECD國家平均對於是否閱讀雜誌與漫畫呈現出顯著差異，亦即閱讀雜誌、漫畫的學生，其閱讀素養表現優於不讀雜誌、漫畫者。

❖ 表 7.5　臺灣與參照國家學生定期閱讀不同材料與學生閱讀素養表現對照

	閱讀不同材料學生的閱讀素養表現									
	雜誌		漫畫		長篇小説、敘事、故事		非小説類書籍		報紙	
	不讀	閱讀	不讀	閱讀	不讀	閱讀	不讀	閱讀	不讀	閱讀
臺灣	498	494	496	496	478	**516**	485	**515**	478	**503**
上海	547	**563**	561	**543**	548	**563**	554	561	531	**566**
韓國	540	539	543	534	526	**556**	530	**562**	527	**556**
芬蘭	510	**551**	530	**540**	517	**590**	532	**558**	523	**540**
香港	539	**527**	535	529	516	**552**	525	**549**	511	**538**
新加坡	524	528	525	529	503	**552**	521	**538**	503	**531**
日本	524	519	516	522	501	**548**	518	**542**	506	**531**
澳門	487	486	485	**490**	477	**509**	480	**506**	467	**495**
OECD 平均	486	**501**	495	**492**	480	**533**	492	**513**	484	**501**

註：統計達顯著者標以粗體。

表 7.6 也指出，閱讀材料多樣性與閱讀精熟度間存有很大的關聯性：以 OECD 國家平均而言，閱讀組型最多樣化的學生群組與閱讀組型最貧乏的學生群組間的差距，高達 55 分，約為 0.75 個素養水準；臺灣這二群組學生的閱讀表現差距為 39 分，剛過半個素養水準；參照國中以芬蘭的差距最大（81 分），超過一個素養水準。與各參照國相比，臺灣學生在閱讀材料多樣性的閱讀表現差異算是較小者。表 7.6 亦指出閱讀材料多樣性指標增減一單位，對閱讀分數改變量的效果，此效果意指閱讀多樣性指標分別為 0（OECD 國家學生的平均值）與 1 的二位學生，其在 PISA 閱讀量尺的平均分數差異，以 OECD 國家平均而言，此差距為 21.9 分。相較於 OECD 平均，臺灣學生的差距僅 11.8 分，事實上，參照國中僅芬蘭的差距（37.9 分）大於 OECD 國家平均，顯示閱讀材料多樣性對臺灣與亞洲國家學生的效果不及 OECD 國家，此由閱讀材料多樣性指標對學生閱讀素養表現的解釋變異，亦可獲致相同的結論。

❖ 表 7.6　臺灣與參照國家閱讀材料多樣性指標的差異及不同指標組別學生閱讀表現的對照

	閱讀材料多樣性指標														
	所有學生	男學生	女學生	性別差異男−女	最低25%	次低25%	次高25%	最高25%	平均數 最低25%	平均數 次低25%	平均數 次高25%	平均數 最高25%	每單位的閱讀分數改變量	閱讀表現最低25%位於此指標最低25%的增加可能性	解釋學生表現的變異（r-squared ×100）
													效果	比率	百分比
臺灣	0.49	0.47	0.51	-0.04	**-0.89**	0.17	0.75	**1.92**	467	500	510	506	11.8	1.8	2.8
上海	0.43	0.47	0.39	**0.08**	**-0.71**	0.15	0.66	**1.63**	539	559	564	561	9.2	1.4	1.3
韓國	0.01	-0.03	0.06	**-0.09**	**-1.26**	-0.25	0.32	**1.23**	511	539	549	559	17.0	1.8	4.9
芬蘭	0.45	0.36	0.55	**-0.19**	**-0.55**	0.24	0.70	**1.44**	494	527	549	575	37.9	2.2	13.7
香港	0.46	0.45	0.48	-0.03	**-0.69**	0.23	0.73	**1.58**	513	537	543	541	11.5	1.5	1.8
新加坡	0.53	0.49	0.57	**-0.08**	**-0.61**	0.24	0.75	**1.74**	501	526	536	541	13.7	1.6	2.0
日本	0.38	0.39	0.38	0.02	**-0.77**	0.12	0.63	**1.56**	489	519	530	544	20.7	1.7	4.2
澳門	0.17	0.06	0.29	**-0.22**	**-1.01**	-0.05	0.47	**1.29**	459	486	499	504	17.8	1.8	5.2
OECD平均	0.00	-0.09	0.09	**-0.18**	**-1.18**	-0.22	0.29	**1.11**	462	493	507	517	21.9	1.8	5.9

註：統計達顯著者標以粗體。

二　學習策略與閱讀表現的關聯

在學習策略的使用上，各國學生有很大的變異。以 OECD 國家而言，女學生比男學生知曉更多有效的理解（understand）、回憶（remember）與摘要（summarize）文本方法，女學生較常使用記憶（memorization）與控制（control）策略，而男學生較常使用精緻化（elaboration）策略（OECD, 2010h）。與社經不利學生相比，社經優勢學生知曉且使用較多的學習策略，惟記憶策略的使用與社經背景無關（OECD, 2010h）。PISA 2009 對學習策略的檢視有：(1)最有效理解與回憶資訊策略的覺察；(2)最有效摘要資訊策略的覺察；(3)控制策略的使用；(4)記憶策略的使用；(5)精緻化策略的使用。對最有效策略的覺察，PISA 2009 採用 1 至 6 點量尺讓學生對可能策略的實用性進行評分，1 分代表「完全沒用」，6 分代表「非常有用」。關於記憶、精緻化與控制策略的使用，PISA 2009 要求學生自行勾選讀書時，出現各項行為的頻率，從「幾乎從未」、「有時」、「經常」到「幾乎總是」，呈現 PISA 2009 評量學生使用學習策略的試題。

記憶策略	記憶策略指稱的是詳細記憶文本與內容，並重複閱讀。
	記憶策略指標的試題： ■ 讀書時，我試著背熟課文中的一切 ■ 讀書時，我盡可能試著背熟許多細節 ■ 讀書時，我會閱讀課文多次以便我能背誦 ■ 讀書時，我會反覆地閱讀課文
精緻化策略	精緻化策略指稱的是將新訊息遷移至先備知識、校外情境和個人經驗。
	精緻化策略指標的試題： ■ 讀書時，我試著將新資訊與之前其他科目學過的知識相連結 ■ 讀書時，我會弄清楚所學資訊在校外如何有用 ■ 讀書時，我會試著透過連結我個人的經驗，以便更加理解資料 ■ 讀書時，我會弄清楚文中資訊如何符合生活的真實情境
控制策略	控制策略指稱的是形成關於試題或文本目的與其主要概念之控制問題，亦指對目前學習活動的自我監督，特別是是否理解閱讀的材料。
	控制策略指標的試題： ■ 讀書時，我會先弄清楚我真正要學習的是什麼 ■ 讀書時，我會確認我是否理解讀過的內容 ■ 讀書時，我會試著弄清楚還沒有真正理解的概念 ■ 讀書時，我會確定記住課文最重要的論點 ■ 讀書時，有不理解的地方，我會找額外的資料來釐清

➲ 圖 7.3　PISA 2009 評量學生使用學習策略的試題

（一）理解及回憶資訊策略與閱讀表現的關聯

PISA 2009 在評估學生對理解及回憶資訊策略的覺察時，要求學生對可能策略的實用性予以評分，結果發現「讀完文章後，我會和其他人討論文章內容」、「我在文章的重要部分畫線標記」、「我用自己的話摘要文章」是理解與回憶資訊的有效策略，而「我專注於文章中容易理解的部分」、「我快速將文章讀過兩遍」、「我將文章大聲唸給另一個人聽」，則是較為無效的策略（OECD, 2010h）。

OECD 國家平均在理解與回憶資訊指標每增加一單位，PISA 閱讀素養便會伴隨 35.4 分的表現差異，相較之下，參照國僅日本的改變量高於 OECD 平均，臺灣的改變量是 30.6 分，雖低於 OECD 的平均值，卻是中文版施測國家中改變量最大者，尤其是整體表現與臺灣相若的澳門，其單位改變量僅 19.0 分（表 7.7），顯示這項策略與臺灣學生的閱讀素養表現關聯性高於其他三個中文版施測國家或地區。若就性別層面而言，OECD 國家女學生在此項策略的指標高於男學生，亦即理解與回憶策略對女學生的實用性高於男學生。臺灣學生使用這項策略的程度不及 OECD 國家，相同的是，女學生比男學生認為這項策略更有用，此趨勢對各參照國皆然。整體而言，能察覺有效之理解與回憶資訊策略的學生，在 PISA 閱讀素養的表現較未能察覺者為佳。OECD 國家平均說來，學生閱讀表現的差異有 15.2%來自於學生「察覺理解與回憶的有效策略」的差異，臺灣學生對此有效策略的察覺則可解釋其表現 11.7%的變異，與香港相當，但解釋力明顯較澳門（5.8%）為佳。若比較最常與最少使用此策略的前後四分之一學生，OECD 國家平均二者的閱讀素養表現差距為 90 分，超過一個素養水準；臺灣這二群組學生的差距雖不及 OECD 平均，但仍高達 72 分，與香港差距（73）雷同，相當於一個素養水準。由表 7.8 亦可觀之，閱讀素養表現水準愈低的學生，其理解與回憶指標低於國家平均水準的學生比例愈高。臺灣與各參照國學生閱讀素養表現在水準 4 以上者，在此指標低於國家平均水準的學生比例較 OECD 國家平均為高，顯示這些亞洲國家與芬蘭的高閱讀素養者，有較高比例學生未能察覺有效的理解與回憶策略。

❖ 表 7.7　臺灣與參照國家理解與回憶指標的差異及不同指標組別學生閱讀表現的對照

	理解與回憶指標														
	所有學生	男學生	女學生	性別差異男－女	最低25%	次低25%	次高25%	最高25%	平均數 最低25%	平均數 次低25%	平均數 次高25%	平均數 最高25%	每單位的閱讀分數改變量	閱讀表現最低25%位於此指標最低25%的增加可能性	解釋學生表現的變異（r-squared ×100）
													效果	比率	百分比
臺灣	-0.13	-0.23	-0.02	**-0.21**	**-1.35**	-0.47	0.24	**1.08**	**456**	495	507	**528**	**30.6**	**2.2**	11.7
上海	0.14	0.01	0.26	**-0.26**	**-1.18**	-0.13	0.53	**1.33**	**519**	556	564	**586**	**27.3**	**2.2**	10.9
韓國	0.03	-0.07	0.15	**-0.23**	**-1.33**	-0.25	0.45	**1.26**	**494**	533	555	**578**	**33.2**	**2.7**	17.9
芬蘭	0.03	-0.25	0.30	**-0.56**	**-1.37**	-0.26	0.48	**1.25**	**490**	523	555	**581**	**35.4**	**2.5**	17.6
香港	-0.20	0.33	-0.06	**-0.27**	**-1.52**	-0.56	0.21	**1.05**	**491**	532	549	**564**	**28.8**	**2.3**	11.8
新加坡	0.05	0.02	0.09	**-0.07**	**-1.22**	-0.25	0.45	**1.23**	**487**	513	543	**563**	**31.9**	**2.0**	9.8
日本	0.12	0.01	0.25	**-0.23**	**-1.16**	-0.03	0.46	**1.22**	**468**	523	537	**558**	**40.3**	**2.5**	14.3
澳門	-0.10	-0.25	0.05	**-0.30**	**-1.34**	-0.46	0.29	**1.12**	**464**	482	493	**510**	**19.0**	**1.7**	5.8
OECD 平均	0.00	-0.13	0.13	**-0.27**	**-1.33**	-0.29	0.42	**1.21**	**451**	487	512	**541**	**35.4**	**2.3**	15.2

註：統計達顯著者標以粗體。

❖ 表 7.8　臺灣與參照國家不同閱讀素養水準，理解與回憶策略低於國家平均水準的學生比例對照

	理解與回憶策略低於國家平均水準的學生比例（%）				
	水準 1a 或以下	水準 2	水準 3	水準 4	水準 5 或以上
臺灣	69.1	50.9	40.2	33.0	24.6
上海	73.2	62.0	51.5	39.2	29.8
韓國	84.2	69.9	53.0	35.4	25.6
芬蘭	81.5	69.1	52.1	33.9	22.4
香港	77.5	63.1	49.1	37.5	29.9
新加坡	74.0	61.7	49.1	39.5	30.8
日本	70.6	54.7	40.8	32.6	26.1
澳門	60.6	49.0	40.7	32.4	26.5
OECD 平均	70.4	56.1	41.4	28.4	20.1

（二）摘要資訊策略與閱讀表現的關聯

PISA 2009 在評估學生對摘要資訊策略的覺察時，要求學生對可能策略的實用性予以評分，結果發現「我仔細檢查我的摘要中是否呈現文章中最重要的論點」、「我讀完文章，將重要句子畫線。然後將這些重點用自己的話寫成摘要」是最有效的策略；「我寫下摘要。因為摘要應該要包含所有段落的內容，所以我會檢查文章的每一段是否都包含在摘要中」、「寫摘要前，我盡可能地將文章讀過很多遍」屬於適度有效的策略；而「我試著盡可能準確的抄寫許多句子」則是摘要資訊最無效的策略（OECD, 2010h）。

表 7.9 指出，表現好的國家其學生通常知道如何摘要資訊。OECD國家平均在摘要指標每增加一單位，PISA閱讀素養伴隨有 41.9 分的表現差異；察覺摘要的有效策略對臺灣學生閱讀素養的改變量是 32.6 分，此效果量明顯不如OECD平均，但與閱讀整體表現最佳的上海相若（32.9 分）；整體表現與臺灣相若的澳門，一單位摘要指標的效果量僅能改變表現 22.2 分；此結果顯示，摘要策略的察覺與各國閱讀素養表現的關聯性不盡相同。事實上，中文版施測的四個國家，每單位摘要指標對閱讀素養表現的改變量普遍小於其他參與國。整體而言，能察覺什麼是摘要資訊有效策略的學生，比起無法覺察這些策略的學生，前者比較容易獲得高分。以 OECD 國家而言，最知道哪些是最佳摘要資訊策略的學生，與最不知道的學生相比，二者的閱讀表現差異為 107 分，接近 1.5 個素養水準；臺灣這二群組學生的表現差異僅 86 分，雖低於 OECD 平均，卻比其他中文版施測國家／地區來得高，同為亞洲國家的新加坡與日本，表現差異更高達 117、127 分，顯示此策略對中文版施測國家的效果較弱。由本指標對學生表現的解釋力，亦可看出此策略對各國學生閱讀素養表現的關聯強弱，察覺摘要的有效策略對OECD國家平均的解釋力為 21.1%，對臺灣學生的閱讀素養表現解釋力則為 16.0%，較OECD平均為低，但高於其他三個中文版施測的國家／地區——上海、香港、澳門，尤其是澳門，此指標的解釋力僅 8.3%。單就男女學生在此指標的調查結果觀之，共同趨勢是女學生比男學生更能察覺有效的摘要資訊策略，臺灣在察覺摘要資訊有效策略

❖ 表 7.9　臺灣與參照國家摘要指標的差異及不同指標組別學生閱讀表現的對照

	摘要指標															
									平均數				每單位的閱讀分數改變量	閱讀表現最低25%位於此指標最低25%的增加可能性	解釋學生表現的變異（r-squared ×100）
	所有學生	男學生	女學生	性別差異男－女	最低25%	次低25%	次高25%	最高25%	最低25%	次低25%	次高25%	最高25%	效果	比率	百分比
臺灣	-0.40	-0.48	-0.32	**-0.15**	**-1.87**	-0.69	0.13	**0.82**	**447**	488	518	**533**	**32.6**	**2.6**	16.0
上海	0.06	-0.03	0.15	**-0.18**	**-1.18**	-0.09	0.46	**1.07**	**511**	557	574	**584**	**32.9**	**2.6**	13.7
韓國	0.04	-0.10	0.20	**-0.30**	**-1.45**	-0.10	0.52	**1.19**	**477**	542	563	**579**	**38.9**	**3.9**	26.1
芬蘭	0.08	-0.22	0.38	**-0.60**	**-1.30**	-0.10	0.55	**1.19**	**473**	537	559	**581**	**42.4**	**3.5**	23.6
香港	0.53	-0.63	-0.41	**-0.22**	**-1.94**	-0.91	-0.03	**0.78**	**493**	520	552	**570**	**29.2**	**2.2**	13.6
新加坡	0.17	0.04	0.30	**-0.26**	**-1.31**	0.10	0.65	**1.23**	**460**	517	553	**577**	**45.1**	**3.1**	22.2
日本	-0.01	-0.19	0.18	**-0.37**	**-1.52**	-0.14	0.47	**1.15**	**444**	521	551	**571**	**48.6**	**3.6**	25.9
澳門	-0.28	-0.39	-0.17	**-0.22**	**-1.65**	-0.55	0.21	**0.87**	**455**	482	502	**510**	**22.2**	**2.0**	8.3
OECD平均	-0.01	-0.18	0.17	**-0.35**	**-1.40**	-0.20	0.46	**1.12**	**438**	489	519	**545**	**41.9**	**3.0**	21.1

註：統計達顯著者標以粗體。

的性別差異不僅小於OECD國家，亦比其他參照國來得小，顯示臺灣男學生、女學生對摘要資訊有效策略的察覺歧異不大。

（三）記憶、精緻化及控制策略的使用與閱讀表現的關聯

PISA以學生對控制策略的使用來測量自律學習（self-regulated learning），結果顯示自律學習始終與PISA閱讀評量的較佳表現有關。此關聯性在臺灣尤為顯著，表7.10顯示，臺灣最常使用與最不常使用此項學習策略的學生，前者的閱讀表現較後者高出96分之多，超過一個素養水準；OECD國家平均二者的差距僅69分，不到一個素養水準；整體閱讀表現與臺灣相若的澳門，二群組學生的差異，更縮小至40分，約半個素養水準強。由指標對學生閱讀素養表現的解釋力，亦可看出此關聯性的差異，此項指標對OECD國家的解釋力僅8.2%，對臺灣的解釋力卻高達17.8%，對澳門的解釋力降至4.5%，除臺灣

❖ 表 7.10　臺灣與參照國家控制策略指標的差異及不同指標組別學生閱讀表現的對照

	控制策略指標												每單位的閱讀分數改變量	閱讀表現最低25%位於此指標最低25%的增加可能性	解釋學生表現的變異（r-squared ×100）
									平均數						
	所有學生	男學生	女學生	性別差異男－女	最低25%	次低25%	次高25%	最高25%	最低25%	次低25%	次高25%	最高25%	效果	比率	百分比
臺灣	-0.39	-0.46	-0.31	**-0.15**	**-1.61**	-0.69	0.10	**0.85**	**440**	488	519	**536**	**35.0**	**3.0**	17.8
上海	-0.28	-0.32	0.24	**-0.08**	**-1.24**	-0.52	-0.07	**0.72**	**527**	548	565	**584**	**26.5**	**1.8**	7.5
韓國	-0.27	-0.34	-0.20	**-0.14**	**-1.50**	-0.53	0.02	**0.91**	**488**	540	555	**575**	**34.2**	**2.8**	18.7
芬蘭	-0.34	-0.45	-0.22	**-0.23**	**-1.51**	-0.60	-0.07	**0.82**	**503**	531	545	**565**	**25.6**	**1.9**	8.1
香港	-0.14	-0.17	-0.11	**-0.06**	**-1.24**	-0.44	0.09	**1.02**	**490**	532	546	**565**	**28.1**	**2.3**	9.6
新加坡	0.30	0.26	0.33	**-0.07**	**-0.81**	0.00	0.50	**1.50**	**488**	526	538	**553**	**25.9**	**1.9**	6.1
日本	-0.55	-0.57	-0.53	-0.04	**-1.85**	-0.79	-0.23	**0.66**	**474**	511	540	**556**	**32.5**	**2.2**	11.2
澳門	-0.53	-0.55	-0.51	**-0.04**	**-1.56**	-0.81	-0.31	**0.55**	**466**	481	495	**506**	**18.4**	**1.6**	4.5
OECD平均	0.00	-0.13	0.14	**-0.27**	**-1.19**	-0.26	0.27	**1.19**	**456**	492	508	**525**	**26.1**	**2.0**	8.2

註：統計達顯著者標以粗體。

外，解釋力超過10%的國家還有參照國中的韓國與日本。

記憶策略對各國學生閱讀素養的表現，效果有正有負。據表7.11所示，臺灣學生的閱讀素養表現受益於記憶策略甚多，每提高記憶策略指標一個單位，臺灣學生的閱讀素養表現可提高20.7分，亦即愈頻繁使用記憶策略者，其閱讀素養表現愈佳，故最不常使用與最頻繁使用此策略的學生，後者表現超過前者51分之多；反觀OECD國家，平均下降0.9分，顯示愈頻繁使用記憶策略者，其閱讀表現反而不如較少使用者，此現象在參照國的新加坡尤為顯著，最不常使用與最頻繁使用記憶策略的學生，前者表現較後者高出33分。此結果顯示，某些國家的學生會因使用記憶策略而受益，如臺灣、韓國，但對某些國家卻於事無補，反而是閱讀表現較差的學生較常使用此項策略，如新加坡。

❖ 表 7.11 臺灣與參照國家記憶策略指標的差異及不同指標組別學生閱讀表現的對照

	記憶策略指標														
									平均數				每單位的閱讀分數改變量	閱讀表現最低25%位於此指標最低25%的增加可能性	解釋學生表現的變異（r-squared × 100）
	所有學生	男學生	女學生	性別差異男－女	最低25%	次低25%	次高25%	最高25%	最低25%	次低25%	次高25%	最高25%	效果	比率	百分比
臺灣	-0.13	-0.26	0.01	**-0.28**	**-1.27**	-0.37	0.13	**1.00**	**465**	490	511	**516**	**20.7**	**2.0**	5.5
上海	-0.07	-0.14	0.00	**-0.14**	**-1.02**	-0.31	0.19	**0.87**	**550**	555	559	**560**	**4.9**	**1.1**	0.2
韓國	0.08	-0.02	0.19	**-0.21**	**-1.12**	-0.08	0.38	**1.13**	**503**	545	553	**557**	**24.6**	**2.3**	8.7
芬蘭	-0.25	0.33	-0.17	**-0.17**	**-1.36**	-0.44	0.02	**0.79**	534	538	537	536	2.9	**1.1**	0.1
香港	0.13	0.06	0.21	**-0.15**	**-0.88**	-0.13	0.33	**1.19**	**518**	537	540	**539**	**8.2**	**1.5**	0.7
新加坡	0.06	0.04	0.08	-0.04	**-1.00**	-0.22	0.28	**1.19**	**541**	532	524	**508**	**-14.1**	**0.8**	1.7
日本	-0.70	-0.70	-0.71	0.01	**-2.05**	-0.91	-0.36	**0.51**	**508**	527	523	**523**	**6.5**	**1.3**	0.5
澳門	-0.16	-0.20	-0.12	**-0.08**	**-1.13**	-0.38	0.06	**0.80**	**477**	486	490	**494**	**9.2**	**1.3**	1.0
OECD平均	0.00	-0.09	0.09	**-0.17**	**-1.18**	-0.24	0.28	**1.15**	**495**	500	497	**489**	**-0.9**	**1.1**	1.1

註：統計達顯著者標以粗體。

PISA 2009 的結果顯示，經常使用精緻化策略與閱讀表現有正相關，以 OECD 國家而言，最常使用與最少使用此項策略的學生，二者閱讀素養的表現差異為 14 分（表 7.12），然此數據隨國家而異，例如臺灣這二群組學生的表現差異達 64 分，約為 0.88 個素養水準，顯示此策略對臺灣學生的閱讀表現有較佳的效果與較高的解釋力。不僅臺灣如此，此策略對韓國、日本與澳門學生的閱讀表現，相對於 OECD 國家，亦有較大的效果，最頻繁使用與最少使用此策略的二群組學生，其閱讀表現差異均在 35 分以上，超過半個素養水準；此策略對新加坡學生的效果最不顯著，無論此策略的使用頻率多寡，學生的閱讀素養表現並無不同。

❖ 表 7.12　臺灣與參照國家精緻化策略指標的差異及不同指標組別學生閱讀表現的對照

	精緻化策略指標														
									平均數						
	所有學生	男學生	女學生	性別差異 男－女	最低 25%	次低 25%	次高 25%	最高 25%	最低 25%	次低 25%	次高 25%	最高 25%	每單位的閱讀分數改變量	閱讀表現最低25%位於此指標最低25%的增加可能性	解釋學生表現的變異（r-squared ×100）
													效果	比率	百分比
臺灣	0.12	0.12	0.12	0.00	**-1.02**	-0.13	0.40	**1.24**	**460**	483	516	**524**	**28.3**	**2.1**	9.9
上海	0.16	0.22	0.09	**0.13**	**-0.81**	-0.11	0.38	**1.16**	**544**	549	562	**570**	**14.8**	**1.3**	2.3
韓國	0.09	0.10	0.08	0.03	**-1.18**	-0.13	0.42	**1.25**	**512**	528	552	**566**	**24.0**	**1.7**	9.1
芬蘭	-0.15	-0.12	-0.17	**0.04**	**-1.38**	-0.36	0.17	**0.98**	**523**	529	541	**551**	**13.1**	1.2	2.1
香港	0.00	0.08	-0.09	**0.17**	**-1.13**	-0.23	0.25	**1.10**	**527**	523	544	**540**	**9.2**	**1.2**	1.0
新加坡	0.24	0.35	0.12	**0.23**	**-0.86**	-0.05	0.51	**1.37**	526	526	525	528	0.7	0.9	0.0
日本	-0.74	-0.63	-0.85	**0.22**	**-2.11**	-1.07	-0.34	**0.58**	**494**	525	520	**543**	**16.8**	**1.5**	3.2
澳門	-0.09	-0.04	-0.13	**0.09**	**-1.17**	-0.27	0.16	**0.94**	**470**	479	492	**505**	**16.2**	**1.4**	3.4
OECD平均	0.00	0.04	-0.04	**0.08**	**-1.25**	-0.24	0.32	**1.17**	**489**	491	498	**503**	**7.1**	**1.1**	1.2

註：統計達顯著者標以粗體。

整體而言，PISA 2009 的調查結果顯示，與臺灣學生閱讀表現最密切有關的學習策略，是理解與回憶資訊有效策略的覺察、摘要資訊有效策略的覺察，以及控制策略，OECD 國家亦是此三項策略與閱讀表現的關係最密切，PISA 2009 整體閱讀表現最佳的上海，與閱讀表現最密切相關的也是這三項策略，但相較於臺灣，其作用效果相對輕微；至於整體閱讀表現與臺灣相若的澳門，這三項策略對其學生閱讀表現的效果，顯得更微不足道。此外，對照 OECD 國家在精緻化策略與記憶策略的平均值發現，這二項策略對臺灣學生閱讀表現的效果相對重要，尤其是精緻化策略。換言之，同為中文版施測，這五項學習策略對學生閱讀表現的作用，其效果在臺灣較其他三個地區來得明顯與重要，尤其是控制策略與精緻化策略。

三 社經背景變項之於閱讀表現與閱讀投入、學習策略的效應

根據學生問卷呈現的調查結果，並非所有學生對閱讀活動有相同的投入，或對閱讀使用記憶、精緻化和控制策略的程度相同，當然，他們對最有效的理解、回憶和摘要資訊策略之覺察程度亦有所差異。第三章詳細說明了PISA 2009的閱讀評量，女學生普遍表現優於男學生，另外在第九章將比較社經優勢學生與社經不利學生，結論顯示前者是比較優秀的閱讀者，因此，本章第一節呈現的結果，反映的不僅是學生的閱讀投入及適當學習策略的使用，更是學生社經背景的結果。表 7.13 至表 7.17 呈現在經過性別、社經背景、學生移民狀況，以及他們在家中是否使用與PISA評量施測相同的語言等變項的調整後，不同投入水準、使用與知曉學習策略及閱讀表現的關聯程度。整體而言，在考量學生的社經背景後，閱讀表現與高水準的閱讀投入，較多樣化的閱讀活動，較頻繁使用記憶、精緻化與控制策略，以及較能察覺最有效的理解、回憶與摘要資訊策略，其間的關係並未因此而改變。以每月或每週是否因樂趣而閱讀而言，在經過性別、PISA的經濟、社會與文化地位指標（ESCS）、移民狀況以及在家中使用語言等因素的調整後，臺灣學生在雜誌與漫畫書部分的差異擴大，在小說、非小說類書籍及報紙的差異則是縮小，但是否因樂趣而讀二組學生在PISA 2009的閱讀評量表現差異方向不變；即便是依性別分析，男、女學生在調整前、後的差異方向仍然不變。在閱讀投入、學習策略與閱讀表現的關係上，亦可發現類似的結果，即調整性別、ESCS、移民狀況及在家中所用語言等因素後，各指標每單位的閱讀分數改變量呈現縮小趨勢。

❖ 表 7.13　臺灣與參照國家控制不同材料類型前、後的分數差異對照

	學生一個月或是一星期閱讀數次									
	調整前分數差異					調整後分數差異[1]				
	雜誌	漫畫書	小說	非小說類書籍	報紙	雜誌	漫畫書	小說	非小說類書籍	報紙
臺灣	-3.6	0.9	**37.2**	**29.5**	**24.9**	**-8.8**	**1.3**	**24.1**	**18.5**	**13.1**
上海	**16.4**	**-19.0**	**14.8**	**7.2**	**34.3**	**7.0**	**-13.2**	**8.6**	**7.0**	**24.3**
韓國	-1.0	**-9.4**	**30.6**	**31.0**	**28.8**	**-12.4**	**-0.9**	**20.8**	**21.1**	**17.4**
芬蘭	**39.8**	**10.1**	**73.2**	**26.2**	**17.5**	**21.6**	**18.8**	**53.8**	**30.0**	**15.5**
香港	**-11.8**	**-6.7**	**35.7**	**24.9**	**27.0**	**-18.7**	**-2.4**	**25.7**	**20.2**	**18.5**
新加坡	3.9	4.3	**48.9**	**16.9**	**28.5**	**-6.1**	**6.9**	**31.6**	**6.1**	**21.2**
日本	-4.7	6.6	**46.9**	**23.8**	**24.2**	**-12.4**	**11.8**	**37.2**	**14.0**	**20.9**
澳門	-1.4	**5.0**	**31.8**	**25.6**	**27.6**	**-6.4**	**8.1**	**23.7**	**21.3**	**22.1**
OECD 平均	**6.8**	2.1	**42.2**	**11.7**	**9.0**	**-4.2**	**8.7**	**32.3**	**8.3**	**8.8**

註：統計達顯著者標以粗體，以一個月或一週沒有為樂趣而閱讀數次的學生為參照組。

1. 調整模式考量性別、PISA ESCS（經濟、社會與文化地位指標）、移民狀況，以及在家中所說語言。

❖ 表 7.14　臺灣與參照國家男學生在控制不同材料類型前、後的分數差異對照

	男學生一個月或是一星期閱讀數次									
	調整前分數差異					調整後分數差異[1]				
	雜誌	漫畫書	小說	非小說類書籍	報紙	雜誌	漫畫書	小說	非小說類書籍	報紙
臺灣	8.3	**12.0**	**36.0**	**35.5**	**38.1**	0.1	3.2	**25.4**	**22.5**	**23.9**
上海	**18.0**	**-17.5**	**6.5**	**10.9**	**40.0**	**9.8**	**-17.3**	3.9	4.1	**29.1**
韓國	2.8	3.4	**37.6**	**45.0**	**32.6**	-7.7	4.1	**31.0**	**35.0**	**18.3**
芬蘭	**27.4**	**28.3**	**72.7**	**41.0**	**25.0**	**21.8**	**25.5**	**66.0**	**36.4**	**20.9**
香港	**-10.3**	-2.6	**31.2**	**29.9**	**29.5**	**-16.2**	-4.4	**24.4**	**23.3**	**21.1**
新加坡	3.0	**8.9**	**46.8**	**26.3**	**41.7**	-5.1	**8.1**	**34.3**	**13.8**	**30.7**
日本	-0.2	**18.5**	**51.5**	**18.1**	**29.9**	-6.9	10.7	**42.5**	9.0	**21.8**
澳門	-0.1	**12.3**	**21.2**	**28.6**	**25.9**	-1.5	**10.6**	**22.0**	**23.8**	**22.8**
OECD 平均	**9.0**	**7.3**	**39.3**	**18.1**	**13.3**	-0.1	**8.2**	**34.5**	**13.6**	**9.1**

註：統計達顯著者標以粗體，以一個月或一週沒有為樂趣而閱讀數次的學生為參照組。

1. 調整模式考量性別、PISA ESCS（經濟、社會與文化地位指標）、移民狀況，以及在家中所說語言。

❖ 表 7.15 臺灣與參照國家女學生在控制不同材料類型前、後的分數差異對照

	女學生一個月或是一星期閱讀數次									
	調整前分數差異					調整後分數差異[1]				
	雜誌	漫畫書	小說	非小說類書籍	報紙	雜誌	漫畫書	小說	非小說類書籍	報紙
臺灣	**-15.2**	-0.9	**29.5**	**23.3**	**8.9**	**-17.6**	**-0.7**	**22.9**	**14.3**	1.9
上海	**11.3**	-7.2	**16.0**	**17.6**	**27.4**	4.2	**-8.0**	**13.8**	**10.8**	**19.8**
韓國	**-12.5**	**-9.9**	**14.8**	**12.5**	**27.2**	**-16.3**	**-7.7**	**9.8**	**7.1**	**16.3**
芬蘭	**29.0**	**17.0**	**54.2**	**24.2**	**12.2**	**21.2**	**13.5**	**48.3**	**20.5**	**10.4**
香港	**-15.8**	1.5	**32.6**	**21.4**	**23.6**	**-21.4**	**0.3**	**27.3**	**16.6**	**15.9**
新加坡	-3.1	**9.6**	**42.7**	6.0	**20.7**	**-6.8**	**5.7**	**29.0**	**-1.1**	**13.1**
日本	**-17.3**	**14.8**	**34.6**	**27.1**	**26.0**	**-19.1**	**12.5**	**32.0**	**19.0**	**19.9**
澳門	**-8.4**	**7.4**	**28.4**	**22.5**	**24.8**	**10.9**	**5.7**	**25.3**	**18.8**	**21.4**
OECD 平均	-2.2	**5.4**	**36.0**	**4.2**	**9.9**	**-8.5**	**9.3**	**30.4**	**3.2**	**8.5**

註：統計達顯著者標以粗體，以一個月或一週沒有為樂趣而閱讀數次的學生為參照組。

1. 調整模式考量性別、PISA ESCS（經濟、社會與文化地位指標）、移民狀況，以及在家中所說語言。

❖ 表 7.16 臺灣與參照國家閱讀投入對學生閱讀表現的改變量對照

	閱讀投入					
	閱讀樂趣		閱讀材料多樣性		線上閱讀活動	
	每單位的閱讀分數改變量	調整後的改變量[1]	每單位的閱讀分數改變量	調整後的改變量[1]	每單位的閱讀分數改變量	調整後的改變量[1]
臺灣	45.9	35.5	11.8	6.5	7.0	1.3
上海	39.8	27.8	9.2	4.8	5.2	-4.1
韓國	40.4	32.7	17.0	10.7	13.7	7.6
芬蘭	43.3	36.0	37.9	30.1	14.5	12.9
香港	42.3	35.0	11.5	7.1	8.5	4.7
新加坡	43.3	33.2	13.7	6.7	16.0	7.8
日本	35.8	30.2	20.7	15.6	21.3	15.8
澳門	35.9	28.6	17.8	14.5	13.2	12.3
OECD 平均	35.0	29.3	15.5	11.1	17.8	7.0

註：統計達顯著者標以粗體。

1. 調整模式考量性別、PISA ESCS（經濟、社會與文化地位指標）、移民狀況，以及在家中所說語言。

❖ 表 7.17　臺灣與參照國家學習策略對學生閱讀表現的改變量對照

	學習策略									
	記憶策略		精緻化策略		控制策略		理解與回憶		摘要	
	每單位的閱讀分數改變量	調整後的改變量[1]	每單位的閱讀分數改變量	調整後的改變量[1]	每單位的閱讀分數改變量	調整後的改變量[1]	每單位的閱讀分數改變量	調整後的改變量[1]	每單位的閱讀分數改變量	調整後的改變量[1]
臺灣	**20.7**	**11.7**	**28.3**	**20.5**	**35.0**	**26.8**	**30.6**	**23.2**	**32.6**	**26.0**
上海	**4.9**	0.1	**14.8**	**9.6**	**26.5**	**18.8**	**27.3**	**22.1**	**32.9**	**26.8**
韓國	**24.6**	**18.9**	**24.0**	**18.8**	**34.2**	**28.1**	**33.2**	**28.0**	**38.9**	**33.4**
芬蘭	2.9	-1.3	**13.1**	**11.2**	**25.6**	**19.6**	**35.4**	**27.4**	**42.4**	**34.1**
香港	**8.2**	**3.6**	**9.2**	**6.8**	**28.1**	**23.7**	**28.8**	**24.5**	**29.2**	**25.9**
新加坡	**-14.1**	**-13.4**	0.7	-0.9	**25.9**	**17.4**	**31.9**	**25.5**	**45.1**	**37.1**
日本	**6.5**	3.1	**16.8**	**13.8**	**32.5**	**26.6**	**40.3**	**35.0**	**48.6**	**43.0**
澳門	**9.2**	**8.0**	**16.2**	**15.6**	**18.4**	**19.7**	**19.0**	**16.0**	**22.2**	**20.9**
OECD 平均	**-2.0**	**-4.0**	**1.7**	**1.1**	**22.5**	**15.6**	**34.7**	**27.1**	**40.0**	**32.3**

註：統計達顯著者標以粗體。

1. 調整模式考量性別、PISA ESCS（經濟、社會與文化地位指標）、移民狀況，以及在家中所說語言。

如前所述，本節主要著眼於學生樂於閱讀的程度、花費多少時間為樂趣而讀，以及讀些什麼，本節同時從學習策略檢視臺灣學生的學習策略，以及臺灣學生閱讀習慣與閱讀表現的關係。整體而言，臺灣學生樂於閱讀對閱讀表現變異的解釋力高於 OECD 國家平均，不會為樂趣而讀的學生比例亦少於 OECD 國家平均，閱讀長且複雜文本及報紙的學生，其閱讀表現優於不閱讀此類文本的學生。臺灣學生在各項學習策略對閱讀表現變異的解釋力方面，以控制策略的解釋力最高（17.8%），其次是摘要策略（16.0%），理解與回憶資訊策略（11.7%），記憶策略與精緻化策略的解釋力不及 10%。在考量學生的社經背景後，閱讀表現與高水準的閱讀投入，多樣化的閱讀活動，以及頻繁使用各項學習策略的關係仍然相同。

第二節 閱讀習慣與學習策略

本節旨在探討臺灣與各參照國學生為樂趣而讀、閱讀材料及樂於閱讀的程度差異，以及藉由選擇與採用有效學習策略來了解學生是否已「習得如何學習」。15 歲學生所發展出來的閱讀與學習習慣，不僅影響他們目前的閱讀表現，同時對成果自身也很重要，且會形塑學生未來的生活方式與作法。

一 不同閱讀者的剖面特徵及閱讀表現

本小節旨在為閱讀表現與學生為樂趣而讀的強烈關聯性建立證據，並依據學生為樂趣而閱讀漫畫書、雜誌、報紙、小說與非小說，以及他們對理解、記憶及摘要資訊有效學習策略的覺察，確認六種閱讀者的剖面。圖 7.4 說明六種閱讀者在閱讀材料多樣性（閱讀廣度）與有效學習策略水準（閱讀深度）二個向度的相對位置，即他們閱讀過程在閱讀廣度與深度的特徵，圖 7.5 更具體說明六種閱讀者在閱讀材料與有效學習策略的剖面差異。

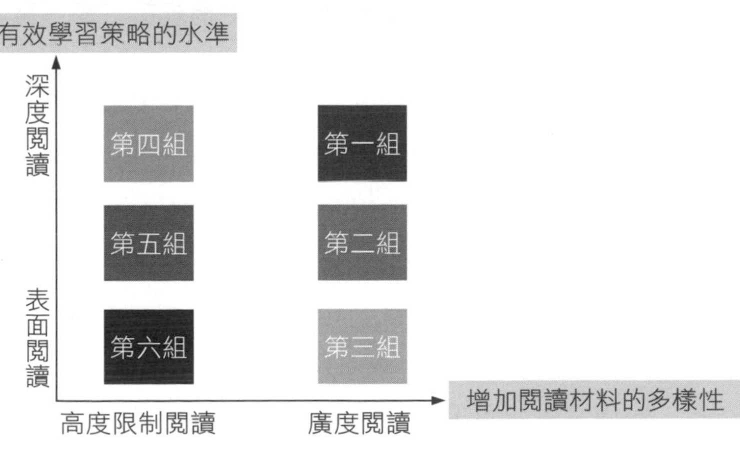

圖 7.4 閱讀過程在深度與廣度的特徵圖

資料來源：OECD（2010h）

	無定期閱讀任何材料	定期閱讀雜誌與報紙	定期閱讀各種材料
高水準的有效學習策略	既深又高度限制的閱讀者	既深又窄的閱讀者	既深又廣的閱讀者
低水準的有效學習策略	既淺又高度限制的閱讀者	既淺又窄的閱讀者	既淺又廣的閱讀者

➲ 圖 7.5　六種閱讀者的剖面

第一組：**既深又廣的閱讀者**：這組學生對有效理解、回憶與摘要資訊的策略具有高度的覺察力，定期閱讀各種材料，包括為樂趣而閱讀小說及非小說類書籍。這類學生「理解與回憶」指標的平均值為 0.2，「摘要策略」指標的平均值為 0.6。這組超過 99%的學生一個月至少閱讀數次小說；53%表示一個月至少閱讀數次非小說。此組學生對理解、回憶及摘要資訊最有效策略具有高度的察覺水準，但也會定期閱讀各種材料。OECD國家估計約有 18.8%的學生屬於這一組，臺灣約有 29.1%屬於這一組（表 7.18）。

第二組：**既深又窄的閱讀者**：這組學生與第一組學生相同，對有效學習策略具有高度的覺察力，他們會定期閱讀雜誌及報紙：85%一個月至少閱讀數次雜誌，83%一個月至少閱讀數次報紙。他們甚少閱讀漫畫書、小說及非小說類書籍。OECD 國家估計約有 25.2%的學生屬於第二組，臺灣約有 14.6%屬於這一組（表 7.18）。

第三組：**既深又高度限制的閱讀者**：這組學生能察覺有效的理解、回憶和摘要資訊策略，但很少從事閱讀活動。其「理解與回憶」指標的平均值為 0.2，「摘要策略」指標的平均值為 0.6。他們經常閱讀的唯一材料是報紙（37%），較小比例（26%）經常閱讀雜誌或漫畫書（12%）或小說（17%），甚至更少比例（6%）閱讀非小說類。OECD國家有 29.2%的學生屬於第三組，臺灣有 15.7%的學生屬於這一組（表 7.18）。

第四組：**既淺又廣的閱讀者**：這組學生對理解、回憶及摘要資訊有效策略的覺察水準偏低，但會定期閱讀各類材料。其「理解與回憶」指標的平均值為 -0.7，「摘要策略」指標的平均值為 -1.5。第四組幾乎所有學生，每個月至少閱讀數次小說，53%的學生定期閱讀非小說類書籍。OECD 國家有 4.6%的學生屬於第四組，臺灣有 16.6%的學生屬於這一組（表 7.18）。

第五組：**既淺又窄的閱讀者**：這組學生對理解、回憶及摘要資訊的有效策略有少許覺察（對有效學習策略的覺察類似於第四組學生），但普遍會定期為樂趣而閱讀雜誌和報紙（分別有 85%、83%的學生一個月至少閱讀雜誌、報紙數次），他們也可能閱讀非小說類書籍：本組約有 15%的學生表示每個月至少閱讀數次非小書類書籍。OECD 國家有 9.6%的學生屬於第五組，臺灣約有 10.2%的學生屬於這一組（表 7.18）。

第六組：**既淺又高度限制的閱讀者**：這組學生對有效學習策略的覺察水準偏低，很少因樂趣而從事閱讀活動，特別是小說及非小說類書籍。這組學生經常閱讀的一種材料是報紙：37%的學生表示每個月至少看數次報紙，僅 17%學生一個月至少閱讀數次小說，僅 6%定期閱讀非小說類書籍——這些正是與閱讀精熟度有最強烈關聯的閱讀材料類型。OECD國家有 12.5%的學生屬於第六組，臺灣約有 13.7%的學生屬於第六組（表 7.18）。

從表 7.18 可以得知，各國在上述六種閱讀者的分布比例變化很大，但表 7.18 各個國家第一組學生的比例均高於 OECD 國家平均，其中上海與新加坡有超過 30%以上的學生屬於既深又廣的閱讀者，且其既淺又高度限制閱讀者的比例又較低，換言之，上海與新加坡的學生經常閱讀各式各樣材料，僅少數學生未能定期從事閱讀活動。

綜觀臺灣與 OECD 國家平均在這六種閱讀者的分布比例，明顯差異在於前四組，臺灣學生相對有較高比例屬於既深又廣的閱讀者，相對較低比例屬於既深又窄及既深又高度限制的閱讀者，對於第二、三組學生，可加強鼓勵其閱讀材料的多樣化與廣泛性。有問題的部分是臺灣有較高比例學生屬於既淺又廣的閱讀者，這類學生雖會閱讀各式各樣材料，但大都止於蜻蜓點水——淺層的表面閱讀，因此，若能引導這類學生進行深度閱讀，當能有效改善臺灣學生的閱讀表現。平均而言，第一組、第二組及第三組學生，與第四組、第五組及第六組學生相較，前者屬於較精熟的閱讀者。

❖ 表 7.18 臺灣與參照國家六種閱讀者的比例對照

	第一組	第二組	第三組	第四組	第五組	第六組
臺灣	29.1	14.6	15.7	16.6	10.2	13.7
上海	41.4	17.4	19.9	10.5	4.3	6.5
韓國	25.8	9.3	41.2	5.9	3.2	14.5
芬蘭	20.4	39.3	17.0	2.1	13.4	7.9
香港	27.7	13.6	12.3	19.2	14.2	13.1
新加坡	39.3	20.0	19.1	7.6	6.7	7.4
日本	27.9	26.2	19.2	7.2	11.6	7.9
澳門	20.5	23.0	18.4	9.8	14.4	13.8
OECD 平均	18.8	25.2	29.2	4.6	9.6	12.5

表 7.19 顯示考量學生背景變項前後，六種閱讀者在 PISA 2009 閱讀評量的表現。整體而言，無論是否考量學生的背景變項，第一組學生的表現顯著優於其他各組，唯一例外是上海，考量學生背景變項後，第一、二組學生的表現並無明顯差異。值得注意的有幾點，首先是芬蘭第一組學生在考量背景變項前的表現，雖然上海是PISA 2009 閱讀評量表現最優的地區，但芬蘭第一組學生的表現卻優於上海，亦即同屬既深又廣的閱讀者，芬蘭這群學生的閱讀素養更甚上海同類學生。其次，第一組學生在考量學生背景變項前後的表現差異，上海、韓國與芬蘭是參照國中差異最大者，尤其是韓國，差異高達 145 分，幾近於二個素養水準，上海與芬蘭的差異亦在 90 分以上，顯示這三個地區或國家的學生——特別是韓國，其閱讀表現與背景變項有強烈關聯存在。相較於背景變項對上海、韓國、芬蘭第一組學生閱讀表現的強烈關聯，新加坡與日本第一組學生的閱讀表現卻呈現出完全不同的樣貌，考量背景變項前後，新加坡與日本的差異分別為 29、41 分，不僅是參照國中最低的二國，亦比 OECD 國家平均（58 分）為低，顯示這二個國家背景變項與閱讀表現的關聯較為薄弱。

❖ 表 7.19　臺灣與參照國家六種閱讀者的閱讀表現對照

	考量學生背景變項前						考量學生背景變項後					
	第一組	第二組	第三組	第四組	第五組	第六組	第一組	第二組	第三組	第四組	第五組	第六組
臺灣	536	**510**	**504**	**476**	**451**	**442**	472	**454**	**453**	**424**	**405**	**402**
上海	577	**571**	**554**	**511**	**508**	**491**	487	484	**472**	**432**	**434**	**423**
韓國	574	**556**	**551**	**493**	**466**	**468**	429	**415**	**416**	**359**	**339**	**344**
芬蘭	601	**543**	**533**	**522**	**474**	**448**	506	**462**	**453**	**439**	**406**	**381**
香港	574	**543**	**543**	**518**	**496**	**490**	505	**482**	**485**	**456**	**437**	**437**
新加坡	566	**525**	**527**	**472**	**452**	**439**	537	**509**	**512**	**458**	**444**	**443**
日本	565	**533**	**543**	**473**	**438**	**431**	524	**497**	**509**	**442**	**413**	**409**
澳門	522	**495**	**488**	**480**	**466**	**444**	456	**435**	**430**	**417**	**407**	**389**
OECD 平均	546	**506**	**504**	**462**	**440**	**427**	488	**460**	**460**	**421**	**406**	**397**

註：統計達顯著者標以粗體，每一組與第一組的表現差異。
學生背景變項：性別、PISA ESCS（經濟、社會與文化地位指標）、移民狀況，以及在家中所說語言。

背景變項與臺灣學生的閱讀表現呈現中度的關聯性，在考量背景變項前後，第一組至第六組學生的閱讀表現差異依序為 64、56、51、52、46、40 分，就趨勢而言，似乎背景變項與閱讀表現的關聯性有隨組別下降的傾向，若前三組屬於較精熟的閱讀者，則背景變項與精熟閱讀者表現的關聯性較強，這也符合PISA結果報告的發現。又因韓國與芬蘭學生的閱讀表現與背景變項有強烈關聯，故在考量學生的背景變項後，臺灣與這二國的閱讀表現差距大幅縮小，甚至超越韓國，但仍與上海、香港有段差距。

二 閱讀習慣

（一）為樂趣而讀的頻率

學生是否為樂趣而讀，為樂趣而讀時間的跨國差異可能是以下幾個因素所致：不同傳統和文化對閱讀的重視程度、學生校外閱讀機會、學生發現閱讀是一項有樂趣的活動、學生空閒時間所能接觸的材料。由於PISA對學生學習習慣的了解來自自陳式（self-reported）的學生問卷，此意味著上述差異部分可能來自不同國家學生作答時，高報或低報自己的閱讀習慣。

OECD國家平均有37.4%的學生表示他們不會為樂趣而讀，參照國日本、韓國分別有44.2%、38.5%的15歲學生表示他們不會為樂趣而讀，然這二個國家的閱讀教育卻以「晨讀10分鐘」備受矚目，甚至成為臺灣推動閱讀教育的學習對象。相較之下，PISA 2009整體閱讀表現最佳的上海，有超過90%的學生表示他們會為樂趣而讀（表7.3）。整體表現與 OECD 國家平均數（493）相近的臺灣（495），有 30.9%的學生，每天閱讀 30 分鐘或少於 30 分鐘，有21.4%的學生每天閱讀超過30至60分鐘，有18.8%的學生每天閱讀一至二個小時，有 11.6%的學生每天閱讀時間超過二小時，換言之，臺灣有超過 80%的學生表示會為樂趣而讀，明顯高於OECD國家平均的62.6%（表7.3）。

此外，從表7.4的數據可知，臺灣、OECD國家平均及各參照國為樂趣而讀的比例，女學生顯著高於男學生，韓國是唯一的例外，亦即就統計觀點而言，韓國男、女學生為樂趣而讀的比例沒有不同。就 OECD 國家平均而言，女學生比男學生多 20.9%更常為樂趣而讀，芬蘭為樂趣而讀的男女差異更超過 25%，但日本、上海與香港為樂趣而讀的性別差異均少於 10%，算是差異較小者，相較之下，臺灣為樂趣而讀的男女比例差異為10.5%，小於OECD國家平均，與整體表現相似的澳門頗為接近（10.7%）。

表7.20顯示 OECD 國家平均有71.9%的社經優勢學生——PISA 經濟、社會與文化地位指標（index of economic, social and cultural status, ESCS）最高25%的學生——表示他們會每天為樂趣而讀，但只有55.6%社經不利學生——ESCS最低 25%的學生——會每天為樂趣而讀。相較之下，臺灣學生為樂趣而讀的比例明顯高出許多，有 90.7%的社經優勢學生表示會每天為樂趣而讀，社經不利學生僅74.3%表示會每天為樂趣而讀；事實上，同以中文版施測的上海、香港、澳門，為樂趣而讀的學生比例均明顯高於 OECD 國家平均值，尤其是上海，社經優勢與社經不利學生分別有95.9%、87.8%表示會每天為樂趣而讀，

❖ 表 7.20　臺灣與參照國家不同社經背景指標、是否為樂趣而讀的學生比例及學生閱讀表現對照

	ESCS四等分為樂趣而讀的學生比例[1]（%）				ESCS四等分不會為樂趣而讀學生的閱讀表現				ESCS四等分為樂趣而讀學生的閱讀表現				ESCS四等分為樂趣而讀與否的閱讀表現差異			
	最低25%	次低25%	次高25%	最高25%	最低25%	次低25%	次高25%	最高25%	最低25%	次低25%	次高25%	最高25%	最低25%	次低25%	次高25%	最高25%
臺灣	74.3	80.0	86.3	90.7	414	437	461	470	476	497	512	542	**62**	**59**	**51**	**72**
上海	87.8	91.2	93.2	95.9	476	499	508	539	527	550	568	596	**51**	**52**	**60**	**57**
韓國	51.6	59.2	62.3	73.0	490	518	530	550	516	546	559	580	**25**	**27**	**29**	**30**
芬蘭	59.0	67.0	67.1	75.1	472	485	506	516	527	548	570	582	**55**	**62**	**64**	**66**
香港	74.3	79.7	82.9	85.2	478	500	510	516	520	534	548	564	**41**	**33**	**38**	**48**
新加坡	68.2	75.9	79.9	86.2	453	480	507	521	489	523	550	583	**36**	**43**	**43**	**62**
日本	48.6	52.2	58.1	64.9	466	484	514	525	502	534	554	575	**35**	**50**	**40**	**50**
澳門	73.2	81.1	81.5	85.0	457	450	464	457	479	494	499	505	**22**	**44**	**35**	**47**
OECD平均	55.6	59.4	64.0	71.9	429	455	474	499	471	503	525	556	**42**	**48**	**52**	**57**

註：統計達顯著者標以粗體。

1. 為樂趣而讀的學生係指：每天閱讀30分鐘或少於30分鐘、每天閱讀超過30至60分鐘、每天閱讀一至二個小時，及每天閱讀時間超過二小時的學生。

換言之，不論社經地位優劣，上海地區有超過90%的學生表示會每天為樂趣而讀。參照國韓國社經優勢與社經不利學生為樂趣而讀的比例差異超過20%，日本則是整體為樂趣而讀的學生比例偏低。

（二）為樂趣而讀的材料

1. 書面材料

依據PISA的調查結果，不同國家學生有相似的閱讀偏好，雜誌和報紙幾乎是所有國家學生最常閱讀的材料，漫畫書和小說類體裁是學生最不常定期閱讀的材料（OECD, 2010h）。表7.21呈現臺灣與各參照國每月或每週閱讀不同材料的學生百分比，結果大致與PISA相同，報紙與雜誌是學生表示最常定期閱讀的材料，但臺灣學生最常定期閱讀小說的比例高於雜誌，事實上，除

❖ 表 7.21　臺灣與參照國家定期閱讀不同閱讀材料的學生百分比對照

	雜誌	漫畫書	小說	非小說類書籍	報紙
臺灣	46.6	40.3	47.8	37.2	72.0
上海	54.6	29.5	56.2	27.3	71.1
韓國	21.2	40.5	46.6	30.0	45.1
芬蘭	64.9	60.1	26.1	15.5	75.4
香港	48.5	30.4	48.5	35.0	84.1
新加坡	53.9	33.0	48.2	33.1	83.5
日本	64.5	72.4	42.0	11.1	57.6
澳門	48.2	37.3	32.0	26.8	71.7
OECD 平均	57.9	23.1	31.4	18.1	61.0

報紙外，臺灣學生在定期閱讀雜誌、漫畫書、小說與非小說類書籍的比例相當平均，介於 37%至 48%，差距約 10%。對照其他參照國，這四類材料的閱讀比例差距均超過 18%。日本與芬蘭學生的閱讀偏好有點不同於OECD國家，以日本學生而言，最常定期閱讀漫畫書與雜誌，最不常閱讀非小說類書籍（11.1%），這或許正反映日本廣大的漫畫市場；芬蘭學生最常定期閱讀報紙與雜誌，但是定期閱讀漫畫書的比例亦高達 60.1%，亦最不常定期閱讀非小說類書籍（15.5%）。韓國學生各類閱讀材料的偏好較為偏低，最常定期閱讀小說與報紙，二者均不到 50%，相對其他國家，有較少數學生定期閱讀雜誌（21.2%）。

如前所述，PISA調查顯示，女學生為樂趣而讀的比例顯著高於男學生，韓國例外。不僅如此，男學生的閱讀型態亦不同於女學生。依據所示，OECD國家平均有 65.8%的男學生會因樂趣而定期閱讀報紙，女學生只有 58.9%（表 7.22）；雖然定期閱讀漫畫書的比例較低，但OECD國家平均男學生每月或每週閱讀數次漫畫書的比例比女學生高出將近 10%（男學生為 27.1%，女學生為 17.6%）；OECD 國家平均女學生比男學生更常閱讀小說與雜誌，差距分別為

❖ 表 7.22 臺灣與參照國家定期閱讀不同材料的男女學生百分比對照

	雜誌			漫畫書			小說			非小說類書籍			報紙		
	男	女	差異	男	女	差異	男	女	差異	男	女	差異	男	女	差異
臺灣	46.9	46.4	0.5	46.9	33.6	**13.3**	40.7	55.0	**-14.3**	37.1	37.2	-0.1	71.0	73.1	-2.2
上海	52.2	56.8	**-4.6**	36.1	23.0	**13.1**	51.5	60.8	**-9.3**	33.6	21.0	**12.6**	70.6	71.7	-1.1
韓國	17.2	25.6	**-8.5**	49.8	30.2	**19.6**	40.8	53.2	**-12.4**	27.4	33.0	**-5.6**	46.6	43.3	3.3
芬蘭	53.8	76.0	**-22.2**	70.0	50.3	**19.6**	13.0	39.2	**-26.1**	19.2	11.8	**7.4**	76.0	74.7	1.3
香港	46.9	50.3	**-3.4**	37.6	22.4	**15.2**	41.9	55.8	**-14.0**	36.3	33.6	2.8	83.9	84.4	-0.5
新加坡	47.7	60.3	**-12.6**	39.7	26.0	**13.7**	39.4	57.3	**-17.8**	32.0	34.1	-2.1	85.2	81.7	**3.5**
日本	60.8	68.5	**-7.7**	81.4	62.7	**18.7**	36.7	47.8	**-11.1**	10.6	11.8	-1.2	62.0	53.0	**9.0**
澳門	44.2	52.3	**-8.1**	43.9	30.5	**13.4**	22.4	41.7	**-19.3**	26.8	26.8	0.0	68.9	74.5	**-5.6**
OECD平均	51.3	65.1	**-13.7**	27.1	17.6	**9.5**	21.4	39.9	**-18.5**	18.3	19.0	**-0.7**	65.8	58.9	**6.9**

註：統計達顯著者標以粗體。

18.5%、13.7%。以臺灣學生最常定期閱讀的報紙、小說與雜誌而言，臺灣女學生閱讀報紙的比例略高於男學生，但無明顯不同，男、女學生閱讀雜誌的比例無分軒輊，但女學生閱讀小說的比例比男學生高出 14.3%；至於非小說類書籍與漫畫書，前者男女學生定期閱讀的比例相同，後者男學生定期閱讀的比例比女學生高 13.3%。整體而言，臺灣學生在雜誌、非小說類書籍、報紙的定期閱讀比例無性別差距，男學生比女學生更常定期閱讀漫畫書，女學生則比男學生更常定期閱讀小說。

2. 線上閱讀活動

就 OECD 國家平均而言，學生最普遍的線上閱讀活動是線上聊天，幾乎有四分之三的學生至少每週數次投入這個活動，其次是閱讀電子郵件（63.7%）和為學習而搜尋線上資訊（51.3%）（表 7.23）。臺灣學生最普遍的線上閱讀活動亦是線上聊天，約有三分之二的學生每週或每天會與他人進行數次線上聊天，其次是閱讀線上新聞（46.8%）和搜尋線上實用訊息（39.9%），雖然閱讀電子郵件似乎是生活中相當普遍的行為，但對臺灣 15 歲的學生而言，從

❖ 表 7.23　臺灣與參照國家從事不同線上閱讀活動的學生百分比對照

	從事不同線上閱讀活動的學生百分比						
	閱讀電子郵件	線上聊天（如：MSN）	閱讀線上新聞	使用線上字典或百科全書（如：維基百科）	為學習實務主題搜尋線上資訊	參加線上小組討論或論壇	搜尋線上實用資訊（如：時刻表、事件、提示、食譜）
臺灣	35.6	66.8	46.8	20.7	32.1	19.0	39.9
上海	88.3	15.6	44.4	32.6	46.1	2.8	21.5
韓國	41.0	85.2	49.5	35.7	27.2	31.0	33.3
芬蘭	61.8	77.2	45.6	47.7	50.7	21.1	37.8
香港	64.0	80.8	35.0	39.4	30.0	26.1	28.4
新加坡	28.1	57.4	68.6	34.8	59.4	6.1	48.3
日本	54.7	82.6	59.9	53.2	41.9	52.1	44.3
澳門	23.6	62.8	37.7	39.1	32.7	20.9	20.8
OECD 平均	63.7	73.3	45.7	39.0	51.3	19.6	35.5

事這項線上活動的學生比例僅35.6%，相較於上海的88.3%，明顯偏低，顯示上海學生可能多以電子郵件作為溝通聯絡、傳遞訊息的管道，實際上，這也是上海學生最常從事的線上閱讀活動。參照國日本的學生從事各種線上閱讀活動的比例普遍較高，最少的活動是為學習而搜尋線上資訊和搜尋線上實用訊息，但學生比例均在40%以上。韓國、香港與日本學生最常從事的線上閱讀活動是線上聊天，各有超過80%以上的學生表示會經常從事此項活動，然上海僅15.6%的學生表示會定期從事此項活動。

（三）樂於閱讀的程度

就 OECD 國家平均觀之，有相當大比例的學生對閱讀表示負面態度，例如，有 45.7%的學生同意（含非常同意）他們僅在需要獲取資訊時閱讀，有41.2%表示他們僅在必要時閱讀，有24.2%表示閱讀是浪費時間，且僅有三分之一的學生同意（含非常同意）閱讀是他們喜愛的嗜好之一（表 7.24）。相較之下，臺灣學生對閱讀的態度較為正面，有 65.1%的學生表示喜歡與他人談論書籍，有 67.9%表示很高興收到書當禮物，有 65.0%表示喜歡去書局或圖書館，有 60.2%表示喜歡對讀過的書表達看法，有 57.7%的學生表示喜歡與朋友交換書籍，認為閱讀是他們喜愛的嗜好之一的學生多達 64.0%，僅 10.3%的學生認為閱讀是浪費時間的，還有 17.7%的學生表示無法靜靜坐著閱讀超過數分鐘以上。雖然臺灣學生對閱讀呈現出正向的態度，然由於學生問卷屬於自陳量表，因此不無可能，有部分比例臺灣學生僅是依社會期望作答，因為表示必要時才閱讀的學生比例多達 50.7%，這與前述的正面態度是有些矛盾的。至於閱讀表現最佳的上海，其學生對閱讀的態度似乎比臺灣學生更為正向積極，他們表示必要時才閱讀的學生比例為 11.0%，認為閱讀是浪費時間

❖ 表 7.24　臺灣與參照國家同意樂於閱讀活動的學生百分比對照

	樂於閱讀的學生百分比										
	必要時我才閱讀	閱讀是我喜愛的嗜好之一	我喜歡跟別人談論書籍	我覺得讀完一本書很難	收到書當禮物時，我覺得很高興	對我而言，閱讀是浪費時間的	我喜歡去書局或是圖書館	我只在需要獲取資訊時閱讀	我無法靜靜坐著閱讀超過幾分鐘以上	我喜歡對讀過的書表達看法	我喜歡與朋友交換書籍
臺灣	50.7	64.0	65.1	23.7	67.9	10.3	65.0	44.7	17.7	60.2	57.7
上海	11.0	69.9	64.6	23.2	69.1	6.3	68.8	34.8	8.1	69.5	70.7
韓國	54.8	39.1	38.5	32.4	55.2	9.5	42.2	31.0	15.9	41.6	48.5
芬蘭	34.7	34.0	34.1	27.7	52.1	27.3	47.6	36.3	14.5	58.3	26.4
香港	42.9	64.9	60.6	23.2	58.5	9.2	64.8	37.7	16.4	60.0	55.2
新加坡	35.3	53.6	48.1	34.9	57.1	13.2	71.7	40.9	18.6	54.0	45.4
日本	47.5	42.0	43.6	28.4	45.6	15.2	66.5	24.2	20.6	27.5	39.3
澳門	49.9	49.6	50.9	34.2	46.0	13.6	52.2	57.0	15.9	53.4	39.2
OECD平均	41.2	32.9	37.6	32.5	46.4	24.2	42.0	45.7	25.0	56.7	36.2

的學生比例為 6.3%，無法靜靜坐著閱讀數分鐘的學生比例為 8.1%，從這幾項數據，不難看出上海學生對閱讀的重視。

三 學習策略

理解何種策略可有效促進學習，有助於強化學生組織自行學習和預備終身學習的能力。優秀的學習者能彈性運用許多學習策略，自行學習有問題的學生通常無法找到幫助其學習的策略，或無法選擇適合手邊試題的策略。

（一）有效理解與回憶資訊策略之覺察

PISA 2009 透過學生問卷方式，要求學生對可能策略的有用性（usefulness）予以評分。依據表 7.7，上海與日本的學生對有效理解與回憶資訊策略的察覺水準較高，香港、臺灣、澳門的學生對有效理解與回憶資訊策略的察覺水準較低。若比較各國在此策略最高與最低覺察水準的指標差距，OECD 國家平均的差距為 2.54，參照國以韓國、芬蘭及香港的差異相對較大，以日本的差異最小，臺灣的差距亦屬較小（2.43）。若考量各國在此策略最高與最低覺察水準的閱讀表現差異，澳門二者的表現差異最小（46 分），芬蘭與日本的表現差異最大（91 分、90 分）。從男女差異的角度觀之，似乎女學生比男學生更能覺察有效的理解與回憶資訊策略，OECD 國家男女學生指標值的平均差異為 0.27，芬蘭的差異較大，為 0.56，新加坡的差異最小，僅 0.07，臺灣為 0.21，略小於 OECD 國家的平均差異。

據表 7.25 所示，OECD 國家平均，社經優勢學生比社經不利學生，較能察覺有效的理解與回憶資訊策略，社經地位差異效果量最小者為香港、上海與澳門，臺灣社經地位對有效理解與回憶資訊策略之覺察的效果量為 0.38，與 OECD 國家的差異不大。

❖ 表 7.25 臺灣與參照國家社經背景差異對不同閱讀投入與學習策略的效果量對照[1]

	閱讀樂趣	閱讀材料多樣性	線上閱讀活動	文學文本的解釋指標	含非連續性材料文本的使用指標	傳統文學課程閱讀活動指標	功能性文本的使用指標	記憶策略	精緻化策略	控制策略	理解與回憶	摘要
臺灣	**0.74**	**0.48**	**0.37**	**0.46**	**0.59**	**0.68**	**0.09**	**0.44**	**0.68**	**0.75**	**0.38**	**0.43**
上海	**0.50**	**0.52**	**0.85**	**0.63**	**0.42**	**0.58**	0.03	**0.16**	**0.61**	**0.61**	**0.20**	**0.30**
韓國	**0.53**	**0.69**	**0.35**	**0.68**	**0.63**	**0.61**	**0.28**	**0.43**	**0.67**	**0.78**	**0.43**	**0.51**
芬蘭	**0.45**	**0.47**	**0.32**	**0.25**	**0.34**	**0.11**	0.02	**0.23**	**0.37**	**0.49**	**0.32**	**0.42**
香港	**0.43**	**0.44**	**0.48**	**0.52**	**0.49**	**0.46**	**0.17**	**0.31**	**0.57**	**0.63**	**0.16**	**0.22**
新加坡	**0.68**	**0.46**	**0.61**	**0.56**	**0.45**	**0.20**	0.00	-0.04	**0.26**	**0.53**	**0.30**	**0.41**
日本	**0.40**	**0.46**	**0.34**	**0.33**	**0.16**	**0.22**	-0.04	**0.22**	**0.45**	**0.53**	**0.25**	**0.39**
澳門	**0.46**	**0.52**	**0.67**	**0.43**	**0.51**	**0.31**	**0.21**	**0.39**	**0.51**	**0.66**	**0.20**	**0.27**
OECD 平均	**0.46**	**0.41**	**0.56**	**0.26**	**0.23**	**0.14**	**-0.09**	**0.05**	**0.33**	**0.46**	**0.42**	**0.46**

註：統計達顯著者標以粗體。

1. 社經背景指標的差異是指 ESCS 最高 25%減最低 25%。

（二）有效摘要資訊策略之覺察

依據表 7.9，新加坡學生是參照國中對有效摘要資訊策略察覺水準最高者，臺灣、香港、澳門學生在此策略的察覺水準相對較低。若比較各國在此策略最高與最低覺察水準的指標差距，OECD 國家在此指標的平均差距為 2.52，參照國以上海的差異最小（2.25），香港、臺灣、澳門與韓國的差異相對較大，均超過 2.60。比較各國在此策略最高與最低覺察水準的閱讀表現差異，OECD 國家的表現差異為 107 分，接近 1.5 個素養水準，日本與新加坡的表現差異均超過 1.5 個素養水準，以中文版施測的臺灣、上海、香港與澳門相對表現差異較小，尤其是澳門差距不及一個素養水準。從男女差異的角度觀之，女學生比男學生更能覺察有效的摘要資訊策略，OECD 國家男女學生指標值的平均差異為 0.35，芬蘭仍是差異最大者，為 0.60，臺灣與上海的男女差異相對較小，分別為 0.15、0.18，約為OECD國家平均差異的一半或不到一半。

❖ 表 7.26 臺灣與參照國家不同 ESCS 組別閱讀樂趣與摘要指標對照

	閱讀樂趣指標				摘要指標			
	ESCS 最低25%	ESCS 次低25%	ESCS 次高25%	ESCS 最高25%	ESCS 最低25%	ESCS 次低25%	ESCS 次高25%	ESCS 最高25%
臺灣	**0.13**	0.28	0.44	**0.74**	**-0.60**	-0.47	-0.36	**-0.16**
上海	**0.38**	0.55	0.63	**0.73**	**-0.06**	0.02	0.09	**0.21**
韓國	**-0.07**	0.08	0.15	**0.35**	**-0.24**	0.04	0.10	**0.28**
芬蘭	**-0.19**	0.02	0.11	**0.27**	**-0.11**	0.03	0.14	**0.29**
香港	**0.17**	0.29	0.37	**0.48**	**-0.62**	-0.55	-0.54	**-0.39**
新加坡	**0.01**	0.18	0.34	**0.62**	**-0.05**	0.10	0.27	**0.36**
日本	**0.01**	0.10	0.26	**0.44**	**-0.21**	-0.10	0.11	**0.18**
澳門	**-0.09**	0.05	0.10	**0.24**	**-0.41**	-0.33	-0.24	**-0.14**
OECD平均	**-0.19**	-0.09	0.04	**0.26**	**-0.23**	-0.06	0.05	**0.22**

註：統計達顯著者標以粗體。

據表 7.26 所示，社經差異在此項策略的覺察是相當大的，以 OECD 國家平均而言，社經優勢學生比社經不利學生在察覺有效的摘要資訊策略上，差異達 0.45 個標準差，臺灣社經優勢與社經不利學生在此指標的平均差異為 0.44，與 OECD 國家相若；差異較小者為上海、香港與澳門，差異值均不及 0.30 個標準差；換言之，臺灣是四個中文施測國家地區中，社經變項對有效察覺摘要策略差異最大者。

（三）記憶、精緻化與控制策略之使用

PISA 2009 依據學生使用記憶、精緻化及控制策略的頻率，建立三個指標，其中記憶策略指標測量學生試圖記憶新材料，俾便能背誦出來的程度，以及他們藉由反覆閱讀材料的練習程度。精緻化策略指標測量學生是否試圖藉由將材料關聯至其已知事物，俾便更能理解該材料，是否試圖將新材料關聯至其他學科習得的事物，或是否試圖決定該資訊在真實世界的有用程度。

控制策略指標將控制策略定義為，學生表示他們用以確定達成其學習目標的計畫，其中涉及決定他們已習得的內容，以及理解他們仍須學習的內容。控制策略指標測量學生是否知曉他們未能由閱讀理解那些概念，他們有無檢查以確定他們能回憶起所讀文本中最重要的要點，及他們是否找尋額外的資訊以釐清不解之處（OECD, 2010h）。

普遍來說，女學生運用記憶策略及特別是控制策略的頻率較男學生為高（表 7.27），男學生則傾向較常運用精緻化策略，然這三項策略的性別差異一般而言是小的（效果量低於 0.2），效果量大於 0.2 者，包括 OECD 國家的控制策略，臺灣、韓國的記憶策略，芬蘭的控制策略，以及新加坡、日本的精緻化策略，但均小於 0.3，僅屬低效果量。雖然男女學生運用記憶、精緻化、控制策略的頻率相似，但在使用學習策略上，社經差異是相當大的。表 7.25 顯示，臺灣、OECD 國家與各參照國，社經地位在控制策略約有中度到高度的效果量，OECD 國家平均的效果量為 0.46，臺灣與韓國的效果量較大（0.75 與 0.78）；社經地位在精緻化策略的效果量變異較大，OECD 國家的平均效果量為 0.33，新加坡的效果量較小（0.26），但臺灣與韓國仍是效果量較大的二個國家（0.68 與 0.67）；社經地位在記憶策略的效果量不如其他二個策略，OECD 國家的平均效果量為 0.05，新加坡是表中唯一社經優勢與社經不利學生，一樣常用此項策略的國家，臺灣與韓國則是社經優勢學生比社經不利學生更常使用此項策略。整體而言，臺灣與韓國與其他參照國相較，社經優勢學生比社經不利學生更常使用這三項策略。

臺灣與各參照國學生運用控制策略、記憶策略與精緻化策略的頻率有明顯差異（表 7.10、表 7.11、表 7.12）。日本學生運用記憶策略、精緻化策略與控制策略的頻率皆低於 OECD 國家的學生，亦低於臺灣與其他參照國家。以三個策略而言，臺灣學生普遍較少使用控制策略，上海、香港、澳門亦復如此，精緻化是臺灣、上海、澳門學生最常使用的策略，香港學生最常用的是記憶策略。

❖ 表 7.27　臺灣與參照國家性別差異[1]對不同閱讀投入與學習策略的效果量對照

	閱讀樂趣	閱讀材料多樣性	線上閱讀活動	文學文本的解釋指標	含非連續性材料文本的使用指標	傳統文學課程閱讀活動指標	功能性文本的使用指標	記憶策略	精緻化策略	控制策略	理解與回憶	摘要
臺灣	**-0.51**	**-0.03**	0.07	**-0.22**	**-0.09**	**-0.24**	0.01	**-0.29**	-0.01	**-0.14**	**-0.22**	**-0.15**
上海	**-0.52**	**0.08**	0.07	**-0.28**	**0.07**	**-0.17**	0.04	**-0.18**	**0.16**	**-0.09**	**-0.27**	**-0.20**
韓國	**-0.34**	**-0.09**	**-0.16**	**-0.22**	**-0.12**	**-0.21**	-0.04	**-0.23**	0.03	**-0.15**	**-0.23**	**-0.29**
芬蘭	**-0.97**	**-0.23**	**0.12**	**-0.16**	-0.02	**-0.07**	**0.09**	**-0.19**	**0.05**	**-0.24**	**-0.57**	**-0.65**
香港	**-0.49**	**-0.03**	0.11	**-0.27**	**-0.10**	**-0.21**	0.01	**-0.17**	**0.19**	**-0.06**	**-0.28**	**-0.21**
新加坡	**-0.66**	**-0.08**	**0.14**	**-0.23**	**-0.09**	**-0.13**	0.03	-0.05	**0.25**	**-0.07**	**-0.07**	**-0.26**
日本	**-0.34**	**0.02**	**-0.13**	**-0.14**	**0.07**	0.05	**0.14**	0.01	**0.21**	-0.04	**-0.26**	**-0.36**
澳門	**-0.60**	**-0.23**	**-0.02**	**-0.42**	**-0.13**	**-0.33**	**-0.15**	**-0.09**	**0.10**	**-0.05**	**-0.32**	**-0.23**
OECD 平均	**-0.67**	**-0.18**	**0.07**	**-0.24**	**0.03**	**-0.10**	**0.05**	**-0.18**	**0.08**	**-0.28**	**-0.27**	**-0.36**

註：統計達顯著者標以粗體。

1. 性別差異是指男學生減女學生。

本節聚焦在學生為樂趣而讀、閱讀材料、樂於閱讀的程度差異，以及相關學習策略。綜合調查結果發現，臺灣學生屬於既深又廣的閱讀者比例最高（29.1%），其次是第四組既淺又廣的閱讀者（16.6%），比例最低者為第五組既淺又窄的閱讀者（10.2%）。就閱讀習慣而言，臺灣有 82.7%的受測學生表示會為樂趣而讀，高於OECD國家平均的 62.6%，低於閱讀表現最佳的上海（92.0%）；在閱讀材料方面，報紙是臺灣學生表示最常定期閱讀的材料，其次是小說與雜誌，臺灣學生最普遍的線上閱讀活動是線上聊天，其次是閱讀線上新聞與線上搜尋資訊；與 OECD 國家相較，臺灣學生對閱讀的態度較為正面，有 64.0%學生表示閱讀是其喜愛的嗜好之一，但同時卻有 50.7%學生必要時才閱讀。就各項學習策略而言，社經優勢學生均比社經不利學生有較高的察覺水準，換言之，社經優勢學生較能察覺出有效的學習策略。

第三節 不同性別、社經地位的閱讀表現差異——閱讀習慣與學習策略的潛力

PISA 2000 報告指出，通常有低閱讀表現的社經不利學生，若在閱讀活動中能有高度的投入，這些學生便不會再有低閱讀表現的情形（OECD, 2002）。同樣地，雖然女學生的閱讀表現優於男學生（Cole, 1997; OECD, 2001; Smith & Wilhelm, 2009），然而，當男學生也能為樂趣而閱讀，也能有多樣化的閱讀模式且廣泛的採取閱讀策略時，他們也有可能呈現比女學生還高的閱讀素養表現。

本節旨在評量怎樣的閱讀習慣和學習策略能對社經團體中或男女性別中的實際閱讀素養表現差異有所影響。假設這種對照關係是可以建立的，且其因果特性可由其他的資料或方法來推斷，那麼以下這些分析將可提供決策者一些建議：如果男學生是熱衷於閱讀且有效率的學習者，那麼閱讀表現的性別差距是否可以減少？如果社經不利學生也能為樂趣而閱讀、樂於閱讀、接觸多樣性的閱讀材料及採取有效的學習策略，那麼閱讀表現的社經背景差異是否可以減少？

一 閱讀習慣與學習策略在閱讀表現模式的角色

閱讀表現不均等是一種關係與作法的複雜網絡所產生的結果。PISA 2009 以圖 7.6 指出性別與閱讀表現間的相關，並指出學生的閱讀習慣，以及學生的學習策略可能是影響社經背景與閱讀表現的原因。圖中，黑色的箭頭代表性別與社經背景對閱讀習慣及學習策略的假設影響；以及閱讀習慣和學習策略對閱讀表現的假設影響。灰色的箭頭則代表所有其他可能可以解釋在閱讀表現上性別及社經地位差距的因素（OECD, 2010h）。

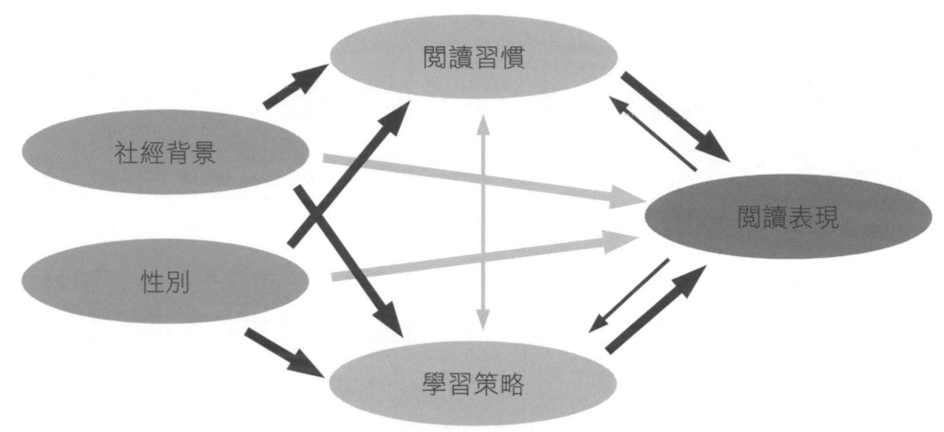

➲ 圖 7.6　閱讀活動投入和學習策略如何促成閱讀表現的差異

圖 7.7 描述在第三章所呈現的結果，即閱讀的性別差距幅度，以及第九章所呈現的結果，社經不均等可從閱讀投入及學習策略的差異加以解釋。本圖同時呈現出投入、學習策略及閱讀表現間的關聯強度。

PISA的分析說明不同性別學生，以及社經優勢和社經不利學生，他們都曾參與閱讀活動，且有積極的學習策略（參考第二節）。文獻也指出男學生通常缺少閱讀興趣，以及社經不利學生對閱讀的興趣較低。即便如此，PISA的研究資料仍無法說明閱讀投入與適當學習策略間的因果關係。

閱讀樂趣與覺察有效的摘要資訊策略是學生在閱讀與學習策略上二個不同、但又互補的面向，下一段會進一步說明此二者與閱讀表現的關聯性。因為閱讀樂趣與其他用以特徵化閱讀活動投入的指標有關，而覺察有效的摘要策略與學生使用其他有效的學習策略有密切關聯，故本節旨在廣泛地評估閱讀投入與學習策略對閱讀表現的潛在角色。

閱讀習慣與學習策略是閱讀表現性別差異的可能重要中介因素，但在考量社經不均等的情況下，其角色較為受限。以 OECD 國家平均而言，男、女學生在閱讀表現的差異約有 70%是男女學生在樂於閱讀和知曉有效摘要資訊策略差異的間接結果，然而，社經優勢與社經不利學生的閱讀表現差異，約僅 30%是不同社經地位學生在樂於閱讀與知曉有效摘要資訊策略差異的間接

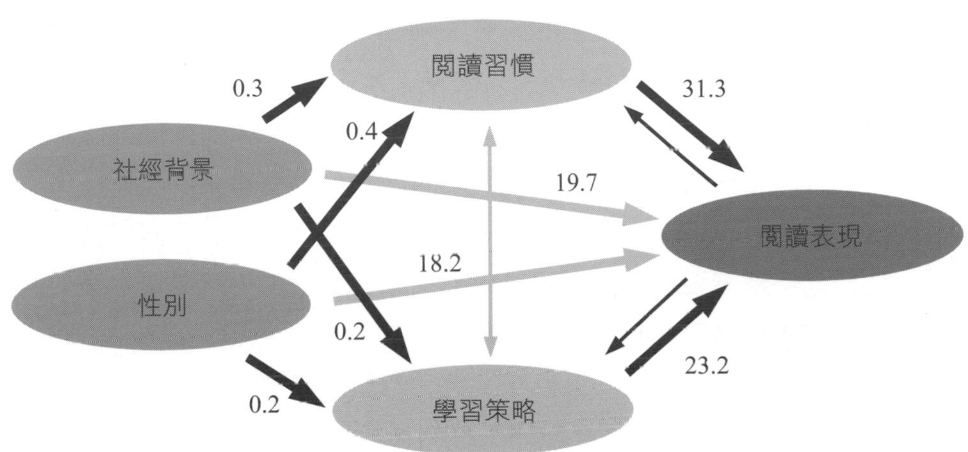

➲ 圖 7.7 臺灣閱讀活動投入和學習策略如何促成閱讀表現的差異

結果（OECD, 2010h）。

閱讀習慣與學習策略對於臺灣學生閱讀表現的效果如圖 7.7 所示。臺灣學生社經背景與性別對閱讀表現的直接效果（分數改變量）分別為 19.7 分及 18.2 分，但除此之外，社經背景與性別亦可藉由閱讀習慣（閱讀樂趣）與學習策略（摘要）對閱讀表現產生效果。若單從閱讀習慣與學習策略的中介角色觀之，二者對臺灣學生閱讀表現的分數改變量分別為 31.3 分及 23.2 分。詳細數據請參見表 7.30 與表 7.31。

二 閱讀習慣與學習策略在閱讀表現性別差距的潛力

PISA 2009 的調查報告指出，閱讀表現的性別差異有很大部分是來自於閱讀樂趣及有效摘要策略知識之差異（OECD, 2010h）。如表 7.28 與表 7.29 的結果所示，男學生若是對閱讀有較高的動機及使用有效的學習策略，男學生與女學生之間的閱讀表現差距會變小。根據表 7.28 的結果，OECD 國家的男學生若與女學生對有效的摘要策略具有相同的覺察水準，其閱讀表現會更高（由

479 提高至 493）。此現象不僅出現於 OECD 國家，亦出現在臺灣與各參照國。以臺灣而言，若男、女學生的摘要策略覺察力具有相同水準，男學生的閱讀表現可由 479 分提升至 484 分，改變量不及 OECD 國家，參照國中潛能最大的是芬蘭（提升 22 分），最小的是澳門（提升 4 分），透過實際與預測表現的差距可看出摘要策略對各國男學生閱讀表現的貢獻。

同樣地，表 7.29 顯示，OECD 國家男學生的閱讀樂趣若等同於女學生的情形，他們的閱讀表現也會提高。以參照國家芬蘭來說，若男學生樂於閱讀的程度與女學生相同，其閱讀表現約能提升 36 分，相較他們目前在 PISA 的表現，兩者之間的分數差異是很大的，幾乎相當於半個素養水準。以 OECD 國家平均而言，男學生此種內在閱讀動機的潛能約為 23 分，而臺灣男學生這部分的潛能僅 19 分，參照國除芬蘭與新加坡外，男學生閱讀樂趣對閱讀表現的潛能普遍不及 OECD 國家，皆低於 20 分。

❖ 表 7.28　臺灣與參照國家男學生在摘要策略指標與女學生相同時的預測閱讀表現對照

	男學生		女學生
	實際閱讀表現	預測閱讀表現	實際閱讀表現
臺灣	479	484	514
上海	536	542	576
韓國	524	535	558
芬蘭	511	533	564
香港	518	525	551
新加坡	512	523	542
日本	503	520	542
澳門	471	475	504
OECD 平均	479	493	516

❖ 表 7.29 臺灣與參照國家男學生在閱讀樂趣指標與女學生相同時的預測閱讀表現對照

	男學生		女學生
	實際閱讀表現	預測閱讀表現	實際閱讀表現
臺灣	479	498	514
上海	536	549	576
韓國	524	534	558
芬蘭	508	544	564
香港	520	534	551
新加坡	512	536	542
日本	504	516	541
澳門	470	483	504
OECD 平均	475	498	514

三 閱讀習慣與學習策略在閱讀表現社經地位差異的潛力

PISA用來描述學生社經背景的經濟、社會與文化地位指標係由數個要素組成，其中兩個要素為父母教育及學生家中擁有的書籍數量。臺灣社會普遍存在的觀念是，受過高等教育的父母或家中有許多書籍的父母，對孩子的教育比較重視，他們比較可能關心孩子的學習狀況，願意花費較多金錢購買圖書供孩子閱讀，也可能因為自己熱衷閱讀，成為孩子良好的模範。換言之，藉由社經優勢的管道，讓學生有機會發展出高的閱讀動機和使用有效的學習策略。

PISA調查結果顯示，學生閱讀習慣與學習策略的差異可以部分解釋大多數國家及經濟體在閱讀表現上的社經地位不均等，臺灣與各參照國家亦復如此（見表 7.30 與表 7.31）。以 OECD 國家而言，閱讀表現與社經背景間的關聯，約有三分之一是受到學生樂於閱讀及覺察有效摘要資訊策略的影響（OECD,

2010h）。圖 7.8 顯示在調整閱讀樂趣與摘要資訊策略後，社經背景對閱讀表現的效果，以每單位ESCS的閱讀分數改變量（即ESCS總效果）為垂直軸，水平軸則是考量閱讀樂趣和察覺有效學習策略（摘要資訊）後，社經背景與閱讀表現的關聯程度（亦即控制閱讀樂趣與摘要資訊策略後，ESCS間接效果在 ESCS 總效果的百分比），計算方式為表 7.30 的 ESCS 間接效果除以 ESCS 總效果，以OECD國家平均為例，其關聯性可表示為（ESCS間接效果／ESCS 總效果）×100 ＝（11.9/37.5）×100 ＝ 31.7。圖 7.8 以OECD國家平均為切點，將圖分為四個區塊，右上區塊為 ESCS 總效果與間接效果比率皆在 OECD 國家平均值之上者，左下區塊位在OECD國家平均值之下者，臺灣位於圖 7.8 的右下區塊，亦即臺灣的 ESCS 總效果高於 OECD 國家平均數，但控制閱讀樂趣與摘要資訊策略後，ESCS間接效果的比例低於OECD國家平均數，顯示閱讀樂趣與摘要資訊策略的角色在臺灣特別明顯〔（13.9/33.6）×100 ＝ 41.4〕，韓國（37.6）與芬蘭（37.5）亦落入此區塊，但其閱讀樂趣與摘要資訊策略的角色仍不及臺灣，依圖 7.8 所示，閱讀樂趣與摘要資訊策略在列支敦斯登的角色比在臺灣更為突出。

並非所有國家及經濟體在閱讀表現都呈現大量的社經背景差異。以OECD 國家平均而言，在控制性別、移民狀況及家中所用語言等因素後，ESCS改變一單位，學生的閱讀表現會隨之改變 37.5 分，同樣情況下，臺灣學生的閱讀表現會改變 33.6 分，與 OECD 國家相去不遠，變化較大者是新加坡與日本，變化較小者是澳門與香港，臺灣是中文版施測國家／地區中，閱讀表現呈現較大 ESCS 差異者（見表 7.30）。

表 7.33 及表 7.34 的結果指出，社經背景不利學生若有較高水準的閱讀投入及更正向的學習策略，其閱讀表現會更接近於社經優勢學生。二個表格所呈現的共同趨勢是，隨著社經地位的升高，閱讀投入與學習策略對閱讀表現的效果逐漸下降，以臺灣為例，若社經地位較低三個水準的學生，其摘要指標或閱讀樂趣指標與社經地位最高水準的學生相同時，其預測閱讀表現與實際閱讀表現的差距分別為 13、9、6 分，亦即當所有學生若能與社經優勢學生具有相同的閱讀樂趣或使用有效的摘要策略時，社經地位愈不利學生的閱讀

表現潛能愈大。

❖ 表 7.30 臺灣與參照國家 ESCS 與性別在閱讀表現的效果，以及閱讀樂趣與摘要策略的中介對照

	閱讀表現的分數差異				間接效果[3]	
	ESCS總效果[1]	性別總效果[2]	控制閱讀樂趣與摘要策略的間接效果後的ESCS 效果[4]	控制閱讀樂趣與摘要策略的間接效果後的性別效果[5]	ESCS 間接效果	性別 間接效果
臺灣	**33.6**	**35.4**	**19.7**	**18.2**	**13.9**	**17.3**
上海	**26.2**	**38.8**	**20.2**	**26.1**	**5.9**	**12.7**
韓國	**31.1**	**33.5**	**19.4**	**17.6**	**11.7**	**15.9**
芬蘭	**29.9**	**54.5**	**18.7**	**12.2**	**11.2**	**42.4**
香港	**19.5**	**33.1**	**13.9**	**17.5**	**5.7**	**15.6**
新加坡	**42.0**	**30.0**	**27.3**	**6.7**	**14.8**	**23.3**
日本	**40.1**	**36.7**	**25.7**	**14.3**	**14.4**	**22.4**
澳門	**17.2**	**33.4**	**11.7**	**19.6**	**5.4**	**13.8**
OECD 平均	**37.5**	**40.1**	**25.6**	**12.8**	**11.9**	**27.4**

註：統計達顯著者標以粗體。

1. ESCS 總效果意指在控制性別、移民背景及家中所用語言後，ESCS 改變一單位，閱讀表現隨之改變的分數。
2. 性別總效果意指在控制ESCS、移民狀況及家中所用語言後，閱讀表現隨女生而改變的分數。
3. 間接效果意指 ESCS 和性別二個迴歸方程式－閱讀表現＝ f（ESCS ／性別、移民狀況、家中所用語言）與閱讀表現＝f（ESCS／性別、移民狀況、家中所用語言、閱讀樂趣、摘要策略），變項 ESCS ／性別迴歸係數的差異。
4. 控制閱讀樂趣與摘要策略的間接效果後的 ESCS 效果：意指在控制性別、移民狀況、家中所用語言、閱讀樂趣及摘要策略後，ESCS每提高一單位，閱讀表現隨之改變的分數。
5. 控制閱讀樂趣與摘要策略的間接效果後的性別效果：意指在控制 ESCS、移民狀況、家中所用語言、閱讀樂趣及摘要策略後，閱讀表現隨女生而改變的分數。

❖ 表 7.31 臺灣與參照國家閱讀樂趣與摘要策略作為 ESCS 與性別的中介者角色對照（1/2）

	總效果（ESCS 在閱讀表現）	ESCS 經由閱讀樂趣間接效果	ESCS 經由摘要策略間接效果	ESCS 直接效果	ESCS 在閱讀樂趣	ESCS 在摘要策略	總效果（性別在閱讀表現）	性別經由閱讀樂趣間接效果	性別經由摘要策略間接效果
	分數改變	分數改變	分數改變	分數改變	分數改變	分數改變	分數改變	分數改變	分數改變
臺灣	**33.6**	**8.9**	**5.0**	**19.7**	**0.3**	**0.2**	**35.4**	**13.6**	**3.7**
上海	**26.2**	**3.1**	**2.8**	**20.2**	**0.1**	**0.1**	**38.8**	**8.3**	**4.4**
韓國	**31.1**	**4.8**	**6.9**	**19.4**	**0.2**	**0.2**	**33.5**	**7.1**	**8.8**
芬蘭	**29.9**	**6.2**	**5.0**	**18.7**	**0.2**	**0.2**	**54.5**	**25.9**	**16.4**
香港	**19.5**	**3.6**	**2.1**	**13.9**	**0.1**	**0.1**	**33.1**	**10.5**	**5.1**
新加坡	**42.0**	**7.4**	**7.4**	**27.3**	**0.3**	**0.2**	**30.0**	**14.5**	**8.8**
日本	**40.1**	**5.4**	**9.0**	**25.7**	**0.2**	**0.2**	**36.7**	**8.4**	**14.1**
澳門	**17.2**	**3.2**	**2.3**	**11.7**	**0.1**	**0.1**	**33.4**	**9.8**	**4.0**
OECD 平均	**37.5**	**5.5**	**6.4**	**25.6**	**0.2**	**0.2**	**40.1**	**16.2**	**11.2**

❖ 表 7.32 臺灣與參照國家閱讀樂趣與摘要策略作為 ESCS 與性別的中介者角色對照（2/2）

	性別直接效果	性別在閱讀樂趣	性別在摘要策略	閱讀樂趣在閱讀表現	摘要策略在閱讀表現	閱讀樂趣與摘要策略	語言	移民
	分數改變	分數改變	分數改變	分數改變	分數改變	相關	分數改變	分數改變
臺灣	**18.2**	**0.4**	**0.2**	**31.3**	**23.2**	**0.2**	**-16.6**	N/A
上海	**26.1**	**0.4**	**0.2**	**23.5**	**25.0**	**0.1**	**-34.4**	N/A
韓國	**17.6**	**0.3**	**0.3**	**26.7**	**30.7**	**0.1**	N/A	N/A
芬蘭	**12.2**	**0.9**	**0.6**	**28.9**	**27.2**	**0.2**	**-32.9**	**-40.1**
香港	**17.5**	**0.4**	**0.2**	**29.7**	**22.9**	**0.1**	**-60.4**	**8.8**
新加坡	**6.7**	**0.6**	**0.3**	**25.3**	**34.5**	**0.2**	**-21.3**	-4.9
日本	**14.3**	**0.4**	**0.4**	**23.7**	**39.6**	**0.2**	N/A	N/A
澳門	**19.6**	**0.4**	**0.2**	**24.6**	**18.4**	**0.1**	**-59.3**	**4.3**
OECD 平均	**12.8**	**0.6**	**0.4**	**25.8**	**30.7**	**0.2**	**-22.8**	**-20.5**

註：統計達顯著者標以粗體。

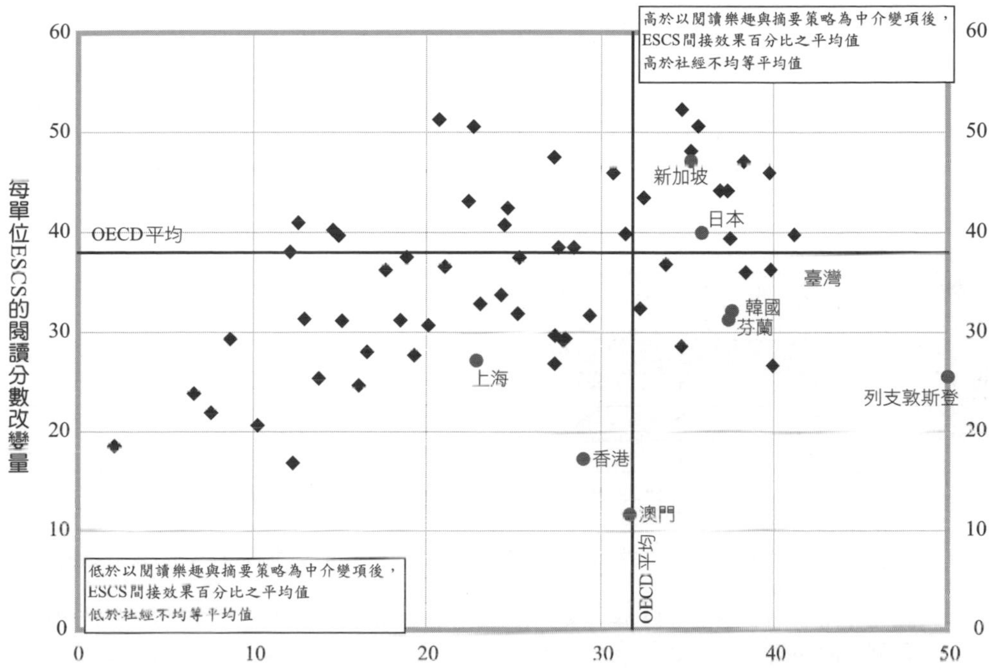

➲ 圖 7.8　閱讀投入與學習策略作為閱讀表現之社經地位差異的中介者角色

資料來源：OECD（2010h: Figure III.3.6）

❖ 表 7.33 臺灣與參照國家社經不利學生在摘要指標與社經優勢學生相同時的預測閱讀表現對照

	ESCS最低25%		ESCS次低25%		ESCS次高25%		ESCS最高25%
	實際閱讀表現	預測閱讀表現[1]	實際閱讀表現	預測閱讀表現[2]	實際閱讀表現	預測閱讀表現[3]	實際閱讀表現
臺灣	461	474	485	494	505	511	536
上海	522	530	546	552	564	568	594
韓國	505	523	536	545	548	554	573
芬蘭	507	523	528	539	550	556	567
香港	509	516	527	532	542	546	557
新加坡	478	495	513	524	542	546	575
日本	485	503	511	524	538	542	558
澳門	473	479	487	490	492	494	498
OECD 平均	456	473	486	497	509	515	542

註：1. 意指 ESCS 位於最低 25%的學生，若摘要指標與 ESCS 最高 25%的學生相同時的預測閱讀表現。
2. 意指 ESCS 位於次低 25%的學生，若摘要指標與 ESCS 最高 25%的學生相同時的預測閱讀表現。
3. 意指 ESCS 位於次高 25%的學生，若摘要指標與 ESCS 最高 25%的學生相同時的預測閱讀表現。

❖ 表 7.34 臺灣與參照國家社經不利學生在閱讀樂趣指標與社經優勢學生相同時的預測閱讀表現對照

	ESCS最低25%		ESCS次低25%		ESCS次高25%		ESCS最高25%
	實際閱讀表現	預測閱讀表現[1]	實際閱讀表現	預測閱讀表現[2]	實際閱讀表現	預測閱讀表現[3]	實際閱讀表現
臺灣	461	474	485	494	505	511	536
上海	522	530	546	552	564	568	594
韓國	505	520	535	545	548	555	573
芬蘭	505	524	527	538	549	556	566
香港	509	516	527	532	542	546	557
新加坡	478	495	513	524	542	546	575
日本	486	500	512	523	538	544	559
澳門	473	479	487	490	492	494	498
OECD 平均	452	468	483	496	507	514	540

註：1. 意指 ESCS 位於最低 25%的學生，若閱讀樂趣指標與 ESCS 最高 25%的學生相同時的預測閱讀表現。
2. 意指 ESCS 位於次低 25%的學生，若閱讀樂趣指標與 ESCS 最高 25%的學生相同時的預測閱讀表現。
3. 意指 ESCS 位於次高 25%的學生，若閱讀樂趣指標與 ESCS 最高 25%的學生相同時的預測閱讀表現。

四 社經不利男學生的閱讀表現

PISA 2009 閱讀評量的調查結果，最引人關注者莫過於社經不利男學生偏低的精熟表現。這現象不僅出現在OECD國家，亦出現在所有參與PISA 2009調查的國家或經濟體，表 7.35 呈現臺灣與各參照國家社經不利（ESCS 最低25%）與社經優勢（ESCS 最高 25%）男女學生的閱讀表現及其差異。女學生在PISA 2009 閱讀評量的表現優於男學生，已是眾所周知的事實，若再考量社經背景因素，社經不利男學生無疑是表現最不好的一群，由於缺乏良好的閱讀能力，無法完全參與社會，故社經不利男學生及其未來家庭比較沒有機會能脫離貧窮與困乏。然社經背景對男女學生在閱讀表現的作用不盡相同。以OECD 國家平均而言，社經優勢與社經不利的閱讀表現差異，男學生大於女學生，臺灣、韓國學生亦復如此，但參照國家新加坡與香港卻是女學生差異大於男學生。

❖ 表 7.35 臺灣與參照國家不同性別、社經背景學生的閱讀表現對照

	男學生的閱讀表現		女學生的閱讀表現		表現差異			
	ESCS 最低25%	ESCS 最高25%	ESCS 最低25%	ESCS 最高25%	女學生（最高 25%－最低 25%）	男學生（最高 25%－最低 25%）	最低 25%（女－男）	最高 25%（女－男）
	平均分數	平均分數	平均分數	平均分數	分數差異	分數差異	分數差異	分數差異
臺灣	443	523	483	548	**65**	**79**	**40**	**25**
上海	505	575	541	614	**73**	**70**	**36**	**39**
韓國	483	563	528	588	**60**	**80**	**44**	**25**
芬蘭	480	539	531	590	**59**	**59**	**51**	**51**
香港	492	542	522	577	**56**	**50**	**30**	**35**
新加坡	459	555	489	593	**104**	**97**	**30**	**37**
日本	465	543	505	577	**73**	**78**	**40**	**35**
澳門	458	482	488	511	**24**	**24**	**30**	**29**
OECD平均	428	522	469	558	**89**	**94**	**42**	**36**

註：統計達顯著者標以粗體。

前述指出，閱讀樂趣及有效摘要策略的知識可能影響性別及社經地位在閱讀表現的差異。表 7.36 及表 7.37 的結果指出，社經不利男學生若能有較高水準的閱讀動機，並使用有效的學習策略，他們的閱讀表現便有機會趕上社經優勢女學生。

表 7.36 指出，如果社經不利男學生對有效學習策略之覺察力具有社經優勢女學生的水準，他們的閱讀表現預期會較高。同樣地，表 7.37 顯示，社經不利男學生的閱讀樂趣能與社經優勢女學生具有相同水準，其閱讀表現亦可期待會較佳。以 OECD 國家平均為例，社經不利男學生若具有與社經優勢女學生相同的閱讀動機，其閱讀潛能為 35 分，臺灣社經不利男學生在這方面的潛能為 39 分，芬蘭則高達 49 分，換言之，當社經不利男學生與社經優勢女學生具有相同的閱讀樂趣時，其閱讀表現幾乎可以提升半個素養水準或更多，

❖ **表 7.36　臺灣與參照國家不同社經背景男學生在摘要指標與社經優勢女學生相同時的預測閱讀表現對照**

	ESCS最低25%		ESCS次低25%		ESCS次高25%		ESCS最高25%
	實際閱讀表現	預測閱讀表現[1]	實際閱讀表現	預測閱讀表現[2]	實際閱讀表現	預測閱讀表現[3]	實際閱讀表現
臺灣	443	458	467	480	488	496	521
上海	502	514	527	537	544	552	574
韓國	486	512	519	536	533	548	560
芬蘭	481	516	501	530	522	546	541
香港	496	507	514	525	526	536	540
新加坡	465	492	499	520	530	543	556
日本	465	496	489	518	525	543	541
澳門	460	469	470	477	473	480	482
OECD 平均	436	464	466	489	490	508	524

註：1. 意指 ESCS 位於最低 25%的男學生，若摘要指標與 ESCS 最高 25%的女學生相同時的預測閱讀表現。

2. 意指 ESCS 位於次低 25%的男學生，若摘要指標與 ESCS 最高 25%的女學生相同時的預測閱讀表現。

3. 意指 ESCS 位於次高 25%的男學生，若摘要指標與 ESCS 最高 25%的女學生相同時的預測閱讀表現。

❖ 表 7.37 臺灣與參照國家不同社經背景男學生在閱讀樂趣指標與社經優勢女學生相同時的預測閱讀表現對照

	ESCS最低25%		ESCS次低25%		ESCS次高25%		ESCS最高25%
	實際閱讀表現	預測閱讀表現[1]	實際閱讀表現	預測閱讀表現[2]	實際閱讀表現	預測閱讀表現[3]	實際閱讀表現
臺灣	442	481	467	500	489	515	522
上海	502	521	527	542	545	557	574
韓國	486	508	518	535	532	549	561
芬蘭	478	527	499	538	520	559	539
香港	497	522	515	536	526	543	543
新加坡	466	506	500	536	528	559	556
日本	467	492	491	512	524	539	543
澳門	459	480	469	487	472	487	481
OECD 平均	431	466	462	494	487	515	522

註：1. 意指 ESCS 位於最低 25%的男學生，若閱讀樂趣指標與 ESCS 最高 25%的女學生相同時的預測閱讀表現。
2. 意指 ESCS 位於次低 25%的男學生，若閱讀樂趣指標與 ESCS 最高 25%的女學生相同時的預測閱讀表現。
3. 意指 ESCS 位於次高 25%的男學生，若閱讀樂趣指標與 ESCS 最高 25%的女學生相同時的預測閱讀表現。

當然也有國家提升幅度不及半個素養水準，如表 7.37 的上海、韓國、澳門等。相較之下，摘要指標的作用似乎不及閱讀樂趣，但仍具一定程度的效果。

綜合以上所述，臺灣參加PISA 2009閱讀評量的學生，除閱讀投入、學習策略與閱讀表現的強烈正向關聯外，亦顯示出男學生及社經不利學生與女學生和社經優勢學生相比，前者的投入程度較低，學習策略比較無效。男學生與女學生間、社經不利與社經優勢學生間，若具有類似的閱讀與學習習慣，可消除掉大部分的閱讀表現落差。特別是將閱讀樂趣與有效的摘要策略納入考量後，與 OECD 國家或他國相比，臺灣學生 ESCS 與閱讀素養表現的關聯性減弱許多，顯示出閱讀樂趣與摘要策略對臺灣學生的閱讀表現扮演相當重要的角色。

CHAPTER 8

閱讀素養與學校因素關係的探討

徐秋月、吳正新、劉妍希

學校是最佳的學習場所，也是影響學習最直接的地方，為了尋找有效改善學習成效的教育政策，決策者和教育學者必須了解各國表現差異的程度、學校間表現差異的來源，以及學生間表現差異的原因。欲了解造成差異的原因，更必須進一步探討學校因素與國際、校際、學生間表現差異的關係為何，以及學校因素如何影響學生表現與國家、學校、學生社經背景的關係。PISA 2009 的學校及學生問卷調查即在回答這些問題。本章首先說明影響學生表現的學校因素及PISA如何量化這些因素，同時檢視這些因素與學生表現之關係。因PISA 2009 的評量重點是閱讀，故本章主要的分析集中在閱讀，但 PISA 2009 結果顯示，數學與科學呈現的趨勢與閱讀的結果相類似。

第一節 學校因素

一 閱讀表現與學校因素

資源、政策與措施是各國教育系統管理階層一致公認的學校成功要素。為檢視這些要素與學生表現之關係，PISA 2009 分別就「學生的篩選與分組」、「學校管理」、「評量與績效責任」及「教育資源」等四個學校系統特徵，

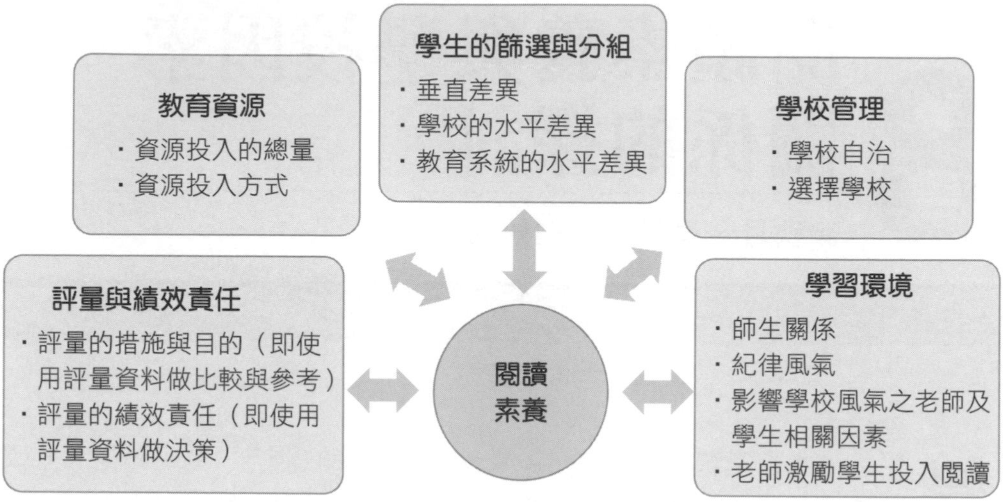

圖 8.1　五種不同的學校特徵

定義與學生表現有關之學校相關變項。此外，「學習環境」亦是與學生表現有關聯的學校特徵。圖 8.1 呈現各特徵的主要要素。

（一）學生的篩選與分組

此特徵包含三個要素：垂直差異、教育系統的水平差異與學校的水平差異。

垂直差異有兩項相關變數：入學年齡與重讀，分別為學生自陳幾歲開始就讀國民小學及曾經在哪些教育階段重讀。入學年齡較具彈性及重讀較普遍的學校系統，試圖藉由最適合學生的課程創造同質的學習環境，但研究發現學生未必受惠於此制度（Alexander, Entwisle, & Dauber, 2003; Hauser, 2004）。由於各國入學年齡政策的不同以及各校重讀率的差異，參與 PISA 施測的 15 歲學生有可能就讀於不同年級。圖 8.2 顯示，與參照國家比較，平均而言，臺灣學生入學年齡相對較晚而重讀率較低，此與芬蘭情況類似，但由於入學報名截止日期不同，臺灣 15 歲學生中約有 65%的高中生，而芬蘭則 100%是國中生。相對地，澳門、香港、日本、韓國學生入學年齡與 OECD 平均相若，約在 6 歲左右；但日本、韓國學生幾乎沒有重讀，而香港、澳門的重讀率則相對偏高，尤其澳門有高達約44%的學生重讀（大都是在國小、國中階段）。因此，澳門及香港有較多的學生比率低於主要年級，而日本及韓國則有高達95%以上的學生在高中階段。

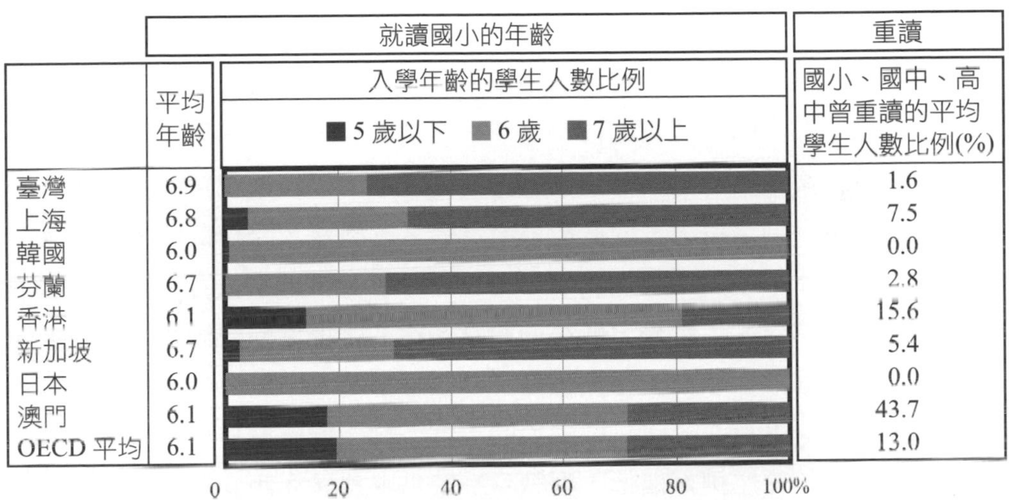

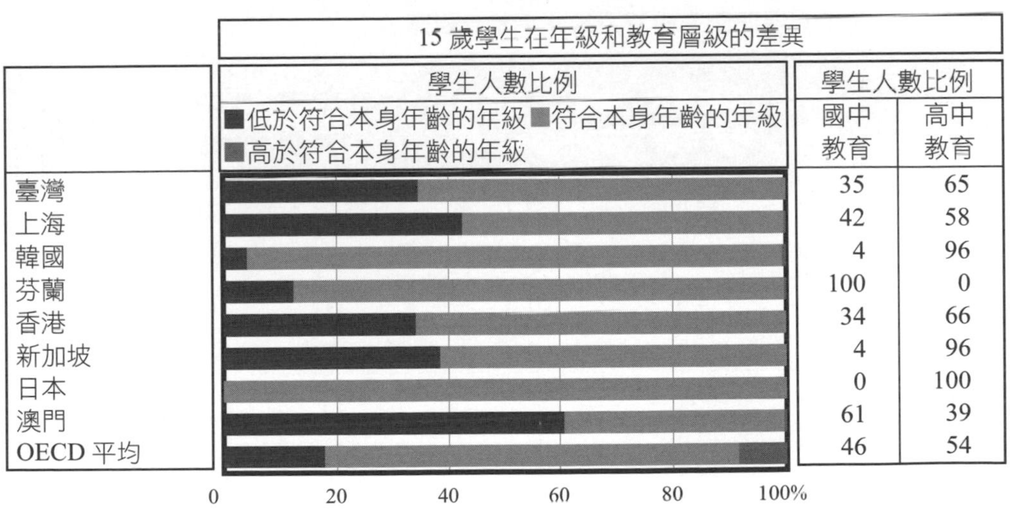

圖 8.2　臺灣與參照國家 15 歲學生入學年齡、重讀率與就讀年級對照

資料來源：OECD, PISA 2009 Database, Table IV.3.1, StatLink http://dx.doi.org/10.1787/888932343399

教育系統的水平差異有三項相關變數：學制類型數、學生首次分流年齡及高選擇性學校。學制類型數為教育系統中可供15歲學生選擇的學校及學制類型，如學術導向、職業導向、綜合前兩者的學制等；學生首次分流年齡則是學生第一次於教育系統中選擇不同學制就讀的年齡；前兩項有關組織政策的變項都會影響15歲學生的教育經驗及歷程（OECD, 2010j）。此外，PISA定義高選擇性學校為該校校長自陳在接受學生入學時，「總是」會考慮「學生的學業成績」和「前一教育階段畢業學校之推薦」這兩項因素。高選擇性學校所組成的教育系統，校內學生同質性較高，學生平均表現可能較好，但同時也造成低成就的學生失去向高成就同儕學習的機會，學校間的差異較大，因此教育系統水平差異較高。表 8.1 呈現臺灣與參照國家教育系統水平差異對照，學生首次分流年齡相對較小的教育系統，所提供的學制類型也較多，若學生就讀高選擇性學校的比例也高，則教育系統水平差異亦較高，如新加坡。相對地，學生首次分流年齡較大的教育系統，提供偏單一的學制，若就讀高選擇性學校的比例亦偏低，則教育系統水平差異亦傾向低，如芬蘭。日

❖ 表 8.1　臺灣與參照國家教育系統水平差異對照

國家	學制類型數	學生首次分流年齡[1]	就讀「高選擇性學校」的學生比例%[2]	變異表徵為相對於 OECD 國家平均變異的比例（%）		
				總變異	校際變異	校內變異
臺灣	3	15.0	53.3	85.9	32.0	67.0
上海	4	14.0	57.0	74.2	29.4	47.3
韓國	3	14.0	51.4	72.4	31.6	61.0
芬蘭	1	16.0	4.0	86.2	7.7	80.7
香港	2	15.0	84.0	81.5	36.3	50.3
新加坡	4	12.0	84.3	109.6	39.1	71.5
日本	2	15.0	88.0	116.3	58.7	62.2
澳門	1	16.0	73.8	66.9	33.3	48.2
OECD 平均	2.5	14.0	35.6	100.0	41.7	64.5

資料來源：1. OECD, PISA 2009 Database, Table IV.3.2a, StatLink http://dx.doi.org/10.1787/888932343285
2. OECD, PISA 2009 Database, Table IV.3.2b, StatLink http://dx.doi.org/10.1787/888932343285

本學生就讀高選擇性學校的比例高達 88.0%，雖然其年齡較大（15 歲）時才首次分流，且僅有兩種學制類型可選擇，其教育系統水平差異傾向中等程度。臺灣則三項皆近中等程度，因此系統水平差異亦傾向中等程度。

學校的水平差異有兩個相關的變項：問題學生轉學政策及全能力分組學校，分別為學校校長自陳「很有可能」會將低學習成就、行為問題或特殊學習需求的學生轉學的學校，以及自陳所有學科均採用能力分組的學校。學校採用問題學生轉學政策是降低異質學習環境的方法之一，然而，接收其問題學生的學校裡，同類型的學生數必會增多，而轉學生也會失去向高成就學生學習與使用良好學習環境的機會。此外，轉學生可能會被學校視為問題學生，此結果會影響學生學習的動機和態度。另一方面，能力分組亦是希望能創造同質的學習環境並能更貼近學生的需求，使得在教學上更容易。因為學校是教育組織的一部分，所以將學生依照能力進行校內分組的措施，有部分是為了因應學校的水平差異、重讀制度，或轉學政策所造成同質或異質的學習環境。然而，因為不同組別的學生會有些許的交互影響，如果是對所有學科都進行分組，便會造成學生在學習環境上的差異，而且低學習成就學生無法獲得和高學習成就學生一同上課的益處。表 8.2 呈現臺灣與參照國家學校水平差異的對照。臺灣與澳門學生就讀採用「問題學生轉學政策」學校的比例皆高於OECD平均。澳門學生就讀採用「全能力分組」學校的比例亦相對地高，因此，傾向屬高學校水平差異，然而與就讀「非全能力分組」學校學生相比，無論有無納入學生ESCS考量，閱讀表現平均差異並不高，顯示對澳門而言，學校採用全能力分組政策並沒有發揮預期的成效。相對地，芬蘭學生在兩個變項的比例皆低，傾向屬低學校水平差異。

（二）學校管理

此教育系統組織特徵有兩個要素：學校自治與選擇學校。

學校自治包含學校資源分配及課程與評量責任兩個層面，分別為學校校長自陳是「教師、校長」或「縣市教育局及教育部中部辦公室、教育部」主要擔負「學校資源分配」和「學校課程與評量」兩方面決策的責任。「學校

❖ 表 8.2　臺灣與參照國家學校水平差異對照

國家	就讀採用「問題學生轉學政策」學校學生比例%[1]	就讀「全能力分組」學校學生比例%[2]	就讀「全能力分組」與「非全能力分組」學校學生的閱讀表現平均差異	納入學生的 ESCS 考量後，就讀「全能力分組」與「非全能力分組」學校學生閱讀表現平均差異[2]
臺灣	37.2	5.6	20.1	-5.0
上海	15.3	13.0	-4.7	2.0
韓國	6.3	3.9	2.0	7.7
芬蘭	1.7	1.4	3.0	3.2
香港	12.1	10.9	-25.1	-10.3
新加坡	0.7	13.6	-5.4	-2.3
日本	8.4	10.8	17.9	-15.5
澳門	47.7	20.1	0.2	3.7
OECD 平均	18.2	12.9	-8	-3.3

資料來源：1.OECD, PISA 2009 Database, Table IV.3.3a, StatLink http://dx.doi.org/10.1787/888932343285
2.OECD, PISA 2009 Database, Table IV.3.4, StatLink http://dx.doi.org/10.1787/888932343285

資源分配」的項目包括：遴聘教師、解聘教師、設定教師的起薪、決定教師的加薪、擬定學校預算、決定校內預算分配等，而「學校課程與評量」的項目包括：建立學生評量政策、選擇教科書、決定課程內容、決定開設哪些課程等。教育系統中，若「教師、校長」擔負某項目的比例相對大於「縣市教育局及教育部中部辦公室、教育部」的比例，則表示該教育系統具有該項目的學校自治權。表 8.3 與表 8.4 分別為臺灣與參照國家在「學校資源分配」與「學校課程與評量」上，「教師、校長」負擔比例相對於「縣市教育局及教育部中部辦公室、教育部」負擔比例的對照。澳門學校在各項的比例幾乎皆大於 90%以上，顯示其在「學校資源分配」與「學校課程與評量」上具有高度學校自治權。大部分的國家中，只有少數學校能決定教師薪資，但大部分

❖ 表 8.3 臺灣與參照國家「學校資源分配」學校自治權比例對照

國家	遴聘教師	解聘教師	設定教師的起薪	決定教師的加薪	擬定學校預算	決定校內預算分配
臺灣	73 / 14	74 / 12	18 / 75	23 / 70	50 / 37	78 / 14
上海	98 / 0	99 / 0	36 / 59	43 / 51	91 / 6	98 / 1
韓國	32 / 62	23 / 74	8 / 92	6 / 94	29 / 58	86 / 8
芬蘭	32 / 25	18 / 63	8 / 84	5 / 80	36 / 23	92 / 1
香港	83 / 2	79 / 4	18 / 58	15 / 74	84 / 2	91 / 0
新加坡	14 / 48	14 / 62	4 / 93	7 / 75	49 / 29	91 / 1
日本	25 / 73	22 / 77	13 / 87	16 / 80	28 / 69	89 / 8
澳門	92 / 4	91 / 4	91 / 5	90 / 5	95 / 0	84 / 0
OECD 平均	61 / 25	51 / 37	17 / 77	17 / 73	46 / 32	81 / 8

註：表格內數字為「教師、校長」負擔比例／「縣市教育局及教育部中部辦公室、教育部」負擔比例。

❖ 表 8.4 臺灣與參照國家「學校課程與評量」學校自治權比例對照

國家	建立學生評量政策	選擇教科書	決定課程內容	決定開設哪些課程
臺灣	74 / 8	92 / -	81 / 3	68 / 7
上海	86 / 5	49 / 34	45 / 33	52 / 20
韓國	92 / 2	96 / -	89 / 2	79 / 4
芬蘭	50 / 7	98 / -	32 / 16	55 / 6
香港	93 / -	93 / -	81 / 2	87 / -
新加坡	57 / 2	72 / 3	44 / 18	66 / 4
日本	98 / -	89 / 3	93 / 1	94 / 2
澳門	95 / 5	100 / -	94 / -	81 / 4
OECD 平均	66 / 11	78 / 8	45 / 24	50 / 21

註：表格內數字為「教師、校長」負擔比例／「縣市教育局及教育部中部辦公室、教育部」負擔比例。

學校能決定校內預算分配。日本、韓國學校在「課程與評量」上的自治權高於其在「學校資源分配」上的自治權。除上海外，各國大部分學校能自行選擇教科書，除此之外，臺灣有超過 70%的校長認為學校在：遴聘教師、解聘教師、決定校內預算分配、建立學生評量政策、選擇教科書、決定課程內容和決定開設哪些課程，有相當大的責任。

「選擇學校」測量家長和學生能選擇就讀學校的程度，其包括兩項相關的變數：就讀有招生競爭學校的學生比例與就讀私立學校的學生比例。有招生競爭學校乃學校校長自陳，在其所在地區內至少有一所學校以上共同競爭學生來源，私立學校乃非政府組織的學校，此處不包括公辦民營學校（其主要資金有 50%以上是由政府機構提供，以資助學校基礎教育服務），臺灣、香港、新加坡、澳門 95%以上的學生就讀於所在地區內至少有一所學校共同競爭學生來源的學校。相對地，芬蘭就讀於有招生競爭的學校的學生則低於 60%。此外，相對於參照國家，臺灣學生有較多的比例就讀私立學校，芬蘭、香港、新加坡學生就讀私立學校的比例低於 3%（表 8.5）。

❖ 表 8.5　臺灣與參照國家有招生競爭學校及私立學校學生人數分配比例對照

國家	兩所或兩所以上	另一所學校	沒有其他學校	私立學校
臺灣	85.1	10.1	4.8	31.9
上海	68.8	16.1	15.1	9.0
韓國	72.3	14.5	13.3	17.2
芬蘭	43.9	13.6	42.5	-
香港	94.0	4.0	2.0	2.6
新加坡	90.3	6.4	3.4	1.5
日本	85.0	5.8	9.2	26.7
澳門	92.2	7.7	0.1	12.2
OECD 整體	69.0	11.9	19.1	7.8
OECD 平均	61.2	14.7	24.1	42

（三）評量與績效責任

為了確保教學的有效性，大部分的學校教師會使用各種評量方式（例如：測驗、教師評定、學習檔案、學生專題或家庭作業等）來評量學生的學習成效。標準化測驗通常是教育系統用來比較各國或各區域間學生的學習成效。學生的評量結果則可用來監控學校或其他教育機構是否對教育負責。表 8.6 是學校使用各種評量方式（每個月或每年至少一次以上）評量學生的學生人數分配，OECD 平均有 75.6%學生就讀學校的校長指出他們會對 15 歲學生進行標準化測驗。除日本、澳門外，臺灣和其他參照國的學生一年中曾接受標準化測驗的比例高達 90%以上，而除韓國外，各國學生一年中曾接受教師自編測驗的比例皆高達 90%以上。芬蘭、香港、上海、臺灣使用各種評量方式評量學生的學校學生人數皆高達 90%以上。

PISA認為教育系統中，有關於「評量與績效責任」的組織特徵有兩個要素：評量的措施與目的、評量的績效責任。

❖ 表 8.6　臺灣與參照國家學校使用各種評量方式評量學生的學生人數分配比例對照

國家	標準化測驗	教師自編測驗	教師評定	學生專題或家庭作業
臺灣	90.0	98.8	96.5	98.6
上海	92.2	99.2	91.5	98.7
韓國	97.9	65.5	85.5	97.4
芬蘭	98.5	100.0	100.0	100.0
香港	98.4	100.0	98.8	100.0
新加坡	99.1	100.0	78.0	100.0
日本	65.4	100.0	97.2	100.0
澳門	80.4	100.0	73.1	100.0
OECD 整體	79.4	97.9	89.6	99.3
OECD 平均	75.6	98.4	94.3	99.0

評量的措施與目的為使用評量或成就資料做為比較基準或參考資訊，包括五項相關的變數：提供資訊給家長、與其他學校比較、監控學校進展、公開公布成就資料、教育主管持續的追蹤，皆來自學校校長的自陳。評量的績效責任為使用評量作為決策參考，包括三項相關的變數：課程的決策、資源分配、教師評鑑，亦根據學校校長的問卷回應。表 8.7 顯示，學生就讀的學校使用評量或成就資料是為了提供資訊給家長的比例高達 90%以上，而除芬蘭、日本、韓國外，為了課程決策的人數比例亦高達 90%以上。新加坡在各項的學校學生人數比例皆在 60%以上。OECD平均有 36.6%學生就讀學校的校長指出，他們會將學生成就資料提供給社會大眾，上海、芬蘭、日本、澳門在此方面的比例則偏低（在 15%以下），臺灣則是約 19%。除芬蘭及日本，OECD 平均及其他國家則有 70%以上學生就讀學校的校長指出，他們會將學生成就資料用於監控學校進展。除新加坡外，會將學生成就資料用於資源分配的學校學生人數比例則在 50%以下。

❖ 表 8.7　臺灣與參照國家使用評量與績效責任學校學生人數分配對照

國家	評量的措施與目的（使用評量資料做比較與參考）					評量的績效責任（使用評量資料做決策）		
	提供資訊給家長	與其他學校比較	公開公布成就資料	監控學校進展	教育主管持續的追蹤	課程的決策	資源分配	教師評鑑
臺灣	95.3	46.5	19.4	72.7	33.5	97.6	25.6	25.5
上海	91.8	63.7	0.6	85.7	68.3	96.7	34.3	80.2
韓國	95.3	62.3	33.0	83.4	75.8	88.3	39.2	45.3
芬蘭	98.2	27.2	2.5	52.5	43.4	56.3	5.2	10.9
香港	98.6	22.3	48.4	95.4	60.9	96.5	48.8	55.0
新加坡	100.0	81.7	61.2	98.8	98.0	97.4	84.8	84.6
日本	99.5	19.6	3.7	61.1	10.8	83.3	3.9	23.6
澳門	100.0	23.3	13.9	78.3	38.9	100.0	37.6	29.6
OECD整體	97.8	59.9	49.3	84.0	71.6	85.4	43.4	48.2
OECD平均	98.1	45.9	36.6	76.7	66.2	77.4	32.7	44.8

（四）教育資源

教育資源有兩個面向：資源投入的總量與資源如何投入。第一面向投入在教育資源的相關變數只有一項，即投資在6至15歲學生每人的累積教育開支（表8.8）。第二面向投入在教育資源的方式有兩項相關的變數，包括相對於平均每人GDP的教師薪資（表8.9）與各國平均（國文課）班級規模（表8.10）。相對於其他國家，臺灣6至15歲學生每人的累積教育開支顯著低於芬蘭、日本、韓國及上海（表8.8）；表8.9則顯示，韓國、香港在參照國家中，有較高的教師薪資（相對於平均每人GDP）。芬蘭平均（國文課）班級規模在參照國家中是最小的，其他國家班級規模則在35至40人間，皆高於OECD平均班級規模24.6人（表8.10）。

❖ 表8.8　臺灣與參照國家教師薪資和累積教育經費支出對照

國家	6～15歲學生的累積教育經費支出 在教育階層裡經購買力平價調整後的美元值
臺灣[2]	18,370
上海[2]	42,064
芬蘭[1]	71,385
韓國[1]	61,104
香港[2]	N/A
新加坡[2]	N/A
日本[1]	77,681
澳門[2]	N/A

資料來源：參照2007年資料

1. 根據EAG 2010表B1.3.a
2. PISA 2010的系統階層資料

❖ 表 8.9　臺灣與參照國家教師薪資與平均每人 GDP 比值

國家	參照 2008 薪資資料	具15年教學經驗教師薪資與平均每人GDP的比值			
		小學	國中	（一般）高中	通貨膨脹調整（2008）
臺灣[2]	2007	1.55	1.55	1.55	1.00
上海[2]	2007/2008	1.39	1.71	1.75	1.00
韓國[1]	2008	2.01	2.01	2.01	0.99
香港[2]	2007/2008	1.86	2.34	2.34	1.00
芬蘭[1]	2007	1.07	1.15	1.26	1.00
新加坡[2]	2007	1.67	1.67	1.67	1.00
日本[1]	2007/2008	1.44	1.44	1.44	1.00
澳門[2]	2007/2008	1.02	1.23	1.23	1.00

資料來源：參照 2007 年資料

1. OECD（2010c）
2. PISA 2010 的系統階層資料

❖ 表 8.10　臺灣與參照國家國文課的班級規模對照

	班級規模		學校班級規模分布的變異
	平均	標準差	校際間指標變異比例
臺灣	39.5	8.0	0.70
上海	39.0	8.1	0.71
韓國	35.9	5.1	0.93
芬蘭	19.2	4.1	0.50
香港	35.6	6.9	0.49
新加坡	34.9	7.1	0.31
日本	37.1	5.9	0.92
澳門	38.4	6.8	0.83
參與國平均	27.0	9.2	0.50
OECD 平均	24.6	6.0	0.58

（五）學習環境

此外，學習研究結果指出，不論教室內、外具備秩序佳且師生共同合作的學習環境是創造高效能學校最主要的因素（Jennings & Greenberg, 2009）。PISA根據問卷調查結果，測量學習環境的四個相關變項：師生關係、紀律風氣、影響學校風氣之老師及學生相關因素，和老師激勵學生投入閱讀。

二 PISA量化學校因素的方法

前述變項中，學校自治方面，PISA根據校長在學校問卷項目所填答的資料產生兩個綜合性指標：學校資源分配責任指標，以及課程和評量責任指標。這兩個指標的平均數為0，標準差為1，指標數值愈高表示學校校長和老師自治權愈高。此外，PISA根據學生問卷及學校問卷資料產生數個與學校學習環境有關的綜合性指標：師生關係、紀律風氣、老師對學生閱讀投入的激勵、影響學校風氣之學生及老師相關因素。指標的平均數為0，標準差為1，指標愈高代表對於學校學習環境愈有正面的影響。資源、政策與措施的相關變項則更進一步利用潛在剖面分析（latent profile analysis）分成二至三個水準，每個面向因而形成四至十二個類別。附錄圖2至圖4分別呈現資源、政策與措施相關特徵變項的分類結果。

在PISA的分析中，檢視學生表現與資源、政策和措施之間的關係，以及社經背景對表現的影響都是利用相關分析（correlation analysis）建立。分析時，首先會對OECD國家進行探討，然後在擴大到所有PISA的參與國及經濟體。而學校間及學生間，各因素與表現之間的關係會利用多層次迴歸分析（multilevel regression analysis）建立。並同時考慮學生間與校際間社經背景的差異。此作法的好處在於能夠比較類似的個體，即具相同社經背景的教育或學校系統。

三 成功學校特徵

PISA 2009 閱讀素養的調查結果顯示，有 25%參與國學生的表現變異是來自於國家間的表現差異。而在 OECD 國家中，此變異比例為 11%。國民所得愈高的國家往往表現愈好，各國的國民所得可預測約 6%OECD 國家間的表現差異，如果將夥伴國和經濟體一起納入考量，則此比例可提高到 30%。在教育系統階層上的政策和措施分析則可試著解釋各國間的表現變異。所有參與國內中，平均有 40%的表現變異是來自於校際間的差異，而其中的 23%則可歸因於學校社經背景的不同。另一方面，若只考慮 OECD 國家，這兩方面的表現變異比例分別為 39%和 24%。各校間政策和措施的差異則可用來解釋此部分的整體表現變異。此外，在所有參與國裡，剩餘的 60%表現變異則來自校內學生的表現差異。若只考慮 OECD 國家，此比例則為 61%（見圖 8.3）。

PISA 所定義的成功學校系統，是指學生表現高於 OECD 國家平均水準（閱讀 493 分、數學 496 分、科學 501 分），而社經背景不均等的現象（以學生社經背景解釋學生表現的百分比為指標）低於平均水準。即不論學生的社經背景，成功的學校系統能提供同等充分的學習機會。學生表現佳且學習成效較均等的學校系統，往往需要教師和學校在教導學生時能採用因材施教的方式，以接納多元化的學生族群。相對地，認為學生有不同生涯規畫、對學生有不同的期望，而採用分流方式將學生分發至不同學校、班級就讀的學校系統，學生的表現比較不一致，而且無法改善學校的整體表現。

PISA 量測了不同學校和學校系統的特徵，其中也包括成功的學校裡常見的一些特徵。PISA 2009 分析結果指出，所檢視的學校系統特徵有四分之三的比例與學生表現有關：首先是學校如何篩選學生入學與班級如何編排（即前述學校的篩選與分組）；第二是各校被賦予課程制定與評量自治權的程度為何（即學校自治），以及家長對孩子就讀的學校是否有選擇的權利（即選擇學校）；第三是教育經費的使用方式是否合宜（即教育資源）；第四是有關學生評量的使用頻率（即評量與績效責任），此項特徵不但與學生表現有正

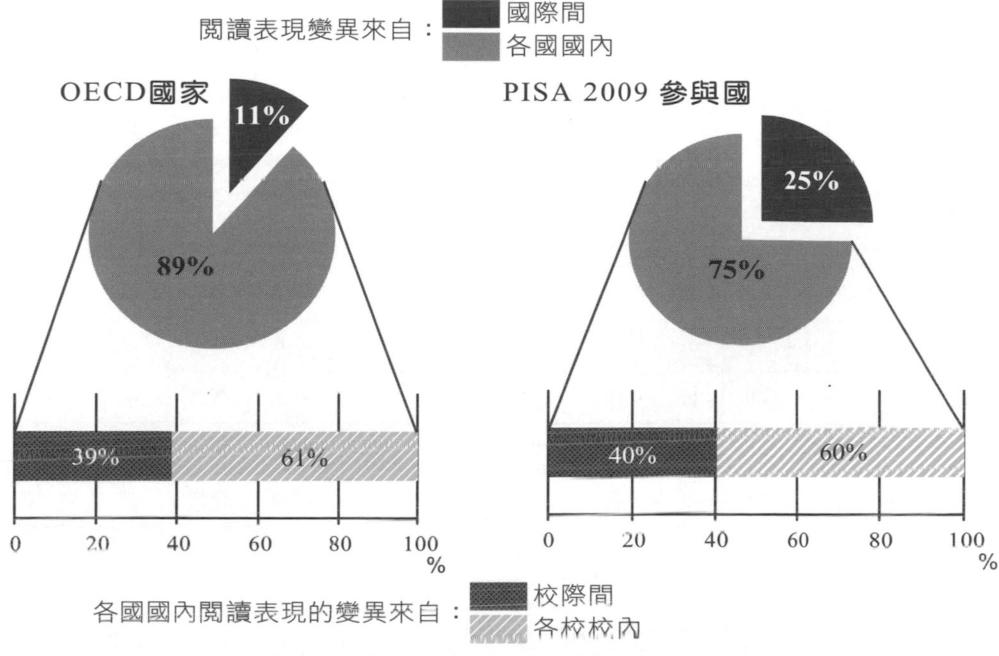

圖 8.3　國際、校際與學生間閱讀表現變異

資料來源：OECD, PISA 2009 Database, Table I.2.1, StatLink http://dx.doi.org/10.1787/888932343361

相關，而且高成效表現的學校系統往往會進一步使用學生評量後的結果作為決策的參考資訊。

多數成功的學校系統擁有一些相同的特徵，例如：垂直差異或水平差異的分流措施較少、課程制定和評量使用的自主權較高、學校選擇權較低、教育經費支出高且著重於提高教師薪資。雖然成功的學校系統都具有這些特徵，但這並不代表這些特徵就是學校成功的充分或必要條件，因為並非所有成功的學校系統都擁有相同的組織特色，而且也不是所有學校系統都是為追求高水準表現或降低社經背景對學生表現影響而設立。

表 8.11 彙整臺灣與參照國家在學校成功因素各層面特徵對照表。根據 PISA 的定義，芬蘭、香港與日本表現高於 OECD 平均，且學生社經背景與閱讀表現之間的關係比 OECD 平均弱，是成功學校系統的代表。

❖ 表 8.11　臺灣與參照國家在學校成功因素各層面特徵對照表

國家	閱讀表現平均數	學生社經背景解釋變異百分比	學生的篩選與分組			學校管理		評量與績效責任		教育資源	
			垂直差異	系統階層水平差異	學校階層水平差異	學校課程與評量自治權	選擇學校	使用成就資料做比較與參考	使用成就資料做決策	投入總量：累積教育經費	投入方式：班級規模／教師薪資
臺灣	495	11.8	低	中	高	高	高	不常	經常	低	大／高
上海*	556	12.3	低	中	低	高	低	經常	經常	低	大／高
韓國*	539	11.0	低	中	低	高	高	經常	經常	高	大／高
芬蘭**	536	7.8	低	低	低	高	低	不常	不常	高	小／低
香港**	533	4.5	低	中	低	高	高	經常	經常	低	大／高
新加坡*	526	15.3	低	低	低	高	低	經常	經常	低	大／高
日本**	520	8.6	低	中	低	高	低	不常	經常	高	大／高
澳門	487	1.8	高	中	高	高	高	不常	經常	低	大／高
OECD平均	493	14.0	-	-	-	-	-	-	-	-	-

註：*表現高於 OECD 平均。

**表現高於 OECD 平均，且學生社經背景與閱讀表現之間的關係比 OECD 平均弱。

第二節　學校政策、措施和資源與閱讀素養

一　學校「學生的篩選與分組」政策與學生表現的關係

（一）垂直差異

PISA的分析結果指出，重讀率與教育系統的學習成效呈負相關，即使納入國民所得考量，結果仍是相同。換句話說，高重讀率的學校系統學生的表

現會比較差。此外，OECD 國家之間的表現變異，有 15%可以被重讀率解釋（圖 8.4）。

高重讀率與學生表現之間的負相關也反映在學校階層。在四個參照國中，重讀學生人數愈多的學校其成績表現往往愈差。在納入學生和學校的社經、人文背景考量後，此負相關在三個參照國依然存在（圖 8.5）。臺灣並沒有存在顯著負相關，新加坡未調整前有，香港及澳門調整前後皆有顯著負相關。

高重讀率不但與學生平均表現呈負相關，與學生社經背景對其本身表現的影響也是如此。若學校系統以重讀的方式垂直區分學生，社經背景和學習成效會出現強烈的關係，即使納入國民所得考量，結果也是如此（圖 8.4）。換句話說，若學生的社經背景愈低，愈有可能重讀，此現象和文獻結果是一致的（Alexander, Entwisle, & Dauber, 2003; Hauser, 2004）。低社經背景的學生可能僅擁有較低的教學或課程品質，或者可能處於表現差的同儕中。可以解釋此負相關的假設是：選擇讓表現差的學生重讀，可使教師或學校較不需要幫忙改善這些社經背景處於劣勢的問題學生的學習表現。

（二）教育系統的水平差異

教育系統水平差異是根據可供 15 歲學生選擇的學制種類、首次分流年齡，以及系統裡高選擇性學校的比例這三方面來測量，但這些因素又似乎都與教育系統的平均表現無關（圖 8.4）。根據校長在問卷中的回答，高選擇性學校是指學校會根據學生的學業成績或前一階段畢業學校之推薦來決定學生能否入學。在許多國家裡，高選擇性學校的表現往往會比非高選擇性學校好（圖 8.5），但對整個教育系統而言，高選擇性學校的普及率與系統整體表現並不相關。若教育系統裡有高比例的高選擇性學校，反而在校際間有較大的表現變異，如芬蘭僅 4.0%的學生就讀高選擇性學校（表 8.1），而其校際變異亦僅 0.67%；相對地，香港、新加坡、日本有 80%以上的學生就讀高選擇性學校，而其校際變異約在 3.1%至 5.1%間；與參照國相比，臺灣則兩項比例（53.3%、2.8%）皆在中等程度。芬蘭、臺灣、新加坡、上海、香港調整前有顯著正相關，上海、韓國調整後有顯著正相關。

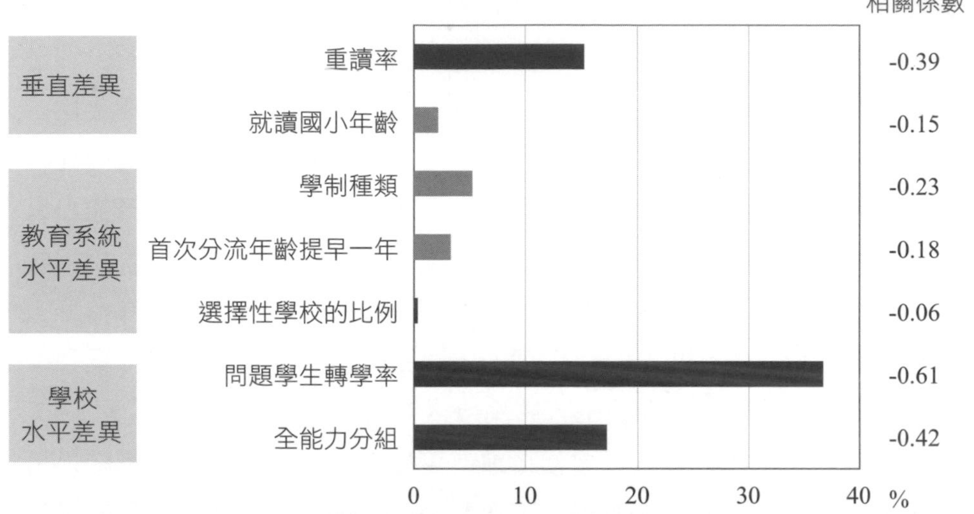

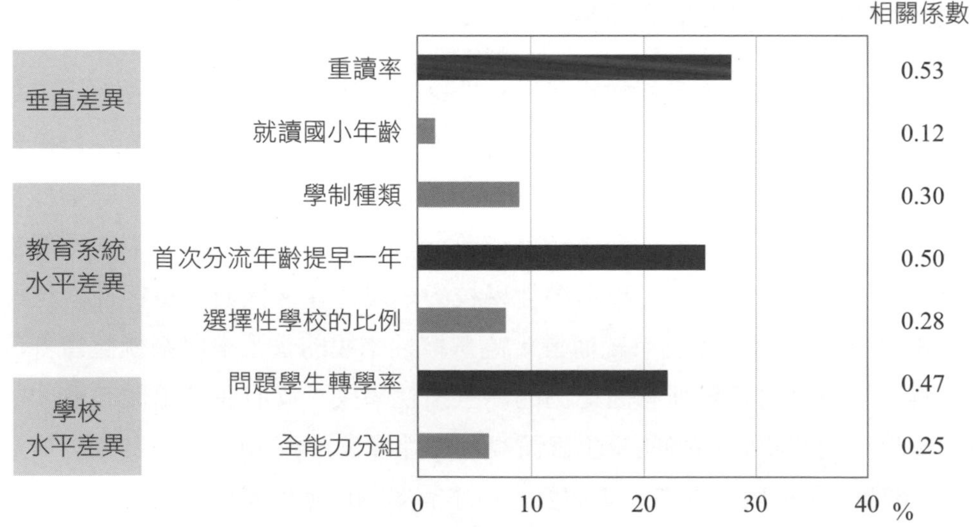

註：深色長條代表相關係數在 $p < 0.05$ 水準下具統計顯著。

➲ 圖 8.4　學校「學生的篩選與分組」政策與學生表現的關係

資料來源：OECD, PISA 2009 Database, Figure IV.2.1a, StatLink http://dx.doi.org/10.1787/888932343380

較早將學生分流或分軌至不同學制的學校系統裡，教育機會不均等的問題會比較嚴重，如新加坡學校學生屬較早分流（表 8.1），而其校內及校際變異約大於或接近OECD平均（表 8.1），是參照國中次高的。另一方面，與較晚分軌的學校系統相比，將時間提前並無法提升學生平均表現。此結果和早期的研究是一致的，即學校系統裡愈多的分流或分軌只會造成愈嚴重的教育不均等問題（Causa & Chapuis, 2009; Schütz, West, & Woessmann, 2007）。愈早在教育系統中應用水平差異將學生分流或分軌，教育不均等的問題會愈嚴重。參照國家教育系統中的學制種類都不一致，從 15 歲前僅有一種統一的學制（芬蘭、澳門）至有四種或更多學制（上海、新加坡）都有（表 8.1）。在教育系統中，首次進行入學篩選的年齡若提早一年，會造成學校表現和學校社經背景之間有強烈的相關，學校的PISA經濟、社會和文化地位指標增加一個單位，會造成表現成績有 4.9 分的差異。雖然在校內此關係的影響比在教育系統裡的影響稍微弱一些，但此影響程度仍遠遠小於社經背景在校際間的懸殊差異所造成的影響。因此，整體來說，早期實施分軌或分流容易因社經背景的差異而造成教育機會不均等，而且早期實施分軌或分流並不會與整體表現有強烈的相關。

開始分軌或分流的年齡與社經背景密切相關的原因，可能是年輕的學生比較依賴家長和家長給予的資源。在教育體制分流程度較高的系統裡，社經背景較高的家長比較能夠發揮更大的作用來提升孩子的教育機會，此方式比年齡稍長之後讓學生為自己做決定更具優勢。

（三）學校階層的水平差異

學校階層的兩種水平差異和學生表現呈現負相關，即學校因學生學業成就差、行為問題或特殊學習需求而將學生轉出至其他學校就讀的頻率愈高，以及在所有學科上都將學生進行能力分組的學校愈多，PISA的學校系統表現愈差（圖 8.4）。事實上，超過三分之一的跨國學生表現變異可被學生轉學的比率所解釋。學生轉學可能對學生的學業成就有不良的影響，因為將學生轉出原本就讀的學校通常會造成學生的麻煩。另一種可能則是視轉學為一個普遍政策的系統裡，學校和老師並不會積極地去教導和匡正學生。

學校入學篩選和學生能力分組的政策（模式中包括所有的政策）	未納入學生和學校的社經、人文背景考量		納入學生和學校的社經、人文背景考量	
	負相關	正相關	負相關	正相關
高選擇性學校		上海，香港，新加坡，臺灣，芬蘭		韓國，上海
問題學生轉學學校	日本，臺灣			
全能力分組的學校		日本		
重讀率	芬蘭，新加坡，香港，澳門		芬蘭，澳門，香港	

➲ 圖 8.5　學校的學生篩選和分組政策與閱讀表現有顯著關係的國家

資料來源：OECD, PISA 2009 Database, Figure IV.2.1b, StatLink http://dx.doi.org/10.1787/888932343380

部分國家在學校階層裡，轉學和學生表現之間呈現負相關（圖 8.5）。如同學校系統中，各校也有相同的情況。若學校會因學生低學習成效、行為問題或特殊學習需求而將學生轉學，則就讀這些學校的學生其成績表現會比不採用轉學政策學校的學生差。另一方面，只有在少部分國家中，學生能力分組和學生表現之間呈現負相關，此關係在多數國家（含日本）均為正相關（參見 OECD, PISA 2009 Database、圖 8.5）。不論學校對學生進行能力分組與學校社經狀況之間是否有密切關聯，幾乎所有國家在納入學生與學校的社經背景後，這兩因素之間即無單獨的關係。日本與臺灣在轉學上調整前有負相關，但調整後此關係便不再顯著。在能力分組上，日本在調整前有正相關，調整後同樣不再具顯著性。

學生轉學頻率愈高的學校系統愈容易造成學生社經背景與表現之間有強烈的關係，即使納入國民所得考量，情況仍舊一樣（圖 8.4）。此結果指出，轉學政策和學校系統的社經背景分離有關，即高社經背景的學生最終會聚集在高成就表現的學校，低社經背景的學生則聚集在低成就表現學校的狀況。不過，轉學政策對學校而言，會使校內有更多同質性的學生群體，也會減輕學生社經背景的影響。PISA 也證實在轉學政策盛行的系統裡，校際間社經背景不均等的影響比各校校內更為嚴重。當學校系統裡實施轉學政策的學校比例高於 10%時，增加一單位學校社經背景，學生表現的得分會增加 10.3 分；增加一單位學生社經背景，則會使學生表現的得分數減少 2.4 分（OECD, 2010i）。換句話說，校內轉學政策的正向效應會被校際間不均等的負向效應抵銷。

圖 8.6 顯示低轉學率的學校系統裡，學校校長認為學校方面應擔負更多的責任來建立學生評量政策、決定學校提供的課程與課程內容，以及教科書的選用。OECD 國家有 20%學生轉學率的變異與學校課程和評量績效責任指標的差異有關。解釋此關係的一種假設是：具有較低轉學權力的學校會主動地嘗試不同的方式來輔導校內的問題學生。

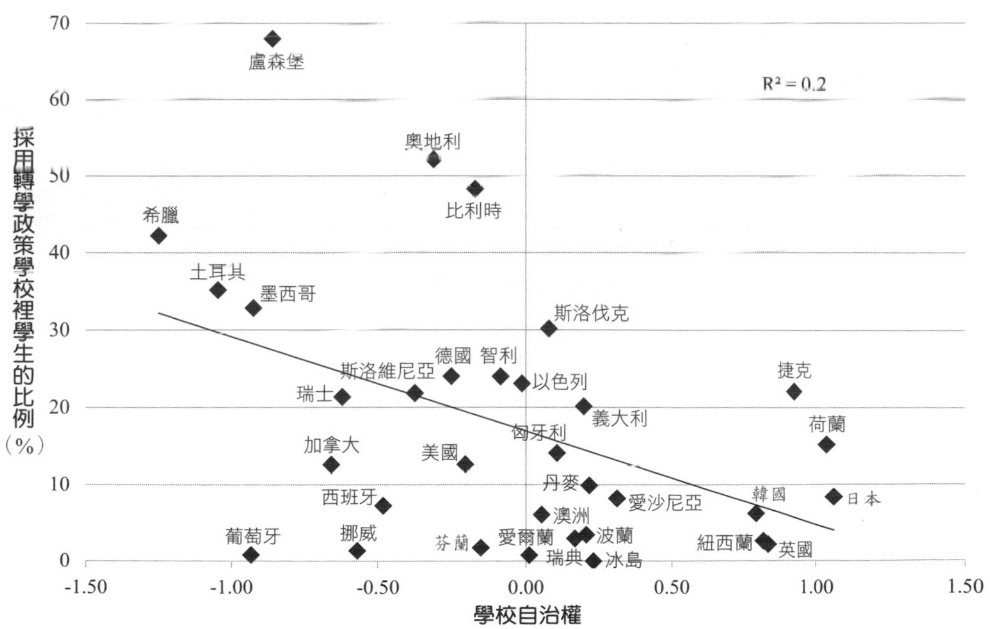

註：學校自治權是由學校課程和評量指標來測量。正的指標代表自治權愈高。

圖 8.6 OECD 會員國學校轉學率與學校自治權的關係

資料來源：OECD, PISA 2009 Database, Figure IV.2.1a, StatLink http://dx.doi.org/10.1787/888932343380

在OECD國家中，學生篩選與分組的學校政策和措施可解釋校際間2.4%的表現變異，除澳門外，臺灣與其他參照國家此比例皆小於OECD平均（圖8.7）。學生篩選和分組與表現之間的關係大部分都與學生和學校的社經、人文背景有關。OECD國家平均有8.9%的學生表現變異是同時與學生入學篩選和分組的學校政策，以及社經、人文背景有關。除澳門與香港外，臺灣與其他參照國家此比例皆小於OECD平均。芬蘭、日本、韓國此比例幾乎為零。澳門與香港的學校系統裡，學生入學篩選和分組的政策與社經背景有密切的關聯。

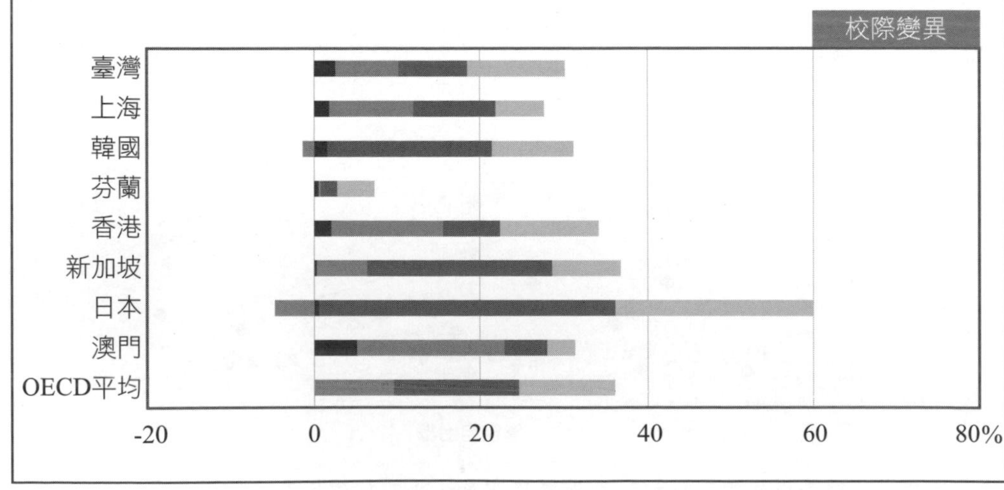

➲ 圖 8.7　臺灣與參照國家學校的學生篩選和分組與閱讀表現關係的對照

資料來源：OECD, PISA 2009 Database, Figure IV.2.2a, StatLink http://dx.doi.org/10.1787/888932343380

二 「學校管理」與學生表現的關係

（一）學校自治

PISA跨國分析的結果建議，學校對課程制定自主權的普及與學校系統的表現之間有正相關，即使納入國民所得考量，情況也是相同（圖8.8）。賦予學校在決定學生評量政策、課程開設、課程內容及教科書選擇這些方面更多自主權的學校系統，在閱讀表現上具有較高的水準[1]。相反地，賦予學校在資源配置上更大的責任似乎與學校系統的學生整體表現無關。

學校自治權中的建立學生評量政策、選擇教科書，以及決定開設的課程與課程內容與學習成效的關係，與學校系統管理的其他層面有重要的關聯。例如：全國性的測驗或評量通常會搭配課程制定的自主權，才能提供統一的標準，以及提供學校的資訊和相關的激勵來幫助學校和家長為學生做最好的決擇（Fuchs & Woessmann, 2007）。根據PISA的數據顯示，全國性測驗與學校自治之間有重要的關聯。在沒有全國性測驗的學校系統裡，學校自治和學生表現之間呈負相關，在此類的學校系統裡，就讀於課程制定方面有較多自主權學校的學生，其表現會比具有較少課程制定自主權學校的學生差。相反地，若學校系統有全國性測驗，就讀於自主權愈高的學校學生其在閱讀方面的表現會愈好。例如：在沒有全國性測驗的OECD地區，在納入學生和學校社經背景考量後，則就讀課程制定自主權較高的學校其學生在閱讀方面的表現，如同就讀自治權為一般水準的學校一樣，且成績與OECD的平均表現相似[2]。

1 根據比較的結果顯示，在大部分的國家裡課程自主權是有益於學校的表現，而且是有助於改善整體的表現。學校的自治權與學校因學生的表現不佳、特殊需求或行為問題而將學生轉學的比率之間是有相關的（圖8.6）。納入學生轉學率的考量後，課程制定的自主權與學生表現的關係在系統層級裡為中度相關（相關係數為0.31，p值為0.10）。

2 增加一單位的指標等同於增加OECD平均在學校的課程和評量責任指標方面一個標準差。

相反地，若學校系統有全國性測驗，就讀於課程制定自主權高於平均學校水準的學生，其成績會比就讀於自治權為一般水準的學校得分高 4 分。但如果全國性測驗的結果與學生無直接關聯，則全國性測驗與學校自治之間的關係就不再顯著。

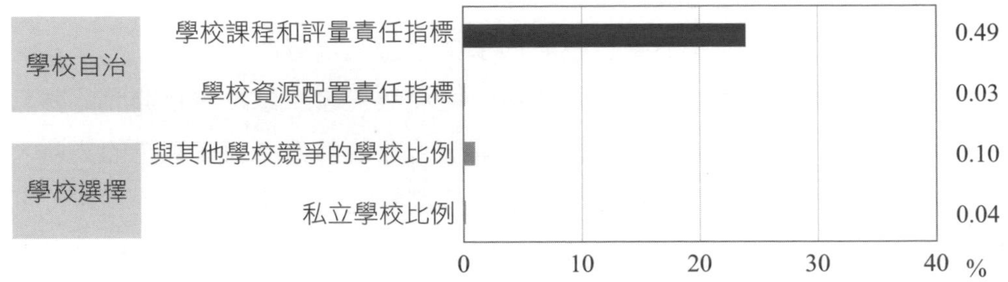

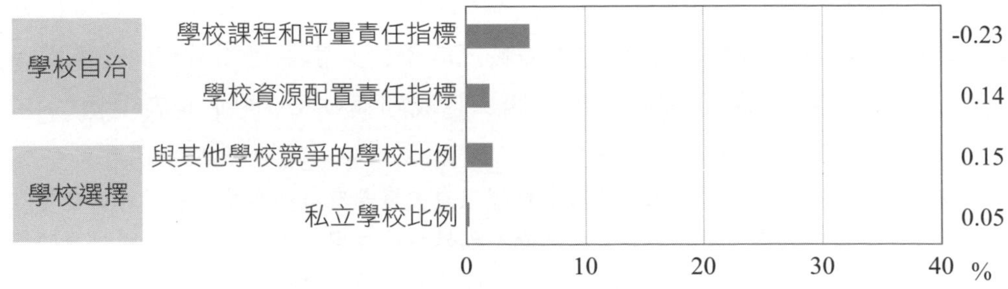

註：深色長條代表相關係數在 $p < 0.05$ 水準下具統計顯著。

圖 8.8 學校管理與閱讀表現的關係

資料來源：OECD, PISA 2009 Database, Figure IV.2.4a, StatLink http://dx.doi.org/10.1787/888932343380

在教育系統階層中，課程制定和評量政策的學校自主權與學生表現兩者之間的關係，其在臺灣與參照國的差異不大（圖 8.9）。例如：上海在課程制定方面有較高自主權學校的表現比自主權較低的學校差。因此，僅擁有部分課程制定自主權似乎和學校系統的表現才會有正相關，不過此結果並不適用於解釋各校的情況。各國內不同的關係模式都有不同的解讀方式。例如：自治權愈高的學校可能表現愈好，因為國家會提供表現佳的學校更多的自主權，對於表現較差的學校則有更多的限制和規定。相反地，自治權愈高的學校可能表現愈差，例如：屬於自治權較高的私立學校大部分是提供給未能考取公立明星學校的低學習成就學生就讀的。在有相關的參照國中，臺灣、上海則剛好相反，學校自治權愈高學生表現愈差。

雖然學校系統賦予學校課程自主的程度與系統表現之間有明確的關聯，但在資源配置的自主權也納入考量後，此關係會更為複雜。可能是因為資源配置自主權的差異會影響資源分配的方式，不同的分配方式可能會使部分的

學校管理（模式中包括的學校管理的特徵）	未納入學生和學校的社經、人文背景考量		納入學生和學校的社經、人文背景考量	
	負相關	正相關	負相關	正相關
學校資源配置責任指標（指標值愈高代表自治權愈高）		新加坡，韓國		韓國
學校課程和評量責任指標（指標值愈高代表自治權愈高）	上海		上海，臺灣	
同一地區內學校需競爭學生來源		香港	韓國，澳門，臺灣	
私立學校			日本，香港，臺灣	

➲ 圖 8.9　學校管理與閱讀表現有顯著關係的國家

資料來源：OECD, PISA 2009 Database, Figure IV.2.2a, StatLink http://dx.doi.org/10.1787/888932343380

學校受益，但未必會改善系統的整體表現。學校的表現與資源配置自主權之間的關係也會隨著國家的不同而有所差異。韓國在納入學生和學校社經背景的調整後，資源配置自主權愈高的學校，閱讀表現的得分也會愈高，其餘參照國則沒有達到顯著關係。

（二）選擇學校

學校之間的競爭程度是一種測量學校選擇的方式。學校間競爭的目的是為提供學校創新的激勵及創造更有效的學習環境。然而，PISA跨國間的相關分析並未發現學校之間的競爭程度與學生表現有關聯。在 OECD 國家的學校系統裡，不論是否有納入社經背景考量，會與其他學校競爭學生來源的學校比例和學校系統整體的學生表現之間並無相關（圖 8.8）。

未考量學生和學校的背景時，臺灣與香港的競爭程度與學校表現往往具有明顯的關係（圖 8.9），臺灣是正相關，而香港是負相關。在納入學生和學校的社經背景調整後，學校之間的競爭程度與學生表現的正相關就不再具統計顯著，但與學生表現的負相關則多了韓國及澳門（圖 8.9）。

納入學生和學校的社經背景調整後，學校之間的競爭程度與學生表現的正相關不再具統計顯著的情況，可反映出成績優秀的高社經背景學生比較可能就讀競爭激烈的學校，即使納入學校所在地與是否就讀私立學校這兩因素的考量，結果也是一樣。反之也可能是對的，因為一般而言，優秀的學生往往具有較高的社經背景，有特權的學校為了吸引這些優秀的學生，在競爭上必定會更為激烈。

與其他學校競爭學生來源的程度會和教育均等有關聯。研究指出，選擇學校更廣泛而言即學校競爭，學校間的競爭則會與學校系統內的高度分離有關，而且最終會導致局部的教育不均等問題（Bunar, 2010a, 2010b; Gewirtz, Ball, & Bowe, 1995; Heyneman, 2009; Hsieh & Urquiola, 2006; Karsten, 1999; Plank & Sykes, 2003; Viteritti, 1999; Whitty, Power, & Halpin, 1998）。就讀私立學校的學生大部分來自高社經背景，因此私立學校和表現兩者之間的關係部分是源自學生和學校社經背景的特徵，而不是私立學校的內在優勢所造成的。在納入學生和學校社經背景的考量後，日本、香港、臺灣學生就讀私立學校和表現這兩者之間呈正相關（圖 8.9）。

整體而言，在納入社經背景的考量後，即使私立學校的表現沒有明顯較佳，但私立學校所擁有的高社經背景對家長仍有一種吸引力，包括來自高社經背景的同儕、學校額外擁有的資源，或高社經背景學校中某些較佳的政策和措施。學校系統中私立學校的比例和系統階層的教育均等並無關聯。OECD 國家平均而言，僅有非常低比例的表現變異能被學校管理的差異所解釋。只有 1%的表現變異是單獨來自學校管理的差異，以及 5%的表現變異是同時來自於學校管理和社經背景（圖 8.10）。因此，表現的差異和學校管理的差異

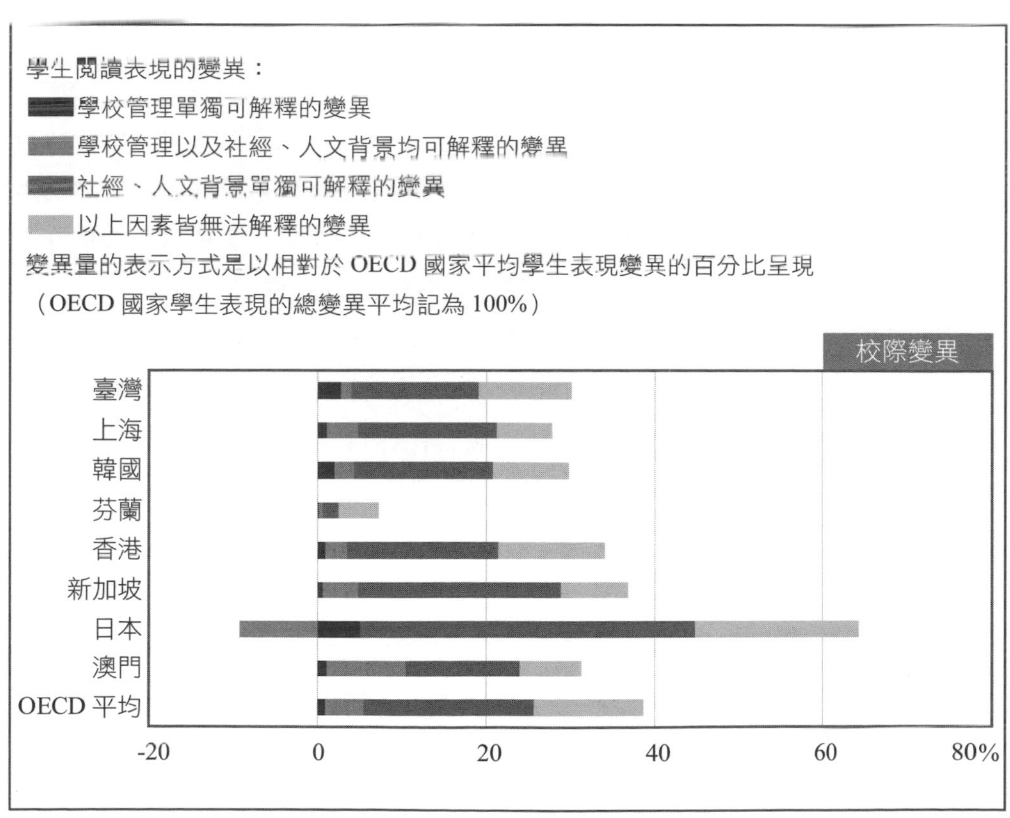

圖 8.10 臺灣與參照國家學校管理與閱讀表現關係的對照

資料來源：OECD, PISA 2009 Database, Figure IV.2.2a, StatLink http://dx.doi.org/10.1787/888932343380

之間微弱的關聯，大部分都是與學校間的社經背景有關。此結果顯示，高社經背景學校的組織方式才是真正與表現較佳有關，例如：這些高社經背景學校會與同一地區其他學校競爭學生來源，或他們有獨特的管理方式。

臺灣與參照國家，表現變異比例同時來自於學校管理和社經背景者皆在10%以下，但澳門的比例是最高的，幾近 10%，在此國家的學校系統裡，學校管理和表現兩者之間的正相關與學校系統裡社經背景的差異息息相關。

三 「評量及績效責任」與學生表現的關係

在許多國家中，民眾與政府在教育方面的關注，已從單純的控管教育資源和內容轉變成重視教育成果，此轉變連帶推動評量教育機構品質的發展。各國設定標準的範圍包括廣泛的教育目標與制定各學科領域簡要的預期表現。標準的設定也帶動了責任系統的建立。在過去十年中，評量學生的表現已普遍出現在許多國家，而且評量的結果通常會被廣泛地報導且公開公布。然而，評量的理由和方法的本質在國際間與各國國內的認知上，差異卻非常懸殊。例如：OECD 各國採用的校外評量、審查或各校自我評鑑都不盡相同。

全國性測驗常常用來分發學生至不同學校或年級就讀。這些測驗對學生的教育、甚至學生的未來都有直接的影響，也因此全國性測驗會激勵學生在學習上投入更多的努力。其他的標準化測驗往往只會間接影響學生，但對教師而言，標準化測驗的結果可以提供學生學習需求的相關訊息，也可以用來當作調整教學的依據。有些國家會利用測驗的結果來決定教師薪資，或者作為專業發展的方針。在學校階層，標準化測驗的結果可以用來決定額外資源的配置，以及了解需要何種協助來建立表現目標和監控進展。

PISA 在問卷中詢問學校校長是否使用標準化測驗來評量學生的學習，另一方面，PISA 也蒐集學校系統是否使用全國性評量來分發學生至不同學校或年級就讀的資訊。在 OECD 國家中，強制所有學校都需要全國性評量的國家其表現較佳，即使納入國民所得考量，結果仍是相同。就讀於需要全國性評量學校系統的學生，平均而言，他們的表現會比無全國性評量學校系統的學生得分高 19 分（圖 8.11）。然而，標準化測驗的使用率和學校系統的表現兩者之間量測不到明顯的相關，而且在大部分國家的學校階層裡也是如此（圖 8.12）。其中一部分的原因可能是標準化測驗的內容和使用方式在各校間與各系統間的差異很懸殊。圖 8.12 顯示僅香港及上海呈現顯著正相關。

PISA 也同時檢視學生在校的成就資料是否會被公開公布、會告知家長、會用來決定資源分配，或者會被相關教育主管機關持續追蹤。在學校系統裡，為了績效責任而使用評量資料與學校系統的表現之間量測不到明顯的相關（圖 8.12），而且檢視各國在此方面的關係時，也未發現有明顯的趨勢（圖 8.12）。此結果可能是因為各國在使用評量資料的政策差異所造成的。然而，學校公開公布學生成就資料與學校的表現之間稍微有一些關聯。校長於問卷中指出，該校會公開公布學生成就資料的學校其校內學生的表現會比未公布學生成就資料的學校佳，臺灣有此現象。然而，在大部分國家裡，這些會公開公布學生成就資料的學校都具有高社經背景。在納入社經背景考量後，此表現優勢僅出現在臺灣、香港（圖 8.12）。

OECD 國家平均有 2%的表現變異是單獨來自學校評量與責任措施的各個層面，但有 4%是同時來自於學校評量與責任措施，以及學生和學校的社經、人文背景。臺灣與參照國家，表現變異比例同時來自於學校管理和社經背景皆在 10%以下（圖 8.13）。

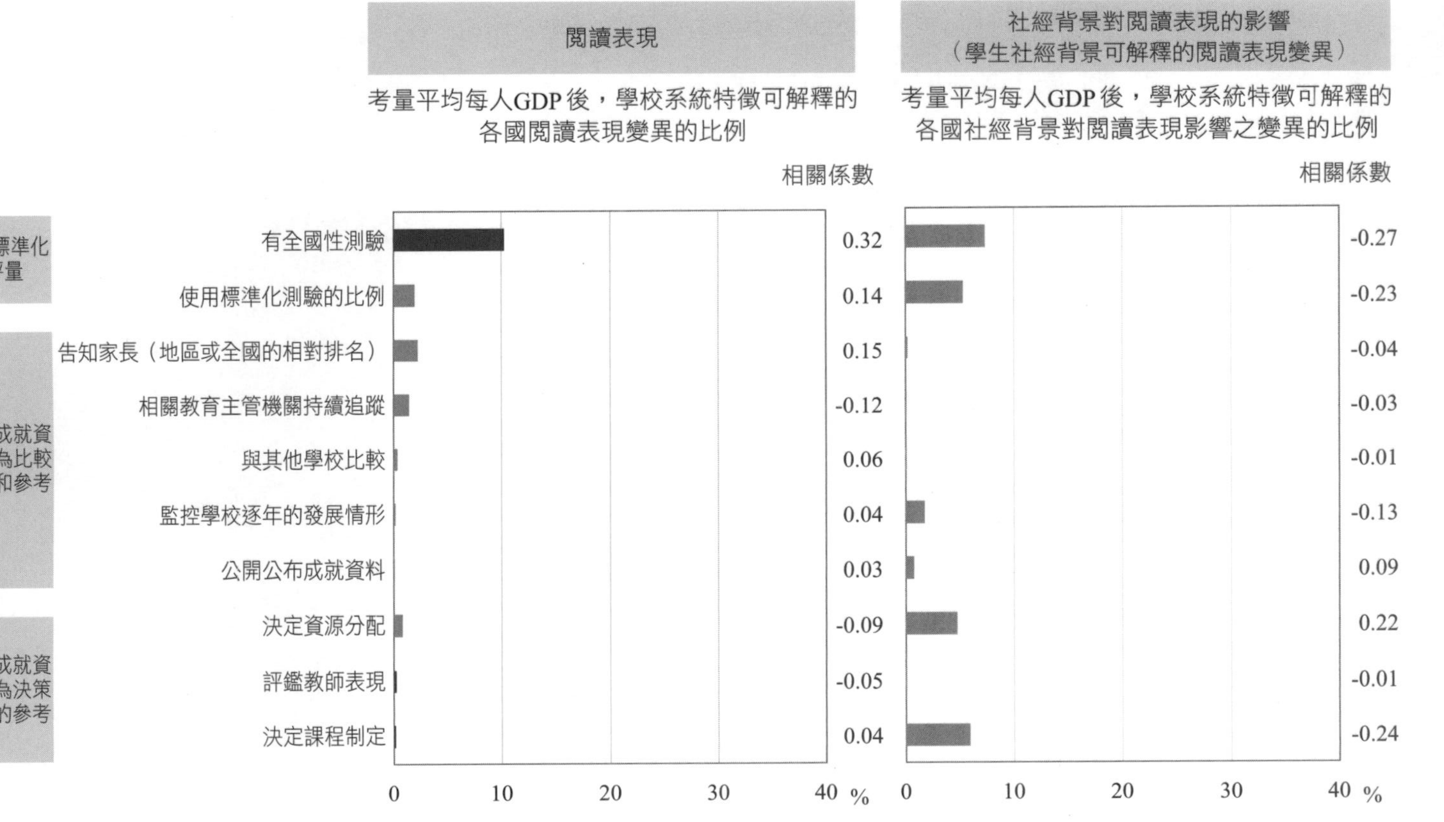

註：1. 在三十一個有全國性測驗資料的OECD國家裡，有全國性測驗的學校系統其閱讀平均表現得分為509分，無全國性測驗的學校系統其閱讀平均表現得分為490分。兩者差異為19分，此值在 $p < 0.05$ 的水準下具統計顯著。

2. 深色長條代表相關係數在 $p < 0.10$ 水準下具統計顯著。

➲ 圖 8.11　評量與績效責任與閱讀表現關係

資料來源：OECD, PISA 2009 Database, Figure IV.2.6a, StatLink http://dx.doi.org/10.1787/888932343380

學校評量和責任政策（模式中包括的評量和責任政策）	未納入學生和學校的社經、人文背景考量		納入學生和學校的社經、人文背景考量	
	負相關	正相關	負相關	正相關
使用標準化測驗	新加坡	香港，上海		香港，上海
使用評量資料：告知家長（地區或全國的相對排名）	臺灣			香港
使用評量資料：教育主管機關持續追蹤			新加坡	日本，臺灣
使用評量資料：與其他學校比較	臺灣	日本	臺灣	
使用評量資料：監控學校逐年的發展情形	香港		韓國，芬蘭	
使用評量資料：公開公布成就資料		臺灣，香港		香港，臺灣
使用評量資料：決定資源分配	日本		澳門，臺灣	香港
使用評量資料：評鑑教師表現	香港	臺灣	香港	臺灣
使用評量資料：決定課程制定	香港，上海	臺灣	上海	

➲ 圖 8.12　評量與績效責任與閱讀表現有顯著關係的國家

資料來源：OECD, PISA 2009 Database, Figure IV.2.2a, StatLink http://dx.doi.org/10.1787/888932343380

雖然標準化測驗的使用和學校表現之間往往是不相關的，但標準化測驗的使用會與學校系統內的教育均等程度有關。學生使用標準化測驗比率較高的學校系統裡，社經背景對學習成效的影響較低。不依照學生個別學習進度，而依學生表現程度來使用標準化測驗，會令擁有高社經背景學生的學校更具優勢（Downey, Von Hippel, & Hughes, 2008; Ladd & Walsh, 2002）。而教師可策略性地以挑出或保留弱勢學生的方式，來回應責任績效的評鑑（Jacob, 2005; Jennings, 2005）。PISA 2009 的分析結果亦顯示，經常使用標準化測驗與校內嚴重的社經不均等有關，相對於校內嚴重社經不均等的學校系統，社經均等程度較高的學校系統裡，學生學習成效受使用標準化測驗的影響較大。此外，高度使用標準化測驗，與改善學校系統內的教育均等間呈現正相關的趨勢，此意味測驗可提供學校進行校內或校外比較。而此結果更讓學校能夠體認到存在各校間的教育不均等，進而改善教育不均等的現象。PISA的分析結果也顯示，會使用成就資料來決定課程規畫，以及會由相關教育主管機關持續追蹤的學校系統，其社經地位均等程度較高。

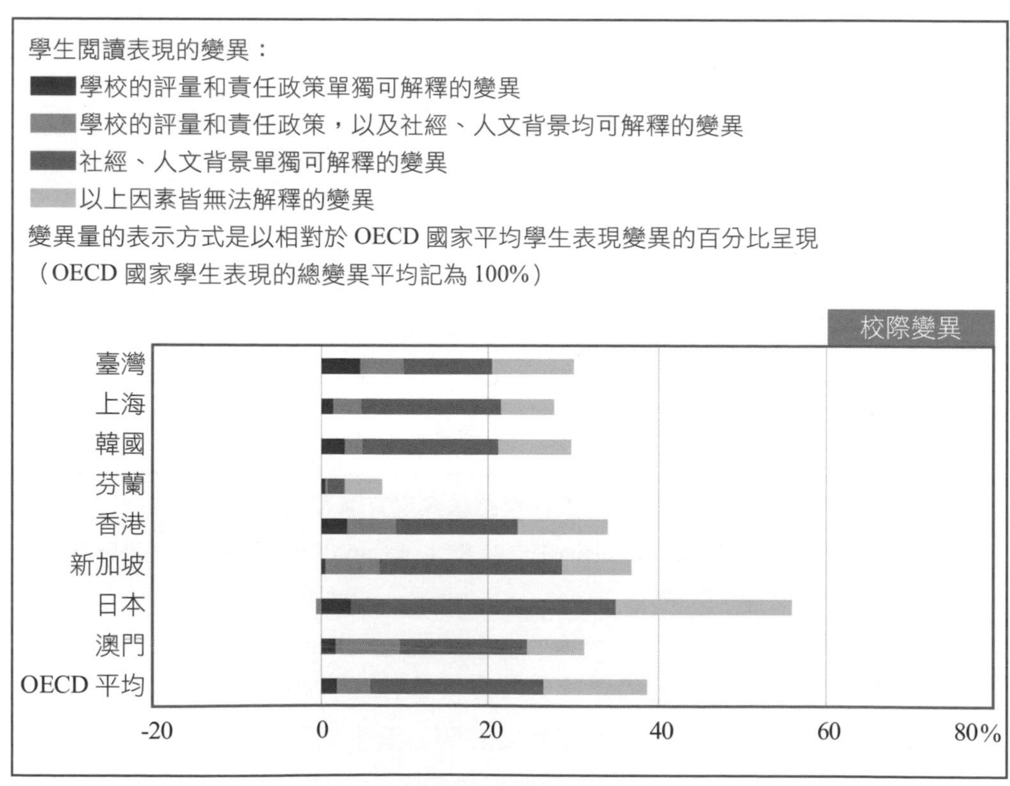

註：國家的排列順序是依據各變數均能解釋之閱讀表現變異的大小以遞減方式呈現。

圖 8.13　臺灣與參照國家評量與績效責任與閱讀表現關係的對照

資料來源：OECD, PISA 2009 Database, Figure IV.2.2a, StatLink http://dx.doi.org/10.1787/888932343380

四 「教育資源」與學生表現的關係

高效能學校需要受過專業訓練與賦有才能兩者合一的職員，以及具積極性且準備好要學習的學生。另一方面，教育投入的資源則必須兼顧政府其他的公共開支和稅收的總體負擔之間的平衡。如後續的討論，不同的學校系統在學習時間、人力資源、材料資源和教育支出這些教育方面相關的投資方式各不相同（Gamoran, Secada, & Marrett, 2000）。此外，各學校系統如何使用這資源的差異也是同等重要的議題。研究顯示教育資源和學生表現之間有些微的關聯，其中以人力資源（即教師和學校校長）的品質能解釋的變異最多，特別是在工業化國家裡（Buchmann & Hannum, 2001; Fuller, 1987; Greenwald, Hedges, & Laine, 1996; Rivkin, Hanushek, & Kain, 2005）。

在教育系統階層與嵌套於國民所得階層的PISA分析結果顯示，唯一一項與學生表現有關的教育資源是相對於國民所得的教師薪資（圖 8.14）。如果教育經費開支相似，因為教師薪資和班級規模之間存在關聯，所以學校系統必須在縮減班級規模和提高教師薪資之間做取捨。從PISA的分析結果發現，教師薪資和整體表現之間有相關，因此選擇投資在提高教師薪資學校系統的學生表現有高於平均水準的現象。此結果和學校效應的相關研究是一致的，也就是，考量成本效益的投資應強調教師素質而不是著重縮減班級規模（Greenwald, Hedges, & Laine, 1996; Rivkin, Hanushek, & Kain, 2005）。

在教育投入資源和閱讀表現之間有關聯的學校系統裡，教育資源通常會與社經背景的高、低有關，即高社經背景學校通常會有較佳的教育資源。教育資源考量的層面包括教室規模、教學時間、參加課後課程、課外活動，以及學校校長對教師短缺與材料資源不足是否會阻礙教學這兩方面的看法。OECD國家有5%的學生表現變異是單獨來自學校在教育資源方面的差異，有18%學生表現變異是同時來自教育經費支出和社經、人文背景學校（圖 8.15）。因此改善教育均等問題必須同時考量到學校間資源的差異。

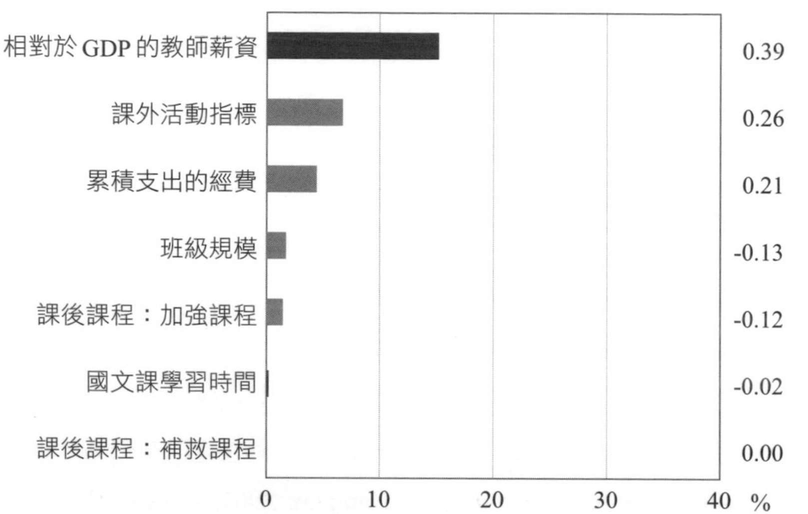

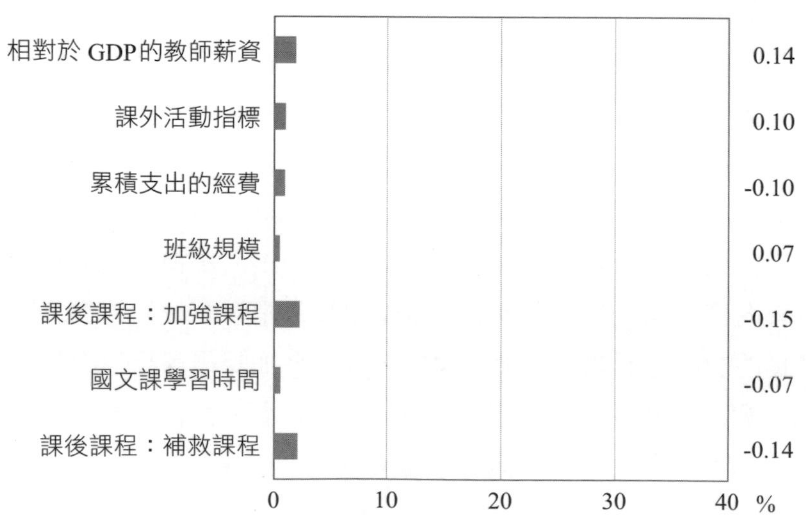

註：深色長條代表相關係數在 $p < 0.05$ 水準下具統計顯著。

➲ 圖 8.14　教育資源與閱讀表現關係的對照

資料來源：OECD, PISA 2009 Database, Figure IV.2.2a, StatLink http://dx.doi.org/10.1787/888932343380

在日本、新加坡、澳門、上海，有 20%以上學生表現的變異是同時來自上述這兩個因素。在這些國家中，高社經背景學校往往會有更多的教育資源及較佳的表現。換言之，當大部分的學生表現變異不能單獨被資源的多寡所預測時，資源的多寡會與各校的社經背景有密切的關聯，即高社經背景學生就讀具有較多資源的學校。高社經背景學生就讀的學校比較可能具備哪些教育資源？哪一種學校系統的資源分配最均等？學校資源多寡的程度和學校平均社經背景的相關分析可以揭示資源分配的情況。

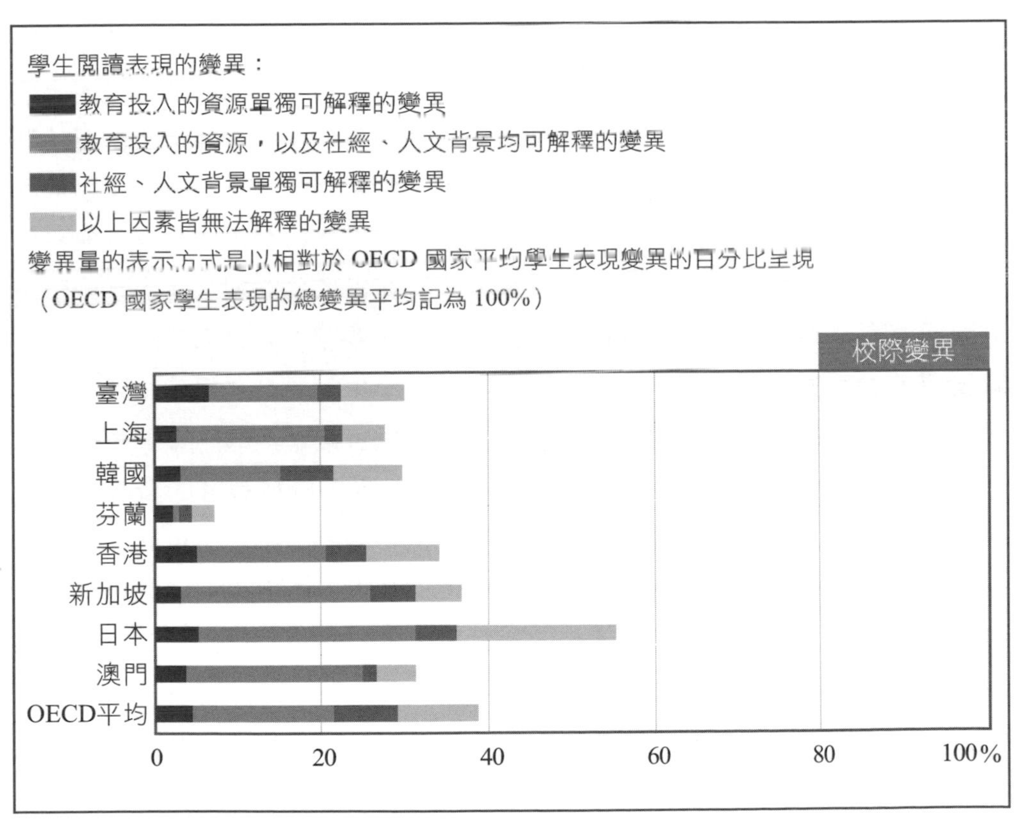

圖 8.15 臺灣與參照國家教育資源與閱讀表現關係的對照

資料來源：1. OECD, PISA 2009 Database, Figure 2.12a

2. OECD, PISA 2009 Database, Figure IV.2.2a, StatLink http://dx.doi.org/10.1787/888932343380

在學校系統裡，資源的多寡與表現或均等之間缺乏相關性，並非表示資源的多寡一點都不會影響表現，應該是說，它代表在PISA蒐集到的資料中，資源多寡的變異與表現或均等之間沒有相關。缺少教師、教學相關的基礎建設與教科書的學校系統，幾乎表現都會比較差，但PISA的資料顯示，多數的學校系統似乎僅擁有足以提供教學與學習的最少資源，而此結果會導致各種資源與均等和表現之間缺乏相關性，也會使得 OECD 國家間的變異不足。在每個學校系統中，學校資源和閱讀表現之間大部分的關係皆與學校的社經、人文概況有關。結果指出，學校資源如何更公平的分配需更進一步的考量。

教育投入的資源不但包括人力和材料資源，也包括學生投注在各學科的學習時間、就讀學前教育的學生比例和就讀時間長短，以及開始就讀國小的年齡。依據PISA的分析結果顯示，曾就讀學前教育的學生會比未曾就讀過的學生表現較好。此關係在考量學生社經背景後仍舊存在，這表示就讀學前教育和現今 15 歲學生表現之間的關係，並未反映高社經背景學生就讀學前教育具有優勢。在比較就讀學前教育的受益者時，在大部分的國家裡，不論學生的社經背景高低，同樣都能受益於曾就讀過學前教育；只有部分國家裡，曾就讀學前教育對移民背景學生的影響高於本土學生，而且在學前教育支出的教育經費較高的國家裡，曾就讀學前教育對移民背景學生的影響更高。

PISA 2009 分析結果顯示，各國學生受益於就讀學校教育的情況差異很大，但此差異大部分均可被PISA的學前教育品質指標所解釋，也就是，在學前教育時間較長、學前教育裡師生比較低，以及對每位學生在學前教育支出教育經費較高的國家裡，曾就讀學前教育學生表現有較佳的優勢。有高比例學生曾就讀學前教育的學校系統裡，學校系統的整體表現能否將受益於學前教育的個別效應直接加總？然而，即使在各國中曾就讀學前教育在學生階層裡有如此明顯的優勢，但此關係在國家階層不再是明顯的。此結果可以顯示大部分 OECD 國家都會提供多數學生超過一年學前教育就讀機會的事實。不過，實際上，超過一半的OECD國家中有 94%以上的 15 歲學生指出，他們都曾就讀過學前教育一段時間。

許多層面都與學校系統對學生的分發和篩選方式有關（圖8.16）。例如：提供15歲學生多種學制選擇的學校系統，學生首次入學篩選的時間會較早、轉學率會較高。轉學率較高的學校系統重讀率也會較高。然而，高轉學率或高重讀率的學校系統往往在課程制定和資源配置這兩方面的自主權較低，也比較不會利用標準化測驗來評量學生的學習成效。另一方面，能夠自行制定課程和評量的學校系統，資源配置責任也會比較大。

總之，在同時考量學校系統整體表現有關的特徵（即重讀率、轉學率、能力分組、課程規畫自主權、全國性評量與教師薪資）和國民所得後，各國的表現變異有69%可以被解釋。在檢視所有參與國和經濟體之間的表現變異時，這六個學校系統特徵及國民所得共可解釋61%系統之間的變異。

第三節 學校學習環境與閱讀素養

雖然學校的組織與管理往往只會間接地影響學校和班級的學習，但PISA仍詳細地調查會影響學習的各個學習環境層面。PISA的分析結果顯示，OECD國家間有3%的學生表現變異是單獨來自於學習環境的差異，有10%是同時來自社經背景和學習環境（圖8.17）。

學生背景和學習環境息息相關，而且這兩因素與學生表現之間也都有強烈的關聯，原因可能是高社經背景學生具有更好的紀律觀念和更積極的學校價值觀，或是這些學生的家長對校內課堂紀律的期望和教師的託付較高。反之，以低社經背景學生為主的學校，比較不會感受到來自家長要求改善班級紀律和更換經常缺席或無心教學的教師這兩方面的壓力。因此，如果決策者想要確保所有學校招生時都能不考慮學生背景、教師的責任感，以及上課的秩序，他們必須同時考慮社經背景和學習環境的影響。

	重讀率	在15歲前，首次入學篩選的年齡提早一年	15歲學生可以選擇的學制種類	就讀選擇性學校的學生比例	對所有學科都進行能力分組的學校比例	很可能會將低學習成效、行為問題或特殊學習需求學生轉學之學校比例	學校課程和評量責任指標平均	學校資源配置責任指標平均	使用有基礎標準的校外測驗	相對於平均每人GDP的教師薪資
重讀率	-	0.23	**0.36**	**0.08**	0.55	**0.41**	-0.40	-0.14	-0.56	0.33
在 15 歲前，首次入學篩選的年齡提早一年	0.10	-	**0.75**	**0.63**	0.29	**0.56**	-0.02	0.12	-0.02	0.17
15 歲學生可以選擇的學制種類	-0.01	**0.64**	-	**0.63**	**0.45**	**0.48**	0.07	0.17	0.03	0.30
就讀選擇性學校的學生比例	-0.14	**0.41**	**0.55**	-	**0.44**	*0.32*	*0.31*	0.25	0.19	0.24
對所有學科都進行能力分組的學校比例	*0.22*	0.09	**0.30**	0.24	-	**0.45**	-0.11	0.13	-0.08	0.20
很可能會將低學習成效、行為問題或特殊學習需求學生轉學之學校比例	**0.31**	**0.27**	*0.26*	**0.27**	**0.37**	-	**-0.44**	-0.23	-0.29	0.05
學校課程和評量責任指標平均	-0.25	-0.07	0.01	0.23	-0.23	**-0.27**	-	**0.59**	**0.52**	0.06
學校資源配置責任指標平均	-0.07	0.06	0.08	**0.27**	0.01	-0.04	**0.53**	-	0.19	-0.25
使用有基礎標準的校外測驗	**-0.60**	-0.03	0.03	0.13	-0.03	-0.18	**0.47**	0.12	-	-0.28
相對於平均每人GDP的教師薪資	0.13	0.03	0.05	0.24	0.00	-0.10	**0.33**	-0.04	0.03	-

上三角為OECD國家

下三角為所有參與國和經濟體

註：相關係數在統計水準 5%（$p < 0.05$）達統計顯著者以粗體字表示，在統計水準 10%（$p < 0.10$）達統計顯著者以斜體字表示。

圖 8.16　教育資源與閱讀表現有關係的國家

資料來源：OECD, PISA 2009 Database, Figure IV.2.2a, StatLink http://dx.doi.org/10.1787/888932343380

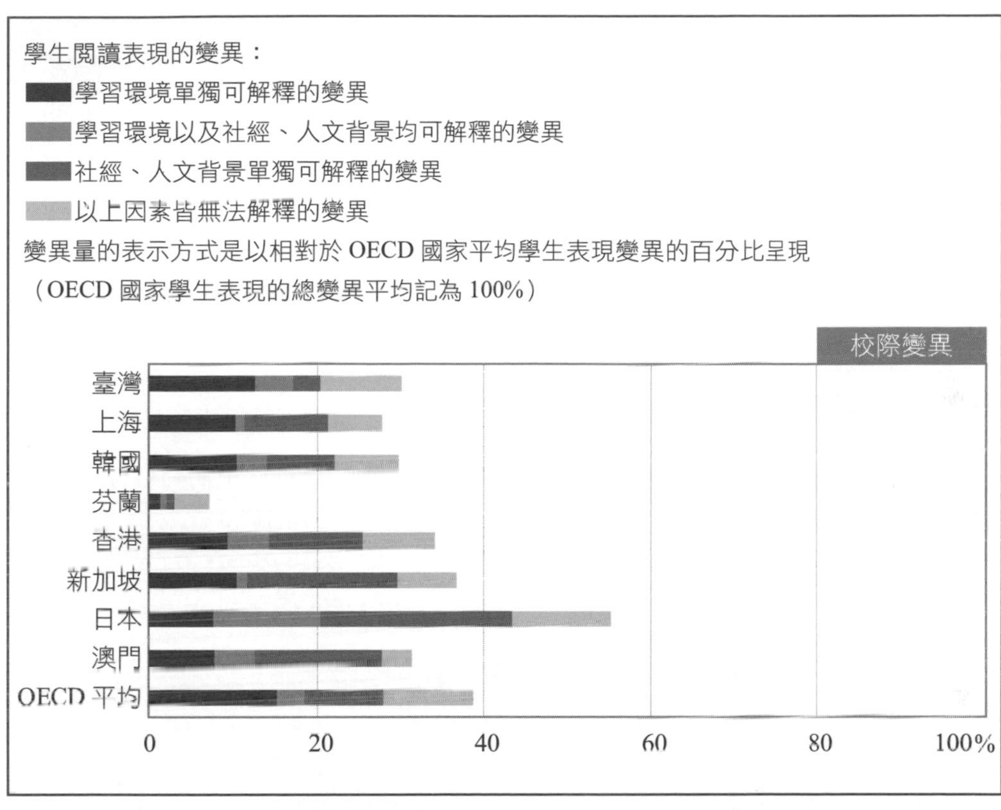

圖 8.17　臺灣與參照國家學習環境與閱讀表現關係的對照

資料來源：OECD, PISA 2009 Database, Figure IV.2.2a, StatLink http://dx.doi.org/10.1787/888932343380

有些國家學生的表現會同時受社經背景和學習環境的影響，而且影響程度相當高。例如：在日本、新加坡和澳門，有 15%或更高比例的成績會同時受社經背景和學習環境的影響（圖 8.17）。在這些國家或經濟體裡，除了日本有 13%的表現變異比例是單獨來自學習環境，其他地區只有 5%或低於 5%的表現變異比例是單獨來自學習環境。

學習環境（模式中包括的學習環境的特徵）	未納入學生和學校的社經、人文背景考量		納入學生和學校的社經、人文背景考量	
	負相關	正相關	負相關	正相關
師生關係指標（學校平均）		芬蘭，日本，香港，上海		日本，香港
紀律風氣指標（學校平均）		日本，香港，澳門，上海，新加坡		日本，香港，澳門，上海，新加坡，臺灣
教師對學生閱讀投入激勵的指標（學校平均）	香港，新加坡		香港，新加坡	
影響學校風氣之學生相關因素指標（指標值愈高，代表學生相關因素影響風氣愈少）	日本		澳門，上海	臺灣
影響學校風氣之教師相關因素指標（指標值愈高，代表教師相關因素影響風氣愈少）		日本，韓國，香港，新加坡	臺灣	日本，韓國
家長期望學校設定高學業標準，並對學生施加需達到此標準的壓力		日本，韓國，新加坡		
校長領導力指標（指標值愈高，代表領導力愈強）	香港		臺灣	

➲ 圖 8.18　學習環境與閱讀表現有顯著關係的國家

資料來源：OECD, PISA 2009 Database, Figure IV.2.2a, StatLink http://dx.doi.org/10.1787/888932343380

各項與學習環境相關的特徵中，哪些會與學生表現有正相關？由圖 8.18 分析結果顯示，在許多國家中，紀律風氣佳、教師較積極，以及家長給予學校壓力愈多的學校，學生在閱讀表現方面會愈好，即使納入社經背景考量，結果仍是一樣。擁有良好師生關係與紀律風氣的學校，學生在閱讀表現的水準較高。此結果建議，在學校階層具有較佳的學習環境，即紀律風氣和教師行為這兩方面，以及在班級階層中具有較佳的師生關係和紀律風氣，學生的表現都會比較好。

例如：即使納入學生和學校的社經、人文背景，在日本與香港的學校的表現與師生關係指標值較高者有正相關；日本、香港、澳門、上海、新加坡與臺灣，這些國家學校的表現與紀律風氣指標值較高者有正相關。另外，僅有日本、韓國與新加坡學校校長對於家長為了提升學生學業標準和成就而向學校施加壓力的看法與學生表現之間有正相關，但在考量學生和學校的社經、人文背景後，這兩因素之間的關係並不存在。

總之，紀律風氣佳的學校，學生表現較好。一部分原因是紀律風氣佳的學校裡高社經背景學生人數較多，而這些學生的表現也會比較好；另一部分原因是高社經背景的學生具有較佳的紀律風氣，有利於學習。此外，尚有部分原因是與社經背景不相干。紀律風氣和學生表現之間的關係並未與社經背景有關係，此結果表示，不論是否有納入學校社經背景考量，紀律風氣本身與學生表現之間是相互獨立的。反之，家長對孩子期望，以及家長對孩子就讀學校的期許都與表現有關，主要是因為這些家長往往也都具高社經背景。

在考量學生社經、人文背景、閱讀習慣、學習環境及學校組織後，OECD各國中，有三分之一學生階層的表現變異與幾乎十分之九的校際間表現變異，可被PISA對各層面測量的結果所解釋（圖8.19）。在日本、新加坡、澳門、上海，有10%以上學生表現的變異是同時來自上述這兩因素。

學習環境與學校系統組織之間似乎有密切關聯，但學習環境和表現之間又不相關，即使納入組織的特徵考量，結果仍舊相同。學校系統的組織管理若能為教師有效的提升師生關係、紀律風氣及工作環境，都能增進學習成效。

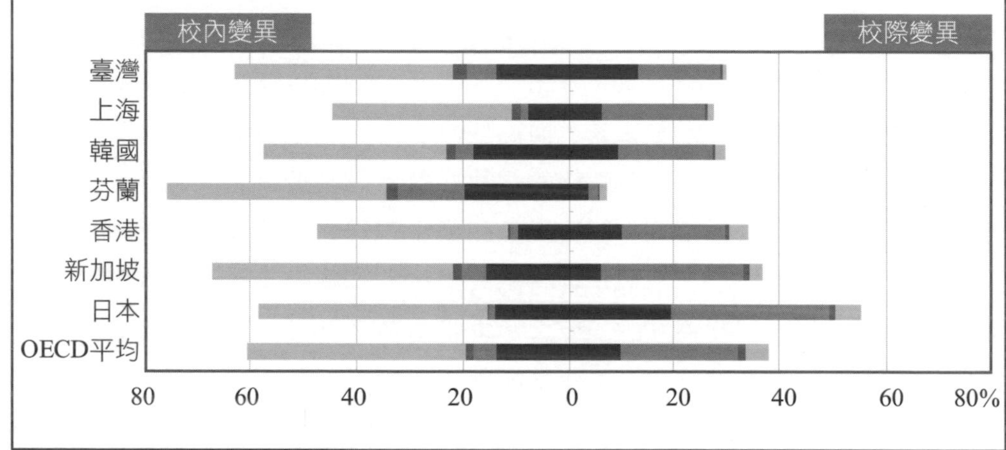

註：國家的順序是依據校際間各項變數均能解釋之閱讀表現變異的大小以遞減方式排列。

圖 8.19　學習因素間與閱讀表現的關係

資料來源：OECD, PISA 2009 Database, Figure IV.2.2a, StatLink http://dx.doi.org/10.1787/888932343380

綜上所述，PISA 2009 分析結果顯示，不論是否將社會經濟因素納入考量，本章所檢核的絕大部分學校因素與閱讀素養之間都有強烈的相關，如「學生的篩選與分組」中的垂直差異、學校水平差異，「學校管理」中的學校課程與評量自治，「評量與績效責任」中的使用成就資料做決策、「教育資源」中的相對於平均每人GDP的教師薪資，「學習環境」中的師生關係指標與紀律風氣指標。

PISA 2009 成功學校系統的代表學校如芬蘭、日本、香港等，擁有一些相同的特徵，例如：垂直差異或水平差異的分流措施較少、課程制定和評量使用的自主權較高、選擇學校權較低、教育經費支出高且著重於提高教師薪資。臺灣學校很接近PISA的成功學校系統定義，臺灣學校的社經背景不均等指標顯著低於 OECD 平均，但閱讀表現約在 OECD 平均附近。同時，比較臺灣學校與PISA 2009 成功學校系統的代表學校顯示，臺灣學校亦具有成功學校系統的部分特徵，如垂直差異低、課程制定和評量使用的自主權較高、經常使用評量或成就資料做決策等。但臺灣在學校水平差異（如「將問題學生轉學」）上，仍有改善的空間。此外，雖然根據PISA分析結果顯示，累積教育經費與閱讀素養沒有顯著的關係，但臺灣累積教育經費明顯低於日本與芬蘭。

CHAPTER

9 閱讀素養與社經地位關係的探討

林娟如、江培銘

第一節 社經背景與教育成效的關係

提供均等的教育機會是各國政策的主要目標。PISA評量結果顯示，不論學生的家庭或社經背景為何，各國學校系統的差異不只平均表現不同，教育機會均等的程度也不同。PISA廣泛蒐集受試學生的社經背景特徵資料，包括家長的社會經濟地位及家中所擁有的物品等。本章著重在均等的議題，並分析學生背景特徵差異是如何與學生閱讀表現差異有所關聯。

從國際研究的證據顯示，教育均等不單是公平性議題，也是經濟的議題。例如在OECD最近的一份經濟成長投射研究中，估計出使各國每個人在PISA的表現都達到基礎水準的教育改革的淨值。結果顯示，若使OECD地區的表現最低學生（這些學生中有許多是社會經濟弱勢的學生）提升到PISA量尺的400分（約相當於PISA基礎水準的下限）以上，可使得OECD地區在2010年出生的這一代人民一生的總收益再增加200兆美元。當然，這項估計的利益會隨著國家不同而改變，而且，這個預測充滿著不確定性。然而，在提升教育成果的品質與均等上，其估計的利益仍可能是相當大且遠超過任何需付出的改善代價（OECD, 2010d）。

本章從三個面向探討教育的均等：第一，藉由分析學生在PISA測驗整體量尺上的差異，來檢驗學習成果的均等性。在學生群體或校際群體間有無較大的表現差距？有多少比例的學生落在基礎素養水準以下？第二，檢驗學習資源分配的均等性，意指無論是何種社經背景，學生與學校是否能取得相似的教育資源？第三，探討學習上的均等，也是最重要的一點。可藉由分析家庭，以及學生與學校社經背景對學習成果的影響來探討（方塊 1 提供了詳細的家庭與社經背景之測量變項說明）。在均等的教育系統下，背景的影響是很小的，也就是說學生在教育上的成功，絕大部分與家庭、學生社經背景或是學校平均社經背景沒有關係。相反地，如果背景的影響很大，那麼學生的成功很大部分會取決於社經背景或是學生所就讀的學校，那麼教育機會的分配就會不均等。

先前的研究顯示，學生與學校的社經背景與學習成果的關係不會因學習領域不同而有顯著的不同。本章將分析局限在PISA 2009 測驗的重心：閱讀素養。此分析將根基於之前 PISA 的研究成果（OECD, 2001, 2004, 2007; Willms, 2006, 2010）。

一 解讀學生表現的差異與分散性

本章的重點在於解釋學生表現的差異。這些差異有多大？以及這些差異是從哪裡產生的？這些學生在書面文本的理解、應用、反思與投入能力之差異，大部分源自於國家內校際間與學生間的差異。在所有OECD國家中，11%的學生閱讀表現差異是來自於國家之間的差異，34%來自於學校間的差異，而其餘 55%則源自於學生的個別差異。所有參與PISA的國家（包含國家與經濟體）比 OECD 會員國更異質，25%的學生閱讀表現差異是來自於國家之間的差異，但跨國差異仍然不是大部分差異的來源，因為學校差異占 30%，學生差異占其餘 45%。這些比例分布情形並非意味著國際間的表現差異小，而是指各國內的表現差異非常大。

圖 9.1 描繪了每個國家的表現差異，圖中標示出學生表現的第 10、第 25、第 50、第 75 及第 90 百分位數。這些百分位數各自對應於表現超越 10%、25%、50%、75%及 90%的學生所需達到的分數。相鄰兩個百分位數的差異標示在每一個長條圖的區塊中。

圖 9.1 顯示OECD會員國中PISA閱讀表現最好的學校系統是韓國與芬蘭，兩國的 PISA 平均閱讀分數與 OECD 平均的差異分別是 46 分和 42 分。但是在這兩個國家當中，25%的學生分數分別低於 490 分與 481 分，且半數的學生分別低於 545 分與 542 分。因此，針對低分端 25%與高分端 50%的學生表現差距，在韓國最少有 55 分的差距，在芬蘭至少有 61 分的差距。平均而言，在所有 OECD 國家中，中等程度的學生表現（即一半的學生超越此分數，另一半的學生在此分數之下），與閱讀素養表現最差的 10%及 25%的學生表現差距，分別為 130 分與 67 分。方塊 2 說明了這一章如何解讀這些表現差距。

二 社經背景

接著，我們探討「社經背景的差異」及「學生表現的差異」兩者之間的關係。國家與國際的證據顯示學生社經背景及表現有密切的關聯：國家的證據請見 Coleman 等人（1966）的研究；國際的證據請見 OECD（2001, 2004, 2007）。PISA 2009 為這些關聯性提供進一步的見解。

一般而言，教育程度愈高的家長愈願意投資較多的時間與精力在孩子身上，或是引導與小孩的日常互動藉以幫助小孩在學校學習成功。具有聲望較佳職業的家長可成為孩子的榜樣，小孩會認為他們未來可能也會從事這樣聲望佳的職業，這種好職業需要擁有好的教育，基於此誘因，孩子將投入更多努力在學校表現上。某些家庭所擁有的物品，例如：安靜的學習場所或書桌，可提供孩子在學習上的一些優勢。富裕的家庭通常若不是能夠在家提供較多的教育資源，就是能讓孩子在提供這些資源的學校就讀。如果學校座落在城市，學生可以就近享受到提供學習機會的額外資源，例如：公立圖書館和博物館，這些資源是農村學生較難使用到的。然而，並非所有的學生都能享受

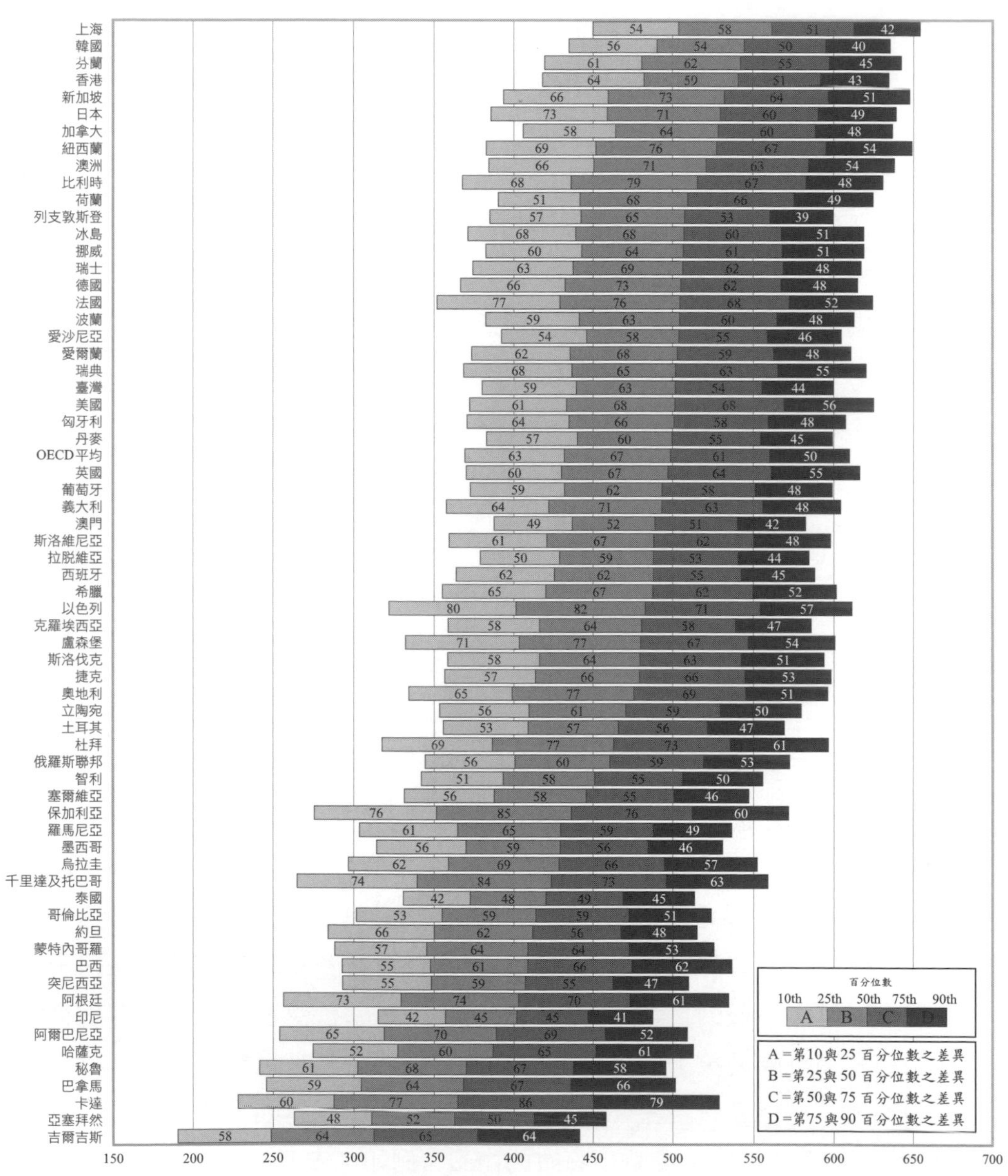

註：各長條當中的數值分別為第 10 百分位數與第 25 百分位數、第 25 百分位數與第 50 百分位數、第 50 百分位數與第 75 百分位數、第 75 百分位數與第 90 百分位數之間的分數差異。

圖 9.1　PISA 2009 各國學生在閱讀表現之分布

資料來源：OECD, PISA 2009 Database, Figure II.1.1

方塊1. 學生與學校背景特質摘要

家庭背景指的是每個學生家庭的各種特徵，包含：(1)他們的社經地位（如同PISA的經濟、社會與文化地位指標）；(2)移民狀態：這名學生或是家長是否出生在另一個國家（藉由學生的移民地位記錄：第一代或第二代）；(3)他們的語言：學生是否通常在家使用測驗所使用的語言（由一個變項做記錄，來指出學生是使用測驗所用語言或其他語言）；(4)家庭狀態：學生是否通常只和單親或雙親居住（由一個變項做記錄，來指出家庭狀態是單親或其他）；(5)學校所在位置（由一個變項做記錄，來指出學生就讀的學校是否位於農村，村莊或農村地區是指人口數少於 3,000 人，小城鎮是 3,000 至 15,000 人，城鎮是 15,000 至 100,000 人，城市是 100,000 至 1,000,000 人，或大城市是超過 1,000,000 人）。

社會經濟背景（簡稱社經背景）是與經濟、社會與文化地位有關的家庭特徵的統整指標，其描述了一名學生的經濟、社會與文化地位。PISA 的社經背景是由經濟、社會、文化與教育地位所定義，形成PISA的ESCS指標，此指標結合了家長教育、家長職業與家中所有物等資訊。

在個人層級的分析，本章聚焦於學生社經背景與PISA閱讀表現間的關係探討。在學校層級的分析，本章聚焦於學校 15 歲學生平均社經背景與學校 15 歲學生平均閱讀分數間的關係。

OECD 國家學生母群的 OECD 指標值設定為 0，每個國家都給予相同的權重。在此指標量尺上 1 分的差異代表在 OECD 國家學生母群中的一個標準差的不同。也就是說，如果在此量尺上得 -1.0 分，代表此考生比 OECD 國家平均六分之一的學生在社經地位上占優勢，但比其他六分之五的學生劣勢。同樣地，擁有 1.0 以上的分數表示比六分之五的學生占優勢。

這些優勢，許多人必須在各自遭遇到的挑戰裡奮鬥掙扎，例如：移民背景、家庭使用語言和學校使用的語言不同，或是需要支持與協助的單親家庭。

若學生的社經背景與學生閱讀表現關係微弱，就是一種教育機會分配均等的表徵。在這樣國家的教育系統中，學生的社經背景及學生就讀的學校，

方塊2. PISA 分數差異的解釋：差異有多大？

在不同兩個群體學生分數的差異，例如 56 分的差異，是什麼意思？

PISA 2009 學生的閱讀表現是以七個素養水準來表徵（即水準 1b、1a、2、3、4、5、6），在PISA閱讀量尺上 73 個分數點的差異相當於一個素養水準的差異（除了水準 5 與水準 6 間的差異）。這樣的分數差異可以視為頗大的學生表現差異。例如，如同第三章及 PISA 2009 的評量架構所提及的，閱讀素養表現位於水準 2 的學生能找尋符合多個條件的訊息，就單一特性進行比較和對照，即使訊息不夠鮮明，仍可了解文本中定義明確的部分，並能連結文本與個人經驗。然而，當學生表現達到水準 3 時，他們可以進一步找尋多項訊息、連結文本不同的部分，與日常生活知識做關聯。

在三十四個 OECD 國家中，相當多數 15 歲的 PISA 學生樣本分布於至少兩個年級中。兩個年級學生的差異代表一學年的差異，在PISA閱讀量尺上，一學年的差異相當於平均 39 分的差距。

在 PISA 閱讀量尺上，平均分數最高與最低的國家差 242 分，而最高百分等級 5 與最低百分等級 5 的國家平均分數差 154 分。

在全體 PISA 學生閱讀量尺分數分布上，100 個分數點代表一個標準差。也就是說有三分之二的 OECD 母群學生分數落於 OECD 平均數上下 100 分以內。

都只是學生閱讀表現的微弱預測變項。

就PISA而言，家庭背景是由廣泛測量學生特徵得知，其中包含了出生國家、家庭經常使用的語言、家庭結構，以及描繪學生家庭之經濟、社會與文化地位。方塊 1 簡單描述了測量學生與學校特徵所使用的指標。

學生家庭的社經背景是最常分析的家庭背景特徵之一。PISA的經濟、社會與文化地位指標（the index of economic, social and cultural and educational status, ESCS）是由家長的教育與職業及家中所有物的擁有情況計算得來。依據所有 OECD 區域的學生表現，這個指標被標準化為平均等於 0，標準差等於 1。本報告中學生的社經背景就是指學生在此指標上的分數。學校的社經背景則是指就讀於此學校所有學生社經背景的平均。就教育系統的層級上，該國家的學生平均社經背景就代表這個教育系統的社經背景。社經背景指標的數值較低者表示其社經背景較劣勢；數值較高者則表示其社經背景較優勢。

本章將以多層次的方式分析「社經背景」與「學生表現」間的關係。在個人層次上，分析中考量了每個學生社經背景與其在PISA閱讀表現的關係。在學校層次上，分析中考量了在該所學校15歲學生平均社經背景與就讀該所學校15歲學生平均閱讀分數的關係。

三 社經背景與教育系統成效的關係

比較國際間的教育機會分配是一項具有挑戰性的任務。一個教育系統的成果不僅取決於過去和現今的教育資源、政策與作法，還取決於一個國家廣泛的經濟、社會和體制特徵。在閱讀表現是隨著學生的背景不同而改變的前提下，可以去思考一個國家裡學生社經背景的差異及不同社經背景的學生表現為何，這些關於社經背景與學生表現的分析將可使教育的品質與均等之議題有新的視野。

一般而言，社會經濟差距大的國家，他們的社經背景和表現間的關係不一定是較強的。這是一個重要的發現，因為這個發現代表了即使學生的社經背景有很大的差異，教育均等還是可以達成的。整體而言，各國學生社經背景層次與分布只能作為解釋PISA 2009學校系統品質與均等狀態的一小部分證據而已。在OECD國家中，法國、匈牙利、荷蘭及波蘭的社經背景比OECD平均不佳，但是他們閱讀的平均表現則與OECD平均相等或更好。在經濟體與夥伴國當中的臺灣、香港及上海，也是同樣的情形。

四 PISA 2009 社經背景問卷題目

PISA 的社經背景或經濟、社會與文化地位指標（即 ESCS），是由家長的教育與職業，以及家中所有物的擁有情況計算得來。以下依序呈現 PISA 2009 家長的教育與職業，以及家中所有物的擁有情況的問卷題目。

（一）父母最高教育年數的問卷題目

題目一：你母親在中小學教育階段之最高學歷為何？
如果你不確定如何回答此問題，請尋求施測人員的協助。
（請只勾選一個答案）

高中畢業	☐
高職畢業或五專（不含最後兩年）	☐
國中畢業	☐
國小畢業	☐
國小肄業	☐

題目二：你母親是否具有下列學位？

	是	否
(1) 碩士、博士學位	☐	☐
(2) 學士學位	☐	☐
(3) 專科學校畢業	☐	☐

題目三：你父親在中小學教育階段之最高學歷為何？
如果你不確定如何回答此問題，請尋求施測人員的協助。
（請只勾選一個答案）

高中畢業	☐
高職畢業或五專（不含最後兩年）	☐
國中畢業	☐
國小畢業	☐
國小肄業	☐

題目四：你父親是否具有下列學位？

	是	否
(1) 碩士、博士學位	□	□
(2) 學士學位	□	□
(3) 專科學校畢業	□	□

（二）父母最高職業地位的問卷題目

題目一：你母親的主要職業是什麼？

（例如：學校老師、廚房助手、銷售經理）

（如果你母親目前沒有工作，請寫下她最後一份主要職業）

請填入她的工作職稱：

題目二：你母親的主要職業內容是在做什麼？

（例如：教中學生、協助餐廳廚師準備餐點、管理一組銷售人員）

請用句子描述她在主要職業中，目前從事或曾經從事的工作內容。

題目三：你父親的主要職業是什麼？

（例如：學校老師、廚房助手、銷售經理）

（如果你父親目前沒有工作，請寫下他最後一份主要職業）

請填入他的工作職稱：

題目四：你父親的主要職業內容是在做什麼？

（例如：教中學生、協助餐廳廚師準備餐點、管理一組銷售人員）

請用句子描述他在主要職業中，目前從事或曾經從事的工作內容。

（三）家中資產的問卷題目——家中資產題目可分為財產、家中教育資源、文化資產三大題

題目一：你家中是否有下列物品或設施？

（每一項請勾選一個答案）

	是	否
(1) 書桌	☐	☐
(2) 自己的房間	☐	☐
(3) 安靜的讀書空間	☐	☐
(4) 可供學校功課使用的電腦	☐	☐
(5) 教育類電腦軟體	☐	☐
(6) 網際網路	☐	☐
(7) 古典文學（例如：李白、杜甫）	☐	☐
(8) 詩、詞集	☐	☐
(9) 藝術作品（例如：油畫）	☐	☐
(10) 可協助完成學校功課的參考書籍	☐	☐
(11) 技術性參考書籍（例如：電腦操作說明書）	☐	☐
(12) 字典（辭典）	☐	☐
(13) 洗碗機	☐	☐
(14) DVD 放映機	☐	☐
(15) 鋼琴或小提琴	☐	☐
(16) iPod（蘋果電腦生產之隨身聽）	☐	☐
(17) 數位相機	☐	☐

題目二：你家中有多少下列物品？

（每一項請只勾選一個答案）

	沒有	一個	兩個	三個或三個以上
(1) 手機	□	□	□	□
(2) 電視	□	□	□	□
(3) 電腦	□	□	□	□
(4) 汽車	□	□	□	□
(5) 附有浴室的房間	□	□	□	□

題目三：你家中有多少本書？

書櫃每公尺通常可裝約 40 本書。請勿包括雜誌、報紙或你的教科書。

（請只勾選一個答案）

0～10 本	□
11～25 本	□
26～100 本	□
101～200 本	□
201～500 本	□
超過 500 本	□

第二節 教育均等的三個面向

本節將從三方面探討教育均等：首先，檢核學生學習成果的差異；接著，進一步去研究不同社經背景的學生與學校能獲得類似教育資源的程度；最後，著眼於學生社經背景與學校所在地對學習成果的效應。

一 學習成效的均等

分析不同表現水準的學生比例能提供寶貴的政策啟示。落後學生所占的比例亦可視為學習成就落差的一項重要指數，此數字代表未獲得核心知能的學生比例，這些基本知能促使學生在教育及其後續過程中有所進展。較大的學習成就落差或較大的落後學生比例，均可視為學校系統未能提供所有學生平等且充分的知識與技能的訊號。

（一）各國內相對表現差距

藉由提升成就低落學生的表現來縮短國家內部的表現差異，是各國重要的教育政策目標。在表現分配高分端的學生具較高的抱負、能力或努力，因而在PISA的閱讀評量中獲得較高的分數，進而將表現分數分配從中間往上提升。然而若在表現分配低分端呈現很大的差距，就意味著有相當大比例的學生處於落後的情況，這些學生的表現遠遠低於分配中間的學生群。分配高分端的表現差距相對於分配低分端的差距，是一個很好的相對表現差距標竿，另外透過國際間的比較，也能幫助決策者對於國家相對與絕對的表現差距有更深入的了解。

看國家內部表現各百分位數的分數差異是一個測量表現差距的好方法，第10百分位數的分數表示有十分之九的學生達到此分數，也表示仍有10%尚未達到。第50百分位數，也稱為中位數，其定義為該國有一半的學生超過此分數，另一半則未達到。因此，位於中位數的學生即在表現分配的中間位置。中位數與第 10 百分位數之間的分數差異，是用來衡量分配低分端的表現差距；同樣地，中位數與第90百分位數（其分數十個學生當中只有一個超過）之間的分數差異，則是衡量分配高分端的表現差距。

由表 9.1 可以得知，一般國家低分端表現的差距通常都比高分端的差距寬。這樣的差異數據可顯示各國學生表現的主要變異來源。高分端的差距可

❖ 表 9.1 臺灣與參照國家的高、低分端的閱讀表現對照

國名	10th	50th	90th	低分端的差距	高分端的差距	差距（低分端－高分端）
臺灣	380	502	600	122	98	24
上海	450	562	654	112	92	20
韓國	435	545	635	110	90	20
芬蘭	419	542	642	123	100	23
香港	418	541	634	123	93	30
新加坡	394	532	648	138	116	22
日本	386	530	639	144	109	35
澳門	388	489	582	101	93	8
OECD 平均	369	495	610	126	115	11

用來衡量低分端差距大小的標準。就一般PISA參與國來說，得分較低的教育系統會有較大的表現差距，特別是在高分端。但在表 9.1 我們比較的國家中並未明顯呈現這樣的趨勢，因為這些國家均有中等以上的表現排名。就低分端的差距而言，日本和新加坡比 OECD 國家平均大；就高分端的差距而言，只有新加坡比 OECD 國家平均大。在中文版考區中，臺灣、香港的低分端差距比上海、澳門大，而且臺灣的高分端差距也比其他三個經濟體大。由此可看出臺灣的極端分數的表現差異較華語區其他經濟體大。

（二）能力未達基準線水準的學生比率

PISA將閱讀表現分為七個素養水準，其中水準 2 是被用來當作基本水準的衡量，達此水準的學生開始可以表現出閱讀素養能力，並能有效地運用在日常生活。精通閱讀素養能力水準 2 的學生能夠達成一些任務，如尋找符合數個標準的資訊、比較或對比文本中的單一特色、即使是在訊息不明顯的情況下也能明確掌握部分的文本資訊，以及文本與個人經驗之間的連結。低於水準 2 的學生可能已經有了閱讀的能力，但對於應用閱讀來學習則仍需努力。

從均等的角度來看，這是一群關鍵的學生。特別是從國際性的角度來看，當這些表現不好的學生結束學校教育進入日益全球化的勞動市場時，情況將對他們相當不利。

在PISA評量中低於素養水準2的學生是一個需要關注的群體，他們有限的能力讓他們在未來的教育與工作生涯中充滿風險。舉例來說，在加拿大的一個縱貫研究中證實，在2000年PISA閱讀素養低於水準2的9%學生中，有三分之二的學生不會發展到大專，且其中只有10%的學生讀到大學。相對地，在水準2的學生當中，多數都讀到大專；而水準5的學生群當中，只有7%的學生沒有接受任何形式的大專教育（OECD, 2010e）。澳洲、瑞士與烏拉圭也都顯示出類似的結果，強調了獲得更多教育、參加並成功完成許多智力挑戰的職業學校，或是獲得高等教育，這些都會與PISA評量上的表現有直接或間接的正相關（Bertschy, Cattaneo, & Wolter, 2009; Boado & Fernández, 2010; Marks, 2007）。

PISA閱讀素養的水準2對許多國家來說是一個有用的標竿，因為這能協助國家覺察學生是否有輟學或是無法發展全部潛力的風險。在其中一些國家，不同的標竿可能會更有意義。例如：水準3以上的學生表示其表現遠高於基本要求，因此，從均等的角度來看，水準3以上的學生比率可代表教育系統成功拉起每個學生至素養水準的程度。

若以未達水準2的學生比率為落後比例，OECD國家平均落後比例為18.8%，上海（4.1）、韓國（5.8）、芬蘭（8.1）、香港（8.3）、新加坡（12.5）、日本（13.6）、澳門（14.9）、臺灣（15.6）落後比例均較OECD平均低。但在中文版考區中臺灣落後比例最高而上海落後比例最少。

二 教育資源分配的均等

學習機會不均等亦可能源自教育資源分配。教育資源有兩個面向：資源投入的總量與資源如何投入，第八章「閱讀素養與學校因素關係的探討」對「教育資源」有詳細的說明。教育資源分配均等的教育系統中，學校資源的品質與數量不應與學校的平均社經背景有關。如果學生與學校的社經背景與教育資源間存在正比關係，代表愈具有社經優勢的學校愈能享受更多更好的資源；若是反比關係則表示弱勢學校可得到更好的資源；沒有相關就表示在優勢與弱勢學生所處的學校其資源分布是相當類似的。

表 9.2 顯示學校社經背景（即該學校中的學生社經背景之平均）與辦學特色之間的關係，如生師比（student-teacher ratio）。若學生與學校的社經背景與教育資源間呈現正比關係就會以方框來標示，若是反比關係則以橢圓框來標示。如果此關係強度達顯著水準則會加上粗體字。如果沒有任何明顯的關聯，則維持原狀。

以生師比結果為例，日本、韓國、澳門試著投入更多的教師到社經弱勢的學校，以企圖緩和這樣的不利狀態；然而在上海、新加坡，社經不利的學校卻擁有較高的生師比，這表示這些國家的弱勢學校會有每況愈下的處境（OECD, 2010g）。

❖ 表 9.2　臺灣與參照國家學校平均社經背景與辦學特色的相關

國名	學校平均社經背景與下列變項的簡單相關					
	全職教師百分比	有執照全職教師百分比	全職教師具大學學位百分比	學校教育資源品質指標	學生／電腦比	學生／教師比
臺灣	0.12	**0.34**	**0.29**	**0.19**	-0.04	-0.07
上海	**0.14**	0.13	**0.32**	**0.16**	-0.10	**-0.13**
韓國	-0.14	0.00	-0.03	-0.04	**-0.53**	**0.30**
芬蘭	**0.17**	-0.01	-0.01	0.13	-0.01	0.08
香港	-0.19	-0.06	**0.12**	0.06	0.04	0.02
新加坡	**-0.13**	0.00	**0.22**	**0.10**	**-0.18**	**-0.14**
日本	**-0.14**	0.04	**0.20**	**0.17**	**-0.34**	**0.38**
澳門	**0.11**	**0.05**	**-0.18**	**0.26**	**0.22**	**0.17**
OECD平均	**-0.07**	**0.04**	**0.15**	**0.13**	**-0.08**	**0.15**

註：相關的顯著性檢定是以各國各項相關係數除以其標準誤的比值為檢定指數。

三 控制社經背景後的學習均等

在一個教育系統中的教育機會若是均等，學業成就與社經背景之間的關係應該薄弱。在這樣的系統中，所有學生享有同等機會發展潛力，而他們的學習成果就合理的代表他們的努力、能力及抱負。相反地，若系統中背景與表現間的關係很強，一些社經弱勢的學生就不太可能實現其學科的潛能，因為他們往往不能享有同等的機會。這裡將介紹 PISA 所測量的社經背景之元素，並探討不同國家中這些變項與學生表現之間的關聯性。在一些國家中呈現較弱的關聯性，顯示教育機會的不平等是可避免的。

PISA所蒐集的資料，使研究人員能檢驗社經背景與學生和學校表現之間的關聯程度，進而評估如何均等地分配教育機會。儘管社經背景有好壞，若學生與學校表現都一樣良好，教育機會可以被視為均等分配；若學生與學校的表現強烈依賴於社經背景，則教育機會不均等的情況仍然存在，學生的潛力就無法實現。

為了評估社經背景對學生表現的效應，PISA仔細地蒐集學生家庭成員的社經文化地位資訊。其中包含父母親教育程度、父母親職業地位，以及家中可獲得的文化和教育資源。社經背景與表現之間的關係不僅取決於學校，也同時取決於社會安排的家庭保健、收入、住屋及托兒。這裡只列舉幾個因素，事實上，其中的某些因素本身或是與社經背景之間的交互作用，可能會像學校一樣有很大的效應。然而，PISA並沒有蒐集所有有關的因素，在分析時也無法將所有因素都考慮進去，但這些因素在解釋報告結果時仍是值得注意的。

在先前的PISA評量中，許多國家都發現，表現較差的學生不見得會有弱勢的社經背景，此一發現對決策者來說具有很重要的啟示。閱讀技能是終身學習與提高未來就業機會與收入的基礎，因此，社經背景與閱讀表現關係較強的國家將無法充分利用來自弱勢背景學生的潛力，人力資本可能因此被浪費，社經地位由低到高的世代改變也可能有限。表現不好的學生將大部分是那群最不可能獲得提升經濟狀態工作的人。這不只是個人的損失，同時對社會來說，也將會愈來愈倚賴其原有成員的經濟成長貢獻。

表9.3總結了各國當中社經背景的每個成分與閱讀表現之間的關聯程度。此處所分析的組成成分為：父母親職業地位、父母親教育程度、文化資產、家庭教育資源、藏書量、財產。由於這些成分往往是相互關聯的，例如：教育程度較高的父母親很有可能也會有較高的職業地位。表中顯示出上述成分的整體影響，以及某項成分在其餘成分被排除後所能解釋的表現變異。表9.3最右一欄即所有因素所共同解釋的變異量。表9.3中數值的單位是%，數值愈大解釋力愈高。

表9.3顯示各國整體社經背景對學生表現有相當的解釋力，但未超過OECD國家平均，而臺灣的解釋力大於參照國，與OECD國家平均雷同。如表9.3所顯示，多個因素所共同解釋的變異會大於單一個因素獨特所解釋的變異，這現象說明各方面的社經背景往往是密切相關的，因此後續的報告會將其總結為單一的指標，即PISA的經濟、社會與文化地位指標。

❖ 表9.3　臺灣與參照國家的社經背景每個成分對閱讀表現的解釋力

國名	父母親職業地位	父母親教育程度	文化資產	家庭教育資源	藏書量	財產	整體
臺灣	1.6	0.6	1.2	1.3	2.6	2.6	22.3
上海	0.9	0.6	1.4	0.8	1.7	0.3	17.7
韓國	1.0	0.4	0.1	2.7	2.8	0.3	17.0
芬蘭	1.2	0.5	1.8	0.0	3.0	1.3	18.8
香港	0.2	0.2	0.0	1.9	3.7	0.9	15.7
新加坡	1.4	0.1	0.3	1.7	2.3	0.0	21.3
日本	0.9	0.9	1.6	1.1	0.7	0.8	13.6
澳門	0.3	0.4	1.6	2.2	0.4	1.0	13.9
OECD平均	2.3	0.3	0.7	0.6	3.7	0.6	22.1

第三節 閱讀素養與社經背景

近幾十年來各國教育不斷拓展，但教育成果的不均等在許多國家中依然存在著（OECD, 2010b, 2010c）。長遠來看，教育不均等在社會及財政上的花費是很高的，那些沒有能力參與社會及經濟活動的群體，很可能需要更多的醫療花費、收入補助或是兒童福利與保護。有鑑於教育是生活機會的一個強而有力的決定因素，均等的教育機會應可以造就一個公平而寬廣的社會，同時教育也會強化下一世代的經濟優勢，進一步改善社會經濟的流動。

一 學生社經文化地位與閱讀表現

針對影響學生社經背景與在校表現的分析結果有時常令人沮喪，尤其是在國家層級上。舉例來說，在一縱貫研究中，研究人員追蹤兒童的詞彙發展，發現不同社經背景的兒童其成長曲線從早期就有不同，而當兒童進入學校後，社經背景對認知能力與行為的影響都已經確立（Willms, 2002）。此外，在中小學階段，父母收入低、教育程度低、失業或從事低聲望職業的兒童，相較於在社經優勢家庭成長的兒童，不太有可能做好學業上的發展。另外，相對於社經優勢的同儕，這些弱勢的兒童較不可能去參與學校課內或課外的活動（Datcher, 1982; Finn & Rock, 1997; Johnson, Crosnoe, & Elder, 2001; Voelkl, 1995）。

雖然在所有國家中，較有利的學生社經背景往往有較高的PISA成績，不過一些國家致力於縮小優勢與弱勢學生之間的差距，並努力去達到高平均表現（OECD, 2010g）。從 PISA 所得到的國際證據令人鼓舞，在比較學生表現與各方面社經背景之間的關係發現，有些國家除了有較高的平均表現之外，其學生背景與表現之間只有中度相關而已。

二 社經坡度：PISA 表徵均等的方法

PISA 社經陡坡指的是 PISA 的經濟、社會與文化地位指標（ESCS）與學生表現間的關係。了解這關係將有助於分析教育機會的分配。從學校政策的角度來看，這關係可顯示受教的利益是否均勻分配於不同社經背景的學生。PISA 調查顯示，學生若來自較有利的社經背景，通常會有較好的表現。就 OECD 國家而言，社經背景分數每增加一個標準差，閱讀表現平均增加 38 分，這相當於 OECD 國家平均一年的教育成效。

社經陡坡描繪社經背景與學生表現間的關係，其五個特質需要注意，分別是社經陡坡的強度、斜率、高度、長度及線性程度。

社經陡坡強度測量學生表現與背景間的關聯強度，是根據學生表現的變異被社經背景所解釋的比例而定，若此強度高，大部分的表現變異與社經背景有關，反之亦然。在 OECD 國家當中，平均有 14%的閱讀表現變異與 PISA 的經濟、社會與文化地位指標有關。除了新加坡，表 9.4 中其他國家社經陡坡的強度較OECD平均弱。在中文版考區中，上海社經陡坡強度（12.3%）最高而澳門（1.8%）最低，臺灣（11.8%）略低於上海。

社經陡坡斜率測量閱讀表現因社經背景所導致的不均等程度，此斜率顯示隨著社經背景一個單位的改變，伴隨學生表現改變的大小。愈陡峭的斜率表示社經文化地位對學生表現有較大的效應，亦即愈不均等；較溫和的斜率則表示效應較小，亦即較均等。在 OECD 國家中，平均斜率為 38 分，表示 OECD 國家的學生每提高一個單位的經濟、社會與文化地位指標，其表現就會高出 38 分。表 9.4 中除了新加坡（47）、日本（40），其他國家社經陡坡斜率都比 OECD 平均小。在中文版考區中，臺灣（36）斜率最高而澳門（12）最低，上海居中（27）。如果社經坡度的斜率較陡、強度又較強，該國家所面臨的挑戰就會比較大，因為這樣的組合意味著，學生與學校都不可能「逃離」社經背景與學習結果之間的密切關係。

社經陡坡高度測量考慮社經背景後的學生表現，也就是將考生的社經地位調整為 OECD 國家平均值（標準化為 0）時，其閱讀表現的分數。此高度所提供的資訊是，當學生的社經文化地位等同於 OECD 平均時，這些學生的表現為何。

社經陡坡長度測量學生社經背景差異的程度。陡坡愈長，代表優勢與弱勢學生的社經背景差距愈大。陡坡長度以 PISA ESCS 第 5 百分位數到第 95 百分位數的距離表徵。OECD 平均長度為 2.9，從表 9.4 得知，香港（3.4）、上海（3.3）、澳門（2.9）大於或等於 OECD 平均，臺灣（2.7）及其他國家都小於 OECD 平均。國家若具有較大的社經背景差異，即使社經坡度是比較平緩的，社經背景對學習結果還是會有一定程度的影響。社經坡度的長度愈長對公共政策的威脅愈大，因為這表示學校與學校系統所面對的是社經背景相當異質的學生母群。如果社經坡度的長度很長，即使是較平緩的斜率也暗示著社經不利與社經優勢的學生之間很大的預測表現差異；相對地，若社經坡度較短，表示學生的社經背景較為同質，那麼即使斜率較陡，對表現差異的影響也較為有限。

社經陡坡線性程度測量社經背景與表現間的關係在跨不同層次的社經背景時恆常不變的程度。若此指標為正值，表示社經陡坡在社經背景較高的地方變得陡峭。換句話說，隨著社經地位的上升，表現的不均等也更加劇。若指標為負值，表示在較高社經背景的地方，社經坡度有被壓迫的現象，也就是隨著社經地位的上升，表現的不均等有平緩的趨勢。

許多PISA參與國家的社經坡度都幾乎是線性的，表示隨著PISA的經濟、社會與文化地位指標的增加，在閱讀表現上的增加程度幾乎是固定的。不過，在某些國家中，社經坡度在低社經背景時較陡峭，到了高社經背景則漸趨水平，這表示超過一定水準的社經背景後，其對學生表現的效應就會逐漸減少，而這種現象最顯著的是日本（-4.9）、芬蘭（-3.6）。然而臺灣（3.2）、香港（2.7）、上海（2.7）、新加坡（1.4）在低社經背景時的斜率較為平緩，隨著社經背景上升而漸趨陡峭，也就是社經優勢學生的表現將比線性預測的表現還要來得高，換句話說，擁有愈好的社經優勢，學生表現的邊際效益將愈高；而社經不利的學生之間，表現差異就比較小。

❖ 表 9.4　臺灣與參照國家社經背景與學生表現之關係的測量指數摘要表

國名	閱讀平均表現	陡坡強度（%）	陡坡斜率	陡坡高度	陡坡長度	陡坡線性程度
臺灣	495	11.8	36	507	2.7	3.2
上海	556	12.3	27	569	3.3	2.7
韓國	539	11.0	32	544	2.7	-0.1
芬蘭	536	7.8	31	525	2.5	-3.6
香港	533	4.5	17	548	3.4	2.7
新加坡	526	15.3	47	547	2.6	1.4
日本	520	8.6	40	522	2.3	-4.9
澳門	487	1.8	12	495	2.9	-1.6
OECD 平均	493	14.0	38	494	2.9	-1.0

三　社經弱勢學生在 PISA 成功的比例

雖然在PISA當中，大多數表現較差的學生都呈現較為弱勢的社經背景，但仍有為數不少的弱勢學生在 PISA 評量中表現突出（OECD, 2010a），並能克服許多對其不利的條件。由此可知，要克服社經地位對成就的障礙是可能的。

如果弱勢學生在 PISA 中表現優異，可視他們具強韌性，PISA 定義社經地位在底層 25%而閱讀表現在最高 25%的學生為具強韌性的學生。OECD 國家平均強韌性學生的比例為 8%。臺灣、日本、芬蘭、新加坡、澳門、韓國、香港及上海強韌性學生的比例均高於 OECD 國家平均，其比例依序為 10%、11%、11%、12%、13%、14%、18%、19%，由此可知在中文版考區香港、上海比例最高，臺灣比例最低。

四 學校層級社經背景的效應

社會經濟的缺點是多方面的，無法單靠教育政策來改善，更不用說想要在短期內收到效果。父母的教育程度只能逐步提高，而每個家庭的平均財富也必須依賴國家長期的經濟發展及個人的積蓄成長。社經背景本身是難以改變的，但在 OECD 國際報告中也提到，有些國家成功地調節了社經背景對學習效果的影響。因此，何種程度的社經背景對學生表現的影響，是學校與學校政策可以調節的呢？

前面曾提到社經坡度是用來檢驗社經背景與學生表現之間的關係。這裡將擴展此檢驗，也就是仔細分析每個國家的組型，其中包括學校的社經地位是如何影響這些組型。為此，國家的社經坡度將被分為兩個部分，分別為校內社經坡度及校際社經坡度。校內社經坡度描述在共同學校環境中的學生其社經背景與表現間的關係；校際社經坡度則是說明學校平均表現與平均社經文化地位之間的關係。

（一）學校內與學校間的表現差異

學生分布於不同的學校的方式會造成明顯的表現差異。大的校際表現差異可能緣於學校座落於不同區域所導致的不同社經文化特質，例如行政區或城鄉之間的差異，這些差異使得各社區的社經文化特徵有所不同，因此各學校的表現就可能有很大的差異。另外，大的校際表現差異也可能緣於一些較難量化的學校特質，例如：學校所提供的教學品質與效能上的差異。

就學生閱讀表現總變異而言，日本、新加坡高出 OECD 平均各 16.3%和 9.6%，而芬蘭、臺灣、香港、上海、韓國、澳門低於 OECD 平均各 13.8%、14.1%、18.5%、25.8%、27.6%、33.1%，因此中文版考區的閱讀素養差異性低於 OECD 平均，而澳門表現差異性最小。

❖ 表 9.5 臺灣與參照國家閱讀表現總變異、校際變異、校內變異摘要表

國名	總變異	校際變異	校內變異	變異表徵為相對於 OECD 國家平均變異的比例（%）		
				總變異	校際變異	校內變異
臺灣	7,446	2,772	5,808	85.9	32.0	67.0
上海	6,427	2,551	4,095	74.2	29.4	47.3
韓國	6,271	2,741	5,283	72.4	31.6	61.0
芬蘭	7,467	665	6,993	86.2	7.7	80.7
香港	7,058	3,143	4,360	81.5	36.3	50.3
新加坡	9,499	3,387	6,195	109.6	39.1	71.5
日本	10,072	5,087	5,386	116.3	58.7	62.2
澳門	5,799	2,882	4,179	66.9	33.3	48.2
OECD 平均	8,663	3,616	5,591	100.0	41.7	64.5

學生表現的總變異可分為校際變異與校內變異，校際變異常被視為教育機會均等的指標之一。PISA 定義各國「校際變異比例」為各國校際變異占 OECD 國家平均總變異的比例，而各國「校內變異比例」為各國校內變異占 OECD國家平均總變異的比例。OECD國家平均校際變異比例與校內變異比例各為41.7%與64.5%。日本的校際變異比例（58.7%）高於OECD國家平均，不過校內變異比例（62.2%）則低於OECD國家平均。反觀芬蘭的校際變異比例（7.7%）遠低於 OECD 國家平均，但校內變異比例（80.7%）遠高於 OECD 國家平均。相同地，臺灣、新加坡的校際變異比例低於 OECD 國家平均，但校內變異比例高於 OECD 國家平均。其他國家如韓國、澳門、香港、上海的校際變異及校內變異比例均低於 OECD 國家平均（見表 9.5）。

發生在學校之間的表現變異可作為學術融合指標（Monseur & Crahay, 2008; Willms, 2010）。當校際變異較大而校內變異較小時，學生傾向被按照相似的能力分群到學校中。這可能反映出由家庭所做的學校選擇、人民生活地點、關於學校入學的政策，或是學生處於課程分流或能力分組的形式。

❖ 表 9.6　臺灣與參照國家社經背景對校內與校際變異解釋力摘要表

國名	變異表徵為相對於 OECD 國家平均變異的比例			
	學生社經文化地位指標所解釋的變異		學生與學校的社經文化地位指標所解釋的變異	
	被解釋的校際變異	被解釋的校內變異	被解釋的校際變異	被解釋的校內變異
臺灣	9.7	3.8	16.3	3.8
上海	4.8	0.0	20.3	0.0
韓國	7.9	2.2	16.8	2.2
芬蘭	1.7	5.4	1.8	5.5
香港	1.8	0.2	7.0	0.2
新加坡	11.2	4.6	23.6	4.6
日本	-4.2	0.7	30.5	0.7
澳門	8.3	0.2	11.7	0.2
OECD 平均	8.3	3.2	23.8	3.2

（二）社經背景對校內與校際變異的解釋力

表 9.6 呈現校際變異與校內變異可被校際與校內的社經背景差異解釋的比例。在OECD國家當中，社經背景差異平均可解釋 23.8%的校際表現差異。在芬蘭，社經背景的差異只解釋了 1.8%本來就很小的校際表現差異。表 9.6 中的國家除了日本（30.5%），其他國家的社經背景對校際變異的解釋力均小於 OECD 平均。

第四節　結論

綜合以上各節所述，可歸納出幾點閱讀素養與社經地位之關係。

第一，表現最好的國家會設法提供高品質的教育給所有的學生。芬蘭、日本、韓國、香港、上海的表現都遠在 OECD 平均表現之上，且不論其本身的背景或就讀的學校為何，學生都表現良好。這些國家不只有較大比例學生的閱讀精熟度在最高水準，其較低水準精熟度的學生也相對較少。

第二，社經劣勢學生可能有機會獲得較多教師，但不一定獲得最好的教師。社經劣勢的學校往往會被剝奪基本資源，以師生比為例，如果差異不大，OECD 國家會安置一些教師到社經劣勢的學校當中，以達到最基本的均等。但儘管做了這些努力，劣勢學校在吸引具資格的教師上仍有很大的困難。換句話說，在劣勢地區，資源的數量並不一定能轉換成資源的品質。因為一般而言，社經愈優勢的學生會就讀擁有大學學位且全職教師比例較高的學校。PISA 的結果顯示在教師資源方面，許多學生面臨來自弱勢背景和就讀學校資源短缺的雙重窘境。許多國家也顯示，學生的社經背景與學生在校成功與否兩者之間有強烈的關聯性，且在部分國家，學生的社經背景差異性會被學校的社經差異所放大。

第三，社經背景影響教育成功，而學校教育常會加強此效應。雖然在校表現低下並不一定來自劣勢的社經背景，但是學生和學校的社經背景對表現有很大的效應。社經劣勢有許多面向，且無法只靠教育政策改善，更不用說要在短期內改善。家長的教育成就只能逐步改善，而平均家庭財富需依靠國家長期的經濟文化發展提升。縱使社經背景本身很難改變，PISA 顯示部分國家成功降低社經背景對學習成果的效應。儘管有許多在 PISA 表現低下的學生是來自社經劣勢背景，但是部分來自相似背景的同儕則在 PISA 表現突出，證明克服社經障礙以達到成功是有可能的。在芬蘭、日本、新加坡，介於 39% 至 48% 的劣勢學生表現優良具強韌性，在韓國和澳門有 50% 至 56%，在香港和上海則有 72% 至 76% 的學生是具強韌性。

第四，不論自身的社經背景為何，學生進入優勢社經背景學校就讀，往往比那些就讀於劣勢學校的同儕表現更好。在大多數的 OECD 國家中，學校社經文化地位對學生表現的影響，遠大於個別學生社經文化地位的影響，且其差異的規模是很驚人的。以日本為例，具有類似社經背景的兩位學生，其中一人就讀社經背景接近平均數的學校，另一人則就讀社經背景有利的學校

（學校社經背景在國家排名位於前 16%），則兩位學生在表現上的平均差距會達 50 分以上，或相當於一年以上的教育程度。

最後，就所有 OECD 國家來說，來自單親家庭的學生會低於其他類型家庭的學生 5 分。在 OECD 國家當中，美國的單親家庭學生與其他類型家庭的學生之間的差距，在考慮社經背景後差距特別大，達 23 分。在日本則為 10 分，正好為 OECD 國家平均的兩倍。

CHAPTER

10 結論與建議

洪碧霞、黃秀霜、林千玉、王秀云

PISA 2009 臺灣共有 158 所學校、5,831 名學生參與測驗。學生整體表現尚佳，其中又以數學素養相對較為優異，閱讀素養則亟待強化。PISA 不單評量學生主要學習領域的知識，更進一步關心學生應用知識到真實議題的能力。因此，特別強調每個領域不同情境中程序的精熟、概念的理解及實際運作功能的掌握。PISA 對素養的定義重視功能性的知識與技能應用，關心的是個人能主動參與社會的能量。而所謂的社會參與不僅只是被動完成任務，同時也包含積極的提升決策品質。這個評量取向，相較於臺灣多數的教育評量設計，在閱讀理解和說理論述兩層面的比重上高出許多。

素養的豐厚是終身學習的歷程，這個歷程不僅透過學校正式的學習，同時也透過與家人、同學、同事，或更廣大社群的互動。我們不能期待 15 歲學生已經習得成人所需的全部知能，但他們在閱讀、數學及科學領域，應具備扎實的基礎。為了進階的學習，並將習得知能應用在實際生活中，他們需要了解關鍵的程序和原則，並將這些知能靈活的運用在不同的情況中。因此，PISA 評量的是學生完成與實際生活相關作業的能力，是學生對於重要概念的統整應用。整體而言，臺灣學生的閱讀和溝通能力宜進一步強化。

自 2000 年開始每三年進行一次 PISA 調查，每次以一項素養為主，另兩項素養為輔。PISA 2009 是第四次調查，以閱讀素養為主軸，提供臺灣教育省思改進的資訊尤其具體充分。本章統整臺灣學生各項素養的表現概況，摘述閱讀素養與社經地位、學習的投入、習慣、策略和學校因素分析結果的意涵，並提供省思建議，希望拋磚引玉，激勵更豐富深刻的對談，作為決策的參考。

一 閱讀素養

PISA閱讀素養側重學生運用閱讀以進行學習、溝通和問題解決能力的評量，臺灣學生的整體閱讀素養與OECD平均接近，所以在整體人力品質的評估應屬尚佳。但如果就華語職場的競爭而言，臺灣達到水準5以上的學生比例只有5.2%。換言之，臺灣前10%學生的閱讀素養將很難與上海和香港前10%的學生相抗衡。而未達水準2的學生比例，臺灣高達15.6%。因此，以人力為最佳資產的臺灣而言，現下的閱讀教育亟待更全面而系統性的反省與改進。由於PISA對功能性閱讀的重視，強調言必有據的溝通能力，所以不同內容領域（如數學、科學或社會）的閱讀和論證能力培育，都將同時有助於學生閱讀素養的豐厚。拔尖扶弱，全面提升國人的核心學習素養，是我教育社群刻不容緩的共同任務。

閱讀素養是學校與終身學習的重要基礎，2006年PIRLS（Progress in International Reading and Literacy Study）和PISA結果，明顯衝擊臺灣閱讀教育的理念與實務，教育部和私人企業，投入部分的人、物力資源，積極提升國民小學校園的閱讀風氣和學生的閱讀興趣和數量。PISA 2009評量結果顯示，國民中學學生閱讀素養的提升更待謀定後動的系統性介入，因為素養的提升不太可能以部分或淺層的處理立即奏效。也許PISA閱讀素養不一定適合作為臺灣閱讀教育的重要效標，但在全球化的市場競爭中，藉由與其他國家學生表現的參照比較，我們能更客觀檢視臺灣教育的目標和實務。閱讀教育投入的資源是否充分？閱讀策略教學的實務是否需要調整？閱讀理解與說理溝通的評量是否可以納入大型測驗？相關社群宜共同省思臺灣閱讀教育的政策、課程目標和教學與評量實務。

二 數學與科學素養

數學素養表現最優的五個國家或經濟體依序為上海、新加坡、香港、韓國與臺灣。上海的學生平均表現為 600 分，幾乎等於水準 4 的頂端。臺灣學生大約在水準 3 的頂端。臺灣學生科學素養表現則位居 12，鄰近的上海、香港、新加坡、日本與韓國都明顯比較優異。

臺灣約有 12%的學生，在數學與科學素養僅達水準 1 甚至未達水準 1，這些學生未來在學校或職場中，將面臨數學與科學學習和真實問題解決的困難。教育社群應正視這些低表現水準學生所面臨的障礙，努力降低水準 2 以下的學生比例，讓更多學生了解數學與科學在真實世界中的重要意涵，協助他們跨越障礙，進行有效而持續的學習。另一方面，水準 5 以上的優異學生比例對於想要開創高階科學或技術性知識的國家而言特別重要，這些優質的學生可幫助國家成為具全球影響力的經濟體。臺灣的高精熟數學比例（28%）是 OECD 平均的兩倍，表現優異；但相對於幾個東亞國家，臺灣也還有精進空間。比如說香港與新加坡高分群依序為 31%與 36%，上海則是每 2 名 15 歲學生就有 1 名達到數學水準 5 或水準 6。科學素養高分群比例，臺灣約占 9%，相對於上海的 24%、新加坡的 20%、芬蘭的 19%、日本的 17%、香港的 16%與韓國的 12%，我們顯然還需要積極省思拔尖的政策和具體作為。

在數學素養性別的表現差異上，多數國家呈現了男學生高於女學生的狀態，臺灣 PISA 2009 的數學性別差異為 5 分，這個差異相對於 PISA 2009 OECD 平均的 12 分以及所有參與國家的 15 分，以及臺灣 PISA 2006 的性別差異 13 分來看，臺灣在數學素養的性別差異有略為縮小的趨勢。但分年級來看，則發現九年級學生的女學生略優於男學生，而十年級則情況相反，男學生的表現比女學生好，顯示男女學生數學素養差異與年級的交互作用，尚待進一步關注。

PISA 2009 與 PISA 2006 的比較顯示，臺灣學生數學和科學素養表現呈現微幅下降的現象，由於不同國家、不同年份 PISA 評量結果的量尺是相同的，因此，數學和科學素養分別降低 6 分和 12 分，是值得注意的警訊。就不同素養水準人數比例來看，數學高分群下降 3%，科學則從 2006 年的 15%降低至 2009 年的 9%，下降幅度 6%。學生數學與科學的優異表現，一直是臺灣競爭力的基石。因此，面對PISA 2009 評量出我們優勢不再的資訊，緊接著以數學素養為主軸的PISA 2012 又即將登場，關心臺灣數學與科學教育的社群宜立即啟動對談，共商精進策略。

三 素養與成就的對照分析

對照PISA 2009 學生各領域素養與其對應基測學科成績的相關，顯示素養評量中語文能力的強勢加權，學生數學和科學素養與基測國文的相關，大致略高於與其對應學科的相關。性別差異在素養與基測的對照也支持這項觀察，針對閱讀素養，女學生優於男學生的幅度略高於基測國文的性別差異。針對數學和科學素養，國中三年級女學生表現略優於男學生，但基測成績則男學生略優於女學生。換言之，素養評量對女學生較為有利，反之，基測則對男學生較為有利。而素養與成就別差異上的不同趨勢，很可能是源於測驗中語文加權的不等。整體而言，閱讀素養的性別差異值得閱讀教育社群深切的關注，數學與科學內容閱讀的倡導對提升男學生閱讀素養的可能效益，也亟待具體介入方案的實徵檢視。

四 閱讀素養與學習投入、習慣、策略的關係

閱讀素養是國家人力發展的重要指標，要成為有效率的學習者，需先了解目標需求與執行方向。所以，學生要能掌握認知與後設認知訊息處理的策略，諸如目標設定、策略選擇與控制、過程效能評估與調整等，以提升閱讀學習的樂趣和效能。PISA調查結果顯示，藉由持續投入閱讀、採用有效學習策略，學生能建立豐厚的閱讀素養，也為終身學習奠定良好的基礎。閱讀表現良好的學生，通常較能掌握有效學習策略，這類學生也經常樂於閱讀多樣的文本。就不同性質文本而言，有閱讀小說習慣的學生閱讀表現明顯優異。

線上閱讀與紙本閱讀表現呈現正相關，顯示閱讀書籍或雜誌並不是閱讀素養提升的唯一途徑。

男學生或社經地位不利學生的閱讀投入相對不足，他們較少因樂趣而閱讀、也較不能體會閱讀樂趣，較少閱讀小說或多樣化的文本，而廣泛的閱讀與閱讀小說是與高閱讀素養最密切相關的兩項因素。發展有結構的閱讀方法，如吸引尚未能投入的讀者由簡單、有趣的雜誌開始，然後逐漸讓他們延伸到複雜的閱讀任務及文本，是改進閱讀表現的具體途徑。PISA調查顯示，相當比例的學生不會因樂趣而閱讀。提升閱讀教學的品質能提供這些學生有效的支持，比如說，讓學生選擇閱讀的材料或提供大量補充文本等都有幫助。其他像是協助學生組織讀書會、放學後使用學校的設備進行線上閱讀，或是將學生最喜愛的雜誌、新聞類書籍納入學校的課程等，也都是可能方案。由閱讀小說與高閱讀表現的強烈相關顯示，某些閱讀材料對弱勢讀者而言，複雜度可能太高。讓讀者閱讀超過其能力的材料，也有負面影響的疑慮。因此，提升學生閱讀素養的作法，不只需要考慮學生的閱讀喜好，更應兼顧學生的閱讀水準。

PISA調查學生對最佳策略的覺察是一項成功的嘗試，結果顯示對學習策略熟悉的學生，也有較高的閱讀表現。控制策略的運用也跟學生的表現有關，但關聯強度不如有效學習策略的察覺。對自我學習負責的學生，常運用控制策略設定學習的目標，並檢視進步狀況，使學習更有效率。單只是提供學生更高的策略選擇或運用自主權是不夠的，對弱勢學生而言，他們需要有效學習方法的直接教導。有效學習策略的察覺與閱讀素養密切相關，閱讀量大、但不了解如何有效學習的學生，在閱讀表現上，比閱讀量較少、但了解有效學習策略的學生差。因此，發展有效學習策略的察覺，可以讓學生體驗不同的方法，同時與學生討論方法的效能，並具體引導學生將方法應用在學習目標的達成。

一般而言，男學生的閱讀投入相對較少，社經地位不利學生在閱讀投入和學習策略的知識也不足。閱讀投入與學習策略的差異，說明了大約三分之一的閱讀表現社經地位差異，及超過三分之二的性別差異。OECD 國家男學生閱讀素養落後女學生39分，相當於一個學年的差異量。男女學生在學習策略及閱讀的投入差異，可以解釋大部分閱讀表現的性別差距。假設男學生的閱讀投入能像女學生一樣，則性別差距預期能縮小20分以上。當然，目前這只是相關預測的資料，並不表示男學生的閱讀投入提升後，這個增加量就會自動轉換成閱讀素養。但這項資訊的確是啟動提升男學生閱讀投入方案的有力依據，雖然女學生閱讀表現較佳、經常因樂趣而閱讀，且較能覺察有效摘要策略；然而，相同性別內的差異還是遠大於不同性別的差異。閱讀上的性別差距並非秘密，大多可以歸因於文化價值的形塑。就近程而言，我們可積極強化男學生多元閱讀的喜好，尤其像科學、歷史、經濟、法律等的內容閱讀，避免專注在單一性質或形式的閱讀投入。就遠程的規畫，紓解閱讀素養的性別差距需要家長、教師和整個社會的共同努力，一步步減緩性別刻板印象的負面效應。

閱讀投入與學習策略對低社經地位的效應略小於性別差異，假設學生的學習取向能像最高25%的社經地位的優勢學生一樣正面積極，他們的閱讀素養能明顯提升，特別是對最低25%社經地位不利學生。但這項增益量，仍無法使他們的素養水準達到次低25%學生的水準，因為還有其他因素的差異，如學校資源、政策與教學等，都還是閱讀表現不均等的重要決定因素。事實上，許多PISA分數明顯進步的國家表示，扶助弱勢是改善均等和提高整體學生表現的有效方法（OECD, 2010g）。

五 閱讀素養與學校因素的關係

PISA調查顯示像芬蘭、新加坡和日本等天然資源並不豐富的國家，學生學業成就表現水準反而比較高。這個類型的國家，教育通常有崇高的地位，民眾深知國家興盛需要高素質的人才，人才的養成則有賴高品質的教育。分析結果同時顯示，不論是否將社會經濟因素納入考量，絕大部分的學校資源、政策和措施與學生學習成效都有顯著的相關，PISA所測量的學校變項共可解釋88%各國校際表現的變異（OECD, 2010i）。

在學生就學政策方面，如果教師、家長和民眾只關注可以達到高標準的學生，那麼所謂的重視教育不過是口號罷了。從國家的觀點來看，教育系統對學生的表現有明顯的影響。表現較佳且學習成效較均等的教育系統往往較為全面，因為教育系統會要求教師和學校以因材施教的教育方式教導不同的學生群體。相對地，如果認為學生有不同的生涯規畫、對學生有不同的期望而採用分流制度，學生的表現就會比較不一致，而且難以提升學校的整體表現。有些國家的教育政策會要求學校盡量避免以分流方式教育學生，這個類型的國家，學校採用不同的措施激勵學生，以符合各階層學生的需求。而實施分流制的教育系統，比較傾向激勵篩選後的學生，以培育菁英人才。不同的激勵措施可以解釋為何不明顯分流的教育系統，學生表現均等的程度較高。

在學生評量政策方面，表現顯著高於 OECD 平均的國家通常有明晰的學生學業標準，並將這些標準納入外部測驗的系統，這些測驗系統主要作為學生就業或升學能力的評量，這種標準化的正式外部測驗的確是預測學校系統整體表現的一種方式。標準測驗通常會與國家資格審查制度相互連結，根據各國的規定或標準，有些國家的民眾若是無法取得文憑或證照來證明自己的能力，通常是無法繼續下一階段的教育，或無法進入到特殊領域的職場。對學生而言，學歷或文憑是證明自己能力的方式，但同時也是高風險的投資，因為每個階段都需投入相當的學習時間，而且唯有確定符合升學或晉升的表現標準，他們才能繼續進展。家長和學生也都知道，能否升學並不是教師或校長就能決定的，因此，提高學習成效的方法就是學生必須加倍努力。

在學校管理政策方面，能否提供學生良好激勵不但與學校對全體學生的規範有關，而且取決於學校是否能擔起績效責任，在政策上能充分自主的幫助學生提升表現。學校自治、改革、管理和選擇等問題的統整規畫，可以提供改善學校士氣和能力的架構。學校的自治和績效責任與學生的表現有關，但這些都只是相關而非因果的資訊，所以，並不代表單純地增加學校自治權、責任績效或學校選擇，就可提升學生的學業成就表現。有些學校系統會公開學生和學校表現的資料，告知社會大眾和學校系統的管理者。各校公布的學生表現資料成為影響學校選擇最主要的關鍵，雖然學生就讀有招生競爭學校的表現會比較好，但跨國分析顯示，整個學校系統的表現並不會因為學校招生的競爭激烈而受益。此現象或許可以反映，成績愈好的高社經背景學生，愈喜歡就讀招生競爭激烈的學校，即使納入學校位置或私立學校這兩項因素做考量，結果仍是相同。許多學校自治的形式與學生的學習成效有密切的關係，但事實上，以學校資源配置為例，只有在多數學校公開學生成就資料的學校系統，學校資源配置的自主權與學生表現才有關聯。所以說並不是單一政策就能改善學生表現，而是要同時結合相關的政策才能真正提升學生學習成效。確認學生表現差異的主要來源同時與學校自治和責任績效有關，因此教育改革是可以兼顧學校自主與績效檢核的。所以，我們應該思考如何強化或兼顧學校自治與績效檢核的整體架構。

在學校教育資源投入方面，高效能學校系統需要專業的職員、豐富的資源和設備，以及積極向學的學生。其中教育投入的資源又必須同時兼顧政府其他的公共開支和稅收平衡。此外，各教育系統所規定的教學時數、投入的人物力資源都不一致，不僅如此，各教育系統資源分配的差異也很大。分析結果顯示，教育資源與學生表現通常有些微的關聯，其中人力資源（即教師和學校校長）又比材料資源和財務資源更能用來解釋學生表現的變異。近期的研究都顯示教學品質對學生學習成效的重要性，如果能嚴謹招募優秀教師，提升教師與學習成效關聯的專業發展，更能充分彰顯教育投資的效益。因此，提升教師品質的急迫性更勝於提升學校系統品質。

在學校學習環境方面，具有高學業表現期望、學生願意學習、師生關係良好、教師能激勵學生學習等風氣，與學生的表現有正向關聯。也就是說，學生表現與師生關係、紀律風氣及教師激勵因素等呈現正相關。學生和學校的社經背景與學習環境密切相關，而且這兩項因素與素養表現也交錯連結。可能原因是高社經背景學生有較高的紀律與正面的學校價值觀，或者是高社經背景學校的家長對課堂紀律期望與老師的託付較高。相對地，低社經背景學校比較不會感受到來自家長要求改善班級紀律、更換經常缺席或無心教學教師的壓力。總之，學校風氣佳的學生表現較好，原因可能是學校風氣佳吸引高社經背景學生前來就讀，而這些學生往往也表現較佳；也有可能是高社經背景學生的紀律通常較好，而紀律有利於學習。建議學校系統關心低社經背景學生對學習風氣的影響，同時積極協助建立教師與家長、學生之間的信賴與支持，如此才能減緩低社經背景與學校學習風氣之間的負向循環。

六 閱讀素養與社經地位的關係

在均等的教育系統下，社經背景對學生表現影響是很小的，也就是說學生在教育上的成功，絕大部分與家庭社經背景或是學校平均社經背景沒有關係。相反地，如果社經背景的影響很大，那麼學生的成功大部分取決於家庭背景或是所就讀學校，那麼教育機會的分配就不夠均等。

PISA 2009 問卷廣泛蒐集學生的家庭背景特徵資料，包括家長的社會經濟地位、家中所擁有的物品、移民狀況、家中使用語言、家庭結構及學校所在位置等資訊，檢核學生學習成果的差異、研究不同社經背景的學生與學校能獲得類似教育資源的程度，以及學生家庭背景與學校所在地對學習成果的效應。調查結果顯示，臺灣未達基準水平的學生比例低於 OECD 平均，但與參照國相比，卻是最高的；在教育資源分配方面，日本、韓國和澳門是參照國裡生師比較低的國家，而臺灣和澳門擁有較高的學校教育資源品質；在家庭背景方面，臺灣學生表現變異被家庭背景相關變項所解釋的比例約為 22%，與 OECD 平均相似但卻在參照國裡是屬於較高的，也就是家庭背景對學生的表現仍有一定的影響力。

學生社經背景與閱讀素養的關係可以從三個層次來分析，第一層是在特定國家，社經背景可解釋多少學習成果差異。第二層次是校際間平均表現差異有多少可被學校的平均社經差異解釋。第三層次是在特定學校，學生表現的差異有多少可被學校內社經背景差異所解釋。分析結果指出，臺灣學生的學習結果與社經背景之間的關係相當密切，意指學生表現仍逃脫不了社經背景的影響。

社經不利的學校常發現吸引優質教師的困難，換言之，在偏鄉地區，即使擁有充分的財力資源，也並不一定能轉化成有品質的教師資源。所以不利學生常會同時面對背景劣勢與學習資源不足的雙重困難。然而，當大多數國家的家庭背景和教育結果呈現明顯的正相關時，部分國家卻也證實高平均品質和均等的教育結果是可以同時並存的，芬蘭、韓國與香港就是結合均等與高平均表現的重要典範，他們還同時培育出高比例素養優異的學生，證實優異與均等是可以同時兼顧的。另外，還有部分學生、學校和國家比其社經背景所預測的表現更好，這些國家的學生社經背景與表現的關聯相對較低。

PISA 重視教育機會均等議題，嘗試提供各國不同的參考指標。從 PISA 所得到的部分國際證據令人鼓舞，有些國家除了閱讀素養表現優異之外，學生背景與閱讀表現也只呈現中度的相關。整體而言，臺灣的教育機會均等狀態略優於OECD平均，如果以最均等的芬蘭為標竿，當然還有很大改善空間。跨國比較利於教育政策的具體省思，除了城鄉差異外，臺灣高中、高職的入學考試是校際變異的重要來源之一。因此，目前教育部積極推展的優質區域高中、高職的經營，或是十二年國民教育的實施，都將有助於降低校際變異的比例。

七 臺灣教育評量設計的反省與前瞻

PISA以學生未來學習和職場所需關鍵能力的評量為目標，提出素養的定義，這個素養取向的評量設計，特別用心選取關鍵能力應用的適切場景，一方面彰顯情境的真實性，另一方面藉由嶄新的情境落實學生應用能力的評量。所以面對試題覺得不熟悉，應該是世界各國所有學生的共同經驗。但是評量的重點和作答的邏輯，才是學校教育應進一步協助學生掌握的核心能力。比如說學生言而有據的能力，是PISA的評量重點，卻是臺灣教育測驗比較忽略的一環。參考PISA的評量設計，將相關重要能力的培育和評量納入國民教育的工作視野，是參與 PISA 的重要回饋之一。

PISA 2009 也首次評量 15 歲學生的數位閱讀素養，數位文本閱讀素養兼顧學生網頁導航與文本處理能力，是因應網路學習與溝通的普及而新增的評量項目，臺灣也將在 PISA 2012 加考這個項目。面對 PISA 2012 數位化評量的挑戰，臺灣教育研究和實務社群宜積極正視數位學習和評量紀元來臨的事實。網路導航、評鑑資訊、主動嘗試、互動中修訂解題方案等重要能力，已經正式成為評量的焦點。體驗這樣快速前瞻的進展脈動，許多PISA參與國家或經濟體都兢兢業業的跟緊腳步，臺灣也選擇積極參與。希望藉由PISA的結果與前瞻的相關議題對談，臺灣教育社群能凝聚更高的改革共識，形成短期具體可行、長期能深耕累積的扶弱拔尖方案。

參考書目

Alexander, K., Entwisle, D., & Dauber, S. (2003). *On the success of failure: A reassessment of the effects of retention in the early grades.* Cambridge, UK: Cambridge University Press.

Bertschy, K., Cattaneo, M. A., & Wolter, S. C. (2009). PISA and the transition into the labour market. *Labour*, *23* (s1), 111-137.

Boado, M., & Fernández, T. (2010). *Trayectorias académicas y laborales de los Jóvenes Uruguayos (academic and work trajectories of young Uruguayans).* Montevideo: Facultad de Ciencias Sociales, Universidad de la República.

Buchmann, C., & Hannum, E. (2001). Education and stratification in developing countries: A review of theories and research. *Annual Review of Sociology*, *27*, 77-102.

Bunar, N. (2010a). Choosing for quality or inequality. *Journal of Education Policy*, *25*, 1-18.

Bunar, N. (2010b). The controlled school market and urban schools in Sweden. *Journal of School Choice*, *4*, 47-73.

Bybee, R. W., & McCrae, B. J. (2009). Scientific literacy: Implications of PISA for science 2006 for teachers and teaching. In R. Bybee, & B. McCrae (Eds.), *PISA science 2006: Implications for science teachers and teaching* (pp. 227-247). Arlington, VA: NSTA Press.

Causa, O., & Chapuis, C. (2009). Equity in student achievement across OECD countries: An investigation of the role of policies. *OECD Economics Department Working Papers*, *708*.

Cole, N. (1997). *The ETS gender study: How females and males perform in educational settings.* Princeton, NJ: Educational Testing Service.

Coleman, J. S., Campbell, E. Q., Hobson, C. J., McPartland, F., Mood, A. M., Weinfeld, F. D. et al. (1966). *Equality of educational opportunity*. Washington, DC: Government Printing Office.

Datcher, L. (1982). Effects of community and family background on achievement. *Review of Economics and Statistics*, *64* (1), 32-41.

Downey, D., Von Hippel, P., & Hughes, M. (2008). Are "failing" schools really failing? Using seasonal comparison to evaluate school effectiveness. *Sociology of Education*, *81* (3), 242-270.

Finn, J., & Rock, D. A. (1997). Academic success among students at risk for school failure. *Journal of Applied Psychology*, *82* (2), 221-234.

Fuchs, T., & Woessmann, L. (2007). What accounts for international differences in student performance? A re-examination using PISA data. *Empirical Economics*, *32* (2-3), 433-464.

Fuller, B. (1987). What school factors raise achievement in the third world? *Review of Educational Research*, *57* (3), 255-292.

Gamoran, A., Secada, W., & Marrett, C. (2000). The organizational context of teaching and learning: Changing theoretical perspectives. In M. T. Hallinan (Ed.), *Handbook of the Sociology of Education* (pp. 37-63). New York: Kluwer Academic/Plenum Press.

Gewirtz, S., Ball, S., & Bowe, R. (1995). *Markets, choice and equity in education*. Buckingham, UK: Open University Press.

Greenwald, R., Hedges, L., & Laine, R. (1996). The effect of school resources on student achievement. *Review of Educational Research*, *66* (3), 361-396.

Hauser, R. (2004). Progress in schooling. In K. Neckerman (Ed.), *Social inequality* (pp. 217-318). New York, NY: Russell Sage Foundation.

Heyneman, S. (2009). International perspectives on school choice. In M. Berends et al. (Eds.), *Handbook of school choice* (pp. 79-92). London, UK: Routledge.

Hsieh, H., & Urquiola, M. (2006). The effects of generalized school choice on achievement and stratification: Evidence from Chile's voucher program. *Journal of Public Economics*, *90* (8-9), 1477-1503.

Jacob, B. (2005). Accountability, incentives and behavior: The impact of high-stakes testing in Chicago public schools. *Journal of Public Economics*, *89* (5-6), 761-796.

Jennings, J. (2005). Below the bubble: "Educational Triage" and the Texas accountability system. *American Educational Research Journal*, *42* (2), 231-268.

Jennings, P., & Greenberg, M. (2009). The prosocial classroom: Teacher social and emotional competence in relation to student and classroom outcomes. *Review of Educational Research*, *79*, 491-525.

Johnson, M. K., Crosnoe, R., & Elder, G. H. (2001). Students' attachment and academic engagement: The role of race and ethnicity. *Sociology of Education*, *74* (3), 318-340.

Karsten, S. (1999). Neoliberal education reform in the Netherlands. *Comparative Education*, *35* (3), 303-317.

Korsnakova, P., McCrae, B. J., & Bybee, R. W. (2009). Improving science teaching and learning. In R. Bybee, & B. McCrae (Eds.), *PISA science 2006: Implications for science teachers and teaching* (pp. 117-122). Arlington, VA: NSTA Press.

Ladd, H., & Walsh, R. (2002). Implementing value-added measures of school effectiveness:

Getting the incentives right. *Economics of Education Review, 21* (1), 1-17.

Lafontaine, D., & Monseur, C. (2007). *Impact of test characteristics on gender equity indicators in the assessment of reading comprehension*. Belgium: University of Liege.

Marks, G. N. (2007). Do schools matter for early school leaving? Individual and school influences in Australia. *School Effectiveness and School Implementation, 18* (4), 429-450.

McKenna, M. C., Kear, D. J., & Ellsworth, R. A. (1995). Children's attitudes toward reading: A national survey. *Reading Research Quarterly, 30* (4), 934-956.

Monseur, C., & Crahay, M. (2008). Composition académique et sociale des établissements, efficacité et inégalités scolaires: Une Comparaison internationale. Analyse secondaire des données PISA 2006 (Schools' academic and social composition, efficacy and schooling inequalities: An international comparison, secondary analysis of PISA 2006 data). *Revue Française de Pédagogie, 164*, 55-65.

Mullis, I. V. S., Martin, M. O., Kennedy, A. M., & Foy, P. (2007). *PIRLS 2006 international report: IEA's progress in international reading literacy study in primary school in 40 countries*. Chestnut Hill, MA: Boston College.

Organisation for Economic Cooperation and Development [OECD] (2001). *Knowledge and skills for life: First results from PISA 2000*. Paris, France: The Author.

Organisation for Economic Cooperation and Development [OECD] (2002). *Reading for change: Performance and engagement across OECD countries*. Paris, France: The Author.

Organisation for Economic Cooperation and Development [OECD] (2004). *Learning for tomorrow's world: First results from PISA 2003*. Paris, France: The Author.

Organisation for Economic Cooperation and Development [OECD] (2007). *Understanding the social outcomes of learning*. Paris, France: The Author.

Organisation for Economic Cooperation and Development [OECD] (2009a). *Learning mathematics for life: A perspective from PISA*. Paris, France: The Author.

Organisation for Economic Cooperation and Development [OECD] (2009b). *Equally prepared for life? How 15-year-old boys and girls perform in school*. Paris, France: The Author.

Organisation for Economic Cooperation and Development [OECD] (2010a). *Against the odds: Disadvantaged students who succeed at school*. Paris, France: The Author.

Organisation for Economic Cooperation and Development [OECD] (2010b). *Economic policy reforms: Going for growth 2010*. Paris, France: The Author.

Organisation for Economic Cooperation and Development [OECD] (2010c). *Education at a glance*

2010: OECD indicators. Paris, France: The Author.

Organisation for Economic Cooperation and Development [OECD] (2010d). *The high costs of low educational performance*. Paris, France: The Author.

Organisation for Economic Cooperation and Development [OECD] (2010e). *Pathways to success: How knowledge and skills at age 15 shapes future lives in Canada*. Paris, France: The Author.

Organisation for Economic Cooperation and Development [OECD] (2010f). *PISA 2009 assessment framework: Key competencies in reading, mathematics and science*. Paris, France: The Author.

Organisation for Economic Cooperation and Development [OECD] (2010g). *PISA 2009 results: Overcoming social background: Equity in learning opportunities and outcomes* (Volume II). Retrieved from http://dx.doi.org/10.1787/9789264091504-en

Organisation for Economic Cooperation and Development [OECD] (2010h). *PISA 2009 results: Learning to learn: Student engagement, strategies and practices* (Volume III). Retrieved from http://dx.doi.org/10.1787/9789264083943-en

Organisation for Economic Cooperation and Development [OECD] (2010i). *PISA 2009 results: What makes a school successful? Resources, policies and practices* (Volume IV). Retrieved from http://dx.doi.org/10.1787/9789264091559-en

Organisation for Economic Cooperation and Development [OECD] (2010j). *PISA 2009 results: What students know and can do: Student performance in reading, mathematics and science*. Paris, France: The Author.

Plank, D., & Sykes, G. (Eds.) (2003). *Choosing choice: School choice in international perspective* (pp. 255-292). New York, NY: Teachers College Press.

PISA Technology Report (OECD, in press).

Rivkin, S., Hanushek, E., & Kain, J. (2005). Teachers, schools and academic achievement. *Econometrica*, *73* (2), 417-458.

Schütz, G., West, M. R., & Woessmann, L. (2007). *School accountability, autonomy, choice, and the equity of student achievement: International evidence from PISA 2003*. OECD Education Working Paper No.14, EDU/WKP (2007) 7. Paris: DECD.

Smith, M. W., & Wilhelm, J. (2009). Boys and literacy: Complexity and multiplicity. In L. Christenbury, R. Bomer, & P. Smagorinsky (Eds.), *Handbook of adolescent literacy research* (pp. 360-371). New York, NY: The Guilford Press.

Thomson, S. (2009). Teaching and learning science: PISA and the TIMSS video study. In R. Bybee,

& B. McCrae (Eds.), *PISA science 2006: Implications for science teachers and teaching* (pp. 163-176). Arlington, VA: NSTA Press.

Viteritti, J. (1999). *Choosing equality*. Washington, DC: Brookings Institution Press.

Voelkl, K. E. (1995). School warmth, student participation, and achievement. *Journal of Experimental Education, 63* (2), 127-138.

Whitty, G., Power, S., & Halpin, D. (1998). *Devolution and choice in education*. Buckingham, UK: Open University Press.

Willms, J. D. (2002). *Vulnerable children: Findings from Canada's national longitudinal survey of children and youth*. Edmonton, Canada: University of Alberta Press.

Willms, J. D. (2006). *Learning divides: Ten policy questions about the performance and equity of schools and schooling systems*. Montreal, Canada: UNESCO Institute for Statistics.

Willms, J. D. (2010). School composition and contextual effects on student outcomes. *Teachers College Record, 112* (4), 1008-1037.

附錄

				垂直差異低
				重讀率：7%
				就讀不符合本身年齡的年級之學生人數比例：7%
				學校階層具低水平差異
				因學生低學習成就或行為問題而將學生轉學的學校比例：15%
				對所有學科均採用能力分組的學校比例：8%
系統階層水平差異低	教育類型：1.1	首次實施分流年齡：15.8	選擇性學校比例：0.17	冰島**，俄羅斯聯邦，挪威**，立陶宛，英國，丹麥，瑞典，拉脫維亞，哈薩克，芬蘭**，加拿大**，波蘭*，希臘，愛沙尼亞**，美國，紐西蘭*，澳洲*
系統階層水平差異中等	教育類型：3.0	首次實施分流年齡：14.5	選擇性學校比例：0.42	日本**，泰國，義大利，杜拜，阿爾巴尼亞，以色列，蒙特內哥羅，韓國*，香港**，愛爾蘭，亞塞拜然，上海*，斯洛維尼亞
系統階層水平差異高	教育類型：4.3	首次實施分流年齡：11.2	選擇性學校比例：0.61	列支敦斯登，新加坡*，克羅埃西亞，奧地利，匈牙利，捷克，斯洛伐克

*表現高於 OECD 平均。

**表現高於 OECD 平均，且學生社經背景與表現之間的關係比 OECD 平均弱。

註：有鋪底色細格裡的估計值代表潛在剖面分析中每一種分類變數的平均值。

➲ 圖 1　「學生的篩選與分組」的分類對照

資料來源：OECD, PISA 2009 Database, Figure IV.3.2, StatLink http://dx.doi.org/10.1787/888932343399

垂直差異低	垂直差異高	垂直差異高
重讀率：7%	重讀率：29%	重讀率：29%
就讀不符合本身年齡的年級之學生人數比例：7%	就讀不符合本身年齡的年級之學生人數比例：11%	就讀不符合本身年齡的年級之學生人數比例：11%
學校階層具高水平差異	**學校階層具低水平差異**	**學校階層具高水平差異**
因學生低學習成就或行為問題而將學生轉學的學校比例：33%	因學生低學習成就或行為問題而將學生轉學的學校比例：15%	因學生低學習成就或行為問題而將學生轉學的學校比例：33%
對所有學科均採用能力分組的學校比例：38%	對所有學科均採用能力分組的學校比例：8%	對所有學科均採用能力分組的學校比例：38%
約旦	阿根廷，巴西，烏拉圭，西班牙，突尼西亞	秘魯，哥倫比亞，智利
羅馬尼亞，吉爾吉斯，臺灣，卡達，印尼	葡萄牙，墨西哥	澳門，巴拿馬，盧森堡
保加利亞，土耳其，塞爾維亞	德國，比利時*，千里達及托巴哥	荷蘭*，瑞士*

		學校選擇權較低	學校選擇權較高
		與其他學校競爭：73%	與其他學校競爭：89%
		私立學校的比例：8%	私立學校的比例：52%
學校課程與評量自治權較低	決定開設哪些課程：18% 決定課程內容：14% 選擇教科書：55% 建立學生評量政策：61%	土耳其，葡萄牙，墨西哥，希臘，保加利亞，阿爾巴尼亞，克羅埃西亞，哈薩克，蒙特內哥羅，烏拉圭，突尼西亞，約旦，卡達，亞塞拜然，塞爾維亞	—
學校課程與評量自治權較高	決定開設哪些課程：87% 決定課程內容：85% 選擇教科書：97% 建立學生評量政策：92%	冰島**，日本**，義大利，挪威**，德國，瑞士*，英國，丹麥，瑞典，以色列，芬蘭**，盧森堡，奧地利，加拿大**，波蘭*，西班牙，匈牙利，捷克，斯洛伐克，愛沙尼亞**，美國，紐西蘭*，斯洛維尼亞，阿根廷，泰國，秘魯，俄羅斯聯邦，立陶宛，哥倫比亞，列支敦斯登，羅馬尼亞，新加坡*，拉脫維亞，巴西，巴拿馬，吉爾吉斯，上海*，千里達及托巴哥	荷蘭*，比利時*，韓國*，愛爾蘭，智利，澳洲*，澳門，杜拜，臺灣，香港**，印尼

*表現高於 OECD 平均。

**表現高於 OECD 平均，且學生社經背景與表現之間的關係比 OECD 平均弱。

註：有鋪底色細格裡的估計值代表潛在剖面分析中每一種分類變數的平均值。

圖 2　「學校管理」的分類對照

資料來源：OECD, PISA 2009 Database, Figure IV.3.5, StatLink http://dx.doi.org/10.1787/888932343399

<table>
<tr><th colspan="2">低度使用學生成就資料
作為下列各項的基準點和訊息</th><th colspan="2">高度使用學生成就資料
作為下列各項的基準點和訊息</th></tr>
<tr><td colspan="2">提供資訊給家長：30%</td><td colspan="2">提供資訊給家長：64%</td></tr>
<tr><td colspan="2">與其他學校比較：38%</td><td colspan="2">與其他學校比較：73%</td></tr>
<tr><td colspan="2">監控學生的教育歷程：57%</td><td colspan="2">監控學生的教育歷程：89%</td></tr>
<tr><td colspan="2">公開公布學業成就資料：20%</td><td colspan="2">公開公布學業成就資料：47%</td></tr>
<tr><td colspan="2">教育主管機關持續追蹤：46%</td><td colspan="2">教育主管機關持續追蹤：79%</td></tr>
<tr><th>低度使用學生成就資料作為決策參考</th><th>高度使用學生成就資料作為決策參考</th><th>低度使用學生成就資料作為決策參考</th><th>高度使用學生成就資料作為決策參考</th></tr>
<tr><td>決定課程：60%</td><td>決定課程：88%</td><td>決定課程：60%</td><td>決定課程：88%</td></tr>
<tr><td>資源分配：21%</td><td>資源分配：40%</td><td>資源分配：21%</td><td>資源分配：40%</td></tr>
<tr><td>評量教師教學：50%</td><td>評量教師教學：65%</td><td>評量教師教學：50%</td><td>評量教師教學：65%</td></tr>
<tr><td>列支敦斯登，荷蘭*，瑞士*，芬蘭**，盧森堡，希臘，愛爾蘭</td><td>日本**，阿根廷，義大利，澳門，丹麥，臺灣</td><td>挪威**，蒙特內哥羅，土耳其，匈牙利，突尼西亞</td><td>冰島**，泰國，秘魯，俄羅斯聯邦，立陶宛，哥倫比亞，保加利亞，杜拜，英國，羅馬尼亞，新加坡*，瑞典，阿爾巴尼亞，拉脫維亞，巴西，克羅埃西亞，以色列，哈薩克，巴拿馬，吉爾吉斯，加拿大**，波蘭*，葡萄牙，墨西哥，韓國*，捷克，斯洛伐克，香港**，愛沙尼亞**，約旦，卡達，智利，美國，亞塞拜然，紐西蘭*，印尼，上海*，千里達及托巴哥，澳洲*</td></tr>
</table>

*表現高於 OECD 平均。

**表現高於 OECD 平均，且學生社經背景與閱讀表現之間的關係比 OECD 平均弱。

註：有鋪底色細格裡的估計值代表潛在剖面分析中每一種分類變數的平均值。

圖 3 「評量與績效責任」的分類對照

資料來源：OECD, PISA 2009 Database, Figure IV.3.6, StatLink http://dx.doi.org/10.1787/888932343399

		班級規模小、教師薪資低	班級規模大、教師薪資高
		班級人數：23	班級人數：36
		教師薪資與 GDP 比值：118	教師薪資與 GDP 比值：172
累積教育經費低	每位 6 至 15 歲學生的累積教育經費支出：39,463 美元	阿根廷，秘魯，俄羅斯聯邦，立陶宛，列支敦斯登，保加利亞，杜拜，羅馬尼亞，阿爾巴尼亞，拉脫維亞，克羅埃西亞，以色列，哈薩克，巴拿馬，蒙特內哥羅，土耳其，吉爾吉斯，烏拉圭，波蘭*，葡萄牙，希臘，匈牙利，捷克，斯洛伐克，突尼西亞，愛沙尼亞**，卡達，亞塞拜然，紐西蘭*，塞爾維亞，千里達及托巴哥	泰國，哥倫比亞，澳門，新加坡*，巴西，臺灣，墨西哥，香港**，約旦，智利，印尼，上海*
累積教育經費高	每位 6 至 15 歲學生的累積教育經費支出：81,238 美元	冰島**，義大利，挪威**，荷蘭*，德國，瑞士*，比利時*，英國，丹麥，瑞典，芬蘭**，奧地利，加拿大**，西班牙，愛爾蘭，美國，法國，斯洛維尼亞，澳洲*，盧森堡	日本**，韓國*

*表現高於 OECD 平均。

**表現高於 OECD 平均，且學生社經背景與表現之間的關係比 OECD 平均弱。

註：有鋪底色細格裡的估計值代表潛在剖面分析中每一種分類變數的平均值。

➲ 圖 4　「教育資源」的分類對照

資料來源：OECD, PISA 2009 Database, Figure IV.3.7, StatLink http://dx.doi.org/10.1787/888932343399

國家圖書館出版品預行編目（CIP）資料

臺灣PISA 2009 結果報告／臺灣PISA國家研究中心主編.
-- 初版.-- 臺北市：心理, 2011.12
面； 公分.--（社會科學研究系列；81217）

ISBN 978-986-191-479-4（平裝）

1.教育政策 2.教育評量 3.臺灣

526.933 100022812

社會科學研究系列 81217

臺灣 PISA 2009 結果報告

主 編 者：臺灣 PISA 國家研究中心
執行編輯：李 晶
總 編 輯：林敬堯
發 行 人：洪有義
出 版 者：心理出版社股份有限公司
地 址：台北市大安區和平東路一段 180 號 7 樓
電 話：(02) 23671490
傳 真：(02) 23671457
郵撥帳號：19293172 心理出版社股份有限公司
網 址：http://www.psy.com.tw
電子信箱：psychoco@ms15.hinet.net
駐美代表：Lisa Wu（Tel：973 546-5845）
排 版 者：臻圓打字印刷有限公司
印 刷 者：正恒實業有限公司
初版一刷：2011 年 12 月
初版二刷：2013 年 4 月
I S B N：978-986-191-479-4
定 價：新台幣 400 元

統籌機構：國立臺南大學 委辦機構：國科會、教育部 協作機構：經濟合作暨發展組織
地址：70005 臺南市中西區樹林街二段 33 號 電話：(06)214-1731 傳真：(06)214-1713
電子郵件：pisa@pubmail.nutn.edu.tw 網站：http://pisa.nutn.edu.tw